元宇宙教育

李骏翼　杨　丹　徐远重_著

中国出版集团
中译出版社

图书在版编目（CIP）数据

元宇宙教育 / 李骏翼, 杨丹, 徐远重著. -- 北京：中译出版社, 2022.4
ISBN 978-7-5001-7015-0

Ⅰ. ①元… Ⅱ. ①李… ②杨… ③徐… Ⅲ. ①网络教育 Ⅳ. ① G434

中国版本图书馆 CIP 数据核字（2022）第 041067 号

元宇宙教育

著　　者：李骏翼　杨　丹　徐远重
特约策划：徐远龙
策划编辑：于　宇　刘香玲　张　旭　李梦琳　朱小兰
责任编辑：于　宇　刘香玲　张　旭
文字编辑：张程程　李梦琳　吴俊宁
营销编辑：杨　菲　吴一凡　毕竞方

出版发行：中译出版社
地　　址：北京市西城区新街口外大街28号102号楼4层
电　　话：68359719（编辑部）
邮　　编：100088
电子邮箱：book@ctph.com.cn
网　　址：http://www.ctph.com.cn

印　　刷：北京顶佳世纪印刷有限公司
经　　销：新华书店
规　　格：710mm×1000mm　1/16
印　　张：19.5
字　　数：210千字
版　　次：2022年4月第1版
印　　次：2022年4月第1次印刷

ISBN 978-7-5001-7015-0　　　　定价：79.00元

版权所有　侵权必究
中 译 出 版 社

编写委员会

李骏翼　杨　丹　徐远重　马国川
高登科　郑竹君　李春光　李　敏
张万里　郝晓辉　于进勇　申华章
易欢欢　邢　杰　赵国栋　申华锋

写在前面的话

如果您是"有想象力的人",曾经思考过——
元宇宙是什么?未来科技如何发展?蕴含哪些挑战和机遇?
如果您是"有高期望值的人",曾经思考过——
如何事业有成?如何培养孩子?如何获得幸福?
如果您是"教育工作者",曾经思考过——
未来学校会怎样?教师会怎样?学生如何成长?
本书邀请您跨越时空边界,探寻答案……

> 登陆虚拟时空,退出现实世界

您好,欢迎来到《元宇宙教育》虚拟时空,我是您的智能导游——觅渡。这里有三种游览模式:严肃认真模式、有趣好玩模式、随意看看模式,请问您喜欢哪一种?

如果您选择"严肃认真"模式,看来咱们志向一致!

推动教育发展,我们是同路人。关于未来教育发展,这里有大量的理念阐述、实践案例、制度方案,可以供您参考。若有遗漏、不准确或不认同,欢迎批评指正与交流。您越严肃,我越认真，从虚拟交流到现实协作，"元宇宙教育"的伟大时代，让我们共同创造！

如果您选择"有趣好玩"模式，看来咱们品位很像！

都元宇宙时代了，必须要有趣好玩。效仿老北京烤鸭的做法，给您来套"一书三有"：第一有：科幻小说有意思，双模时空穿越，四段英雄之旅，感受元宇宙教育的精彩；第二有：主书问答有启发，跳跃选读，用全新视角来理解未来教育的发展；第三有：历史长图有价值，以人类五千年文明作衬托，把握教育发展大趋势，市场首创，您值得拥有！

如果您选择"随意看看"模式，看来咱们想到一块儿了！

现代人读书，大可不必字斟句酌。翻阅小说，暗藏玄机，快速收获妙趣和精华；打开长图，一眼五千年，用独特视角指点江山。对元宇宙和教育话题增加些许了解和谈资，也算值了"门票钱"，轻松又愉悦！

感谢您的光临，相遇就是缘分。接下来，就请您用喜欢的方式，开始自由游览吧，祝您体验愉快！游览过程中，您可以随时使用心灵账户和密码，重新登陆现实世界……

退出虚拟时空，登陆现实世界

您好，非常感谢您的购买和阅读。本套书稍有特别，除了主书，还有两个附件，分别是"短篇科幻小说"和"教育历史长图"。主书正文是由科幻主角"觅渡"讲述未来全球教育的发展，算是以虚讲实。我是作者之———骏翼。接下来的自序，我会分享一些创作中的感受、感悟和感谢，则是"以实讲虚"。

科幻有点意思，现实同样也有点意思。

非典型科幻：站在未来，回望现在

教育，要面向现代化，面向世界，面向未来。回想参加《元宇宙》新书发布会的时候，中译出版社乔卫兵社长以雷霆之势构建元宇宙战略，激动人心。那时候，听说过"元宇宙"这个词的人并不多，能理解的更是寥寥无几。时代趋势自带能量，元宇宙如雪崩一般成为全球焦点，而讨论"元宇宙教育"的人也随之越来越多。在此特别感谢乔社长，运筹帷幄，几句话便打开了元宇宙和教育之间的"虫洞"连接。

本书筹备之初，设计了好几套方案，模式相对成熟，每种都可以。但具体怎么选，想着想着就睡着了，大脑很诚实，不是没得选，而是提不起兴趣。随着筹备逐渐深入，简单的问题陆续变成未解的难题，心生惶恐，忐忑不安，开始连续失眠。

可能是累死的脑细胞实在太多，竟然出现了一个脑洞。面对难题，何不向古人学习，诚心正意，乞问神明。半梦半醒之际，或是神灵启示，其实是神经跳线，穿越回到元宇宙的源头，"科技"竟然变成了"科幻"。想到这里，身体竟然颤抖起来，应该是在抗议已经预感到的挑战。

元宇宙教育，是以科幻视角，站在未来，回望现在。视角变了，模式变了，一切都变了，这样可以吗？至少可以试试。中国教育三十人论坛马国川秘书长给了我信心，不是可以，而是必须。为此，我们创造了一个新词汇——Meducation，作为元宇宙教育的专用表达。在此特别感谢马老师，他给科幻主人公取了"觅渡"这个兼顾谐音和寓意的妙趣名字。

寻找方法论：元宇宙的"数学元理"

我虽然经常幻想，但却从未搞过科幻。原先我认为，用一个脑洞，挖一个大坑，还奋不顾身跳进去，这不就是"作死"的节奏吗？而面对如此困局时，需要的不是方法，而是方法论。思来想去，我忽然意识到，曾经屡试不爽的那个数学公式，简直就是神祇般的答案！

二元表达，是人类比较习惯的思维模型，对错、得失、善恶……简直无穷无尽。平时很好用，关键时刻很容易陷入"有无相生、色即是空"的认知困境，常恨自己慧根太浅。

还好，有大数学家欧拉的帮忙。基础的二元表达、是与非，用数字语言就是1和0。欧拉说，1和0可以相等，只是需要一点神奇魔法——$1+e^{i\pi}=0$。七个基础的数学符号，如此天衣无缝地聚合起来。据说，欧拉用它证明上帝的存在，而对于我，这个公式则是经常用来爬出认知困境的梯子。

e是自然常数，代表着现实；i是虚数单位，代表着假设；π是圆周率，代表着完整。公式的含义差不多就是"用完整假设升华现实,就能把二元对立,变成二元相通"。公式的每一处细节都值得品味,调整词汇更可以让寓意内涵变化无穷,屡试不爽,妙不可言。元宇宙,实与虚如何互转?教育,师与生如何互动?科幻,科与幻如何互融?

有了大神跨时空的赋能,我的创作逐渐有了思路。本书基于全球教育现状,较为完整考虑科技、政治、经济、文化等多方面影响,假设未来50年的发展,以此勾勒出21世纪70年代人类社会的图景,继而回望今天,描绘出教育演化的历程。而实际的探索当然不会这么简单,编写团队历经多次折返与调整。在此我特别感谢清华美院社会美育研究所所长李睦教授的指导启发;感谢研究所研究员高登科、李春光等多位老师的深度共创;感谢元宇宙三十人论坛邢杰先生、徐远龙先生,元宇宙教育实验室于进勇先生,以及申华峰先生等各界朋友,他们为本书的创作带来了丰富的思辨启发。其中,李春光先生更是本书核心设定——"生命契约"理论的创建者。

元宇宙的基因是数字,与其用文字进行定义,不如用数学表达内涵。或许,欧拉公式既是真宇宙里的数学真理,也是元宇宙里的数学元理,两个宇宙由此完美统一,亘古不变。

不过,e 和 π 的无理数隐喻,使得所有表达必然会产生偏差。而这不难理解,套上科幻的外壳,便没有了事实准确、论证严谨的学术压力。一切准备到位,让我们一同开启时空穿越吧!但无论怎样,故事归故事,谈教育,必须要认认真真。

元宇宙教育：元宇宙，人人皆可想象；教育，人人都是专家

一个人走得快，一群人走得远，若是一群人能够紧密合作，则会走得既快又远。在此，我特别感谢本书的共同创作者——元宇宙教育实验室主任杨丹女士、元宇宙三十人论坛创始人徐远重先生。感谢中译出版社的于宇、刘香玲、张旭、张程程、李梦琳。在元宇宙场域中合作，我所感受的"进度"，不是进展的程度，而是进化的速度。

我自认为属于跨界学习者，研究教育也有一定宽度，但面对"元宇宙教育"这个宏大课题，立刻感到智识与经验的局促。紧张的创作显然不是堆码多少字的问题，而是包括查阅、理解、讨论、表达、优化等在内的复杂过程，最终才能完成"从现实到科幻"的创造。在此我特别感谢郑竹君女士、李敏女士及张万里先生、郝晓辉先生，大家共同努力，效能非常给力。其中，郑竹君女士更是本书科幻小说部分的主创。

边幻想，边创作，很容易忽视对家人的陪伴。九岁的女儿质问我为何忙碌，我简单做了解释。没想到，她竟然兴奋地告诉我："爸爸，元宇宙教育，我懂！"女儿后来的解释让我感到极为震惊。这是她第一次听说"元宇宙教育"这个概念，因为看过不少科幻电影和小说，所以对"元宇宙"感觉并不陌生，又因为从幼儿园到四年级，她经历的学校教育已经超过10 000小时，对"教育"也有深切理解。孩子敢于说"我懂"，不是吹牛，而是纯真的本能感知。在此，衷心感谢我的妻子、我们的父

母和两个孩子，家人就是教育合伙人，唯有相互支持，才能收获幸福。

因为这件事，我打开了认知的天窗，获得了一个敞亮、朴素的社会真相：元宇宙，人人皆可想象；教育，人人都是专家。

2021年年底，联合国教科文组织发布报告提到，展望2050年，全球每个人都将成为"教育社会契约"的缔结者。100亿人，如何签订契约？是靠想象，还是有更切实的方案呢？

元宇宙教育，必然是以数字科技为载体，以数字身份为契约，服务每个人的终身成长。想到这些，我不禁笑起来，这不就是小说里觅渡的故事吗？全球教育超算平台，不是科幻，而是未来的必然。不过，书中的时间只是逻辑设定，最终进展还得靠人类的实践。元宇宙教育，每个人都是知情者、参与者、创造者和享受者，"教育的社会契约"就是"人类的命运契约"。

不免责声明：承诺三处启发，畅想三生万物

既然是用科幻模式写教育，按理应该做一份"免责声明"。但我并不想逃避责任，而是希望和读者共同探讨书中的任何观点或方案，从想象到实践，应该更有意义。

我考察过很多学校和教育机构，也做过不少教育实验，这让我时刻清醒，与其在幻想中享受完美，不如在现实中经历艰难，如此才更能贴近教育的本质。在此特别感谢北京蒲公英中学校长郑洪女士、理事蔺熠先生，一土学校创始人李一诺女士与申

华章先生。还要特别感谢正和岛创始人刘东华老师、知行合一阳明教育研究院创始人白立新老师、总裁读书会创始人刘世英先生、ICE营地教育研究院理事长聂爱军先生、TLI语文学校校长何再生、北京新学道临川学校国际部校长郝少林、歌路营公益基金会原秘书长梅冬先生、卓世未来创始人屠静女士、青青部落创始人王欢先生、优加创课创始人唐嘉怿女士等多位尊师与友人。

我在此不仅承担责任,更要做出承诺。全书篇幅不长,但内容非常跨界,多维度交叉比较容易形成价值启发点,粗算价值点应该超过三百处。我愿作出承诺,您从本书中至少能获得三处高价值的启发,若再融入实践,或可畅想三生万物。

所有这些价值点,显然不可能全是原创,大部分都来自长期沉淀和定向发掘。参考书目与课程置于附录中,但必须承认,还有更多来自论文、文章、考察、交流等碎片式的收获在此难以归纳总结。特别感谢中国教育学会名誉会长顾明远教授,顾老的著作是学研的基础,其主编的《世界教育大事典》更是完成"历史长图"的核心信息源。同时,特别感谢中国教育三十人论坛成员朱永新教授和李希贵校长,学习中心的构想和十一学校的实践,都是本书设定未来教育生态的基石模型。此外,我还要特别感谢得到学习平台的罗振宇先生及多位老师,正是他们大量高品质的课程为我带来了丰富的跨界认知与启发。

感谢的实验：三人行，必有我师；三人行，必有老师

前面已经穿插感谢了很多人，为何最后还要感谢？这是因为书中有一个极不可能，却极为核心的假设——全民教师体系，算是联合国提出"教育社会契约"的推论之一。说"极不可能"，是因为实现条件太苛刻，属于千年一遇的社会变革；说"极为核心"，是因为师源结构几乎就是教育生态进化的核心标志。

全民教师体系在全球范围内普及难度极大，但推及个人似乎又能轻松实现。不是担当更多人的老师，而是默念"三人行，必有我师"的口诀，尊视更多人为老师，这是进入学习者状态的快捷方式，也是实现终身成长的必由之路。在此，我真诚感谢曾经交往过的每一位亲友同事和伙伴，总量或有数千位，你们都是我的老师。借本书的仪式场景，开启实验与修行，在身边构建起一个微型元宇宙，未来全民教师体系，当下可以从我做起。

元宇宙教育的伟大时代，期待与您的相识，读者必为我师，先行致谢。分享冗长，还望见谅，祝您阅读愉快！

李骏翼

中国教育三十人论坛特约研究员

清华美院社会美育研究所学术委员

2022 年 2 月 22 日

目录

第一篇 签收来自元宇宙的快递

第 1 章　元宇宙与未来社会　003

元宇宙爆发的原因、元宇宙科技的核心内容、元宇宙时代的核心特征、未来社会的基本状况等

第 2 章　教育大历史　011

教育与文明的关系、教育与社会的关系、教育与自身的关系、元宇宙教育发展趋势的三个关键词等

第二篇　数字真相下的学校

第 3 章　未来学校　021

未来学校的定位、教育变革的契机、元宇宙时代学校的三大特点、实体学校与虚拟学校的关系、学校组织变革的三重挑战、校长难题、教培机构与主流学校的关系等

第 4 章　教育者　039

教师职业的前景、"全民教师制度"、教学效能的"双云互动"算法、真人教师与虚拟教师的关系、评价教育者的两大标准、教师的成长与激励体系等

第 5 章　学习者　054

未来人才的标准与成长捷径、学习动机与成长期望、学习能力的评估模型、天才发掘机制、瞬间学会难题、元宇宙科技改善学习效能与感受的边界、学生与虚拟同学的关系等

第 6 章　基础教育　064

基础教育的新定义、"多角色数字化协同机制"、幼儿园的新责任、创新教育实践、教育竞争与学业压力难题等

第 7 章　高等教育　077

　　高等教育的变革挑战、大学的核心资源、终身大学现象、教学与研究的关系、杰出人才培养难题等

第 8 章　职业教育与终身教育　088

　　职业教育的新定位、师范教育的演变、"趣业教育"新领域、老年教育的双层价值、终身教育的发展误区等

第三篇　用量子计算发掘教育的规律

第 9 章　教育目标　107

　　全球教育新共识、三观教育的深层挑战、元宇宙时代的美育价值、健康危机、"教育数字化红线机制"等

第 10 章　教育理念　120

　　应试与素质教育的和解、专才与通才教育的协同、教育与游戏的关系、"因材施教"与"寓教于乐"的局限等

第 11 章　教育运作机制　129

　　教育的衡量标准难题、"标准课程模式"、跨学科教育、教学与学科的关系、虚拟课程案例、"成长报告"、专业与就业的关系、"弹性学制"与"四季学制"等

第 12 章　教育场景与工具　142

　　虚拟场景教学、纸质教材的命运、实体教室与校园的未来、"社会化教育资源"、慕课模式的新使命等

第 13 章　教育测评与资源分配　153

　　日常教学的"双定时测评"、高考制度变革、"通用考试舱"、教育竞赛新机制、学历体系的升级、"终身大学"现象、教育资源分配的综合方案等

第 14 章　教育公益　168

　　留守儿童难题、全球教育公益的发展与反思、教育公平与数字关怀、觅渡教育超算平台的意义等

第 15 章　教育研究与教育家　174

　　元宇宙教育学、教育研究新趋势、教育家与教育学家的关系、人类与虚拟教育研究者的竞争等

目录

第四篇　谁有资格谋划教育的未来

第 16 章　国家的教育治理　187

政府的教育治理角色、教育数字化治理挑战、教育规律"两个字"、全球六级人才竞争格局、两类关键人才的差异、"教育数字货币"体系、虚拟角色监管等

第 17 章　家庭与家庭教育　203

全球人口与生育难题、家校关系的变革、"成长导师制度"、幸福方程、虚拟父母的研究等

第 18 章　科技重塑教育　218

人工智能与量子计算重塑教育、脑科学与脑机技术影响教育、基因科技与教育进化、思想钢印难题等

第 19 章　市场与资本对教育的影响　229

教育和社会的关系、教育策略的三个锦囊、教育和资本的关系、数字化教育特区、元宇宙教育的三波创业潮等

第 20 章　社会文化与教育选择　241

"梦想成真"时代、元宇宙的文化特征、世界文明格局与教育的关系、元宇宙在人类文明发展中的地位等

第五篇　那些人类无法回避的难题

第 21 章　文明的边疆　249

　　五类虚拟人、真实人与虚拟人的关系、人与人的关系、群体与群体的关系、人与其他物种的关系等

第 22 章　超越元宇宙时代　261

　　500 年后的社会和教育、5 000 年后的人类命运等

参考书目及课程　265

推荐语　271

第一篇

签收来自元宇宙的快递

　　和觅渡畅聊的过程，时而概括、时而细节、时而相信、时而怀疑。最终还是觉得，先把那些宏观问题整理出来，从元宇宙时代的开端到未来50年的科技发展，从人类教育发展的历史节奏到其中涌现出的教育规律等，呈现出一个相对清晰的脉络，或许更有价值。觅渡还不断叮嘱我，说他讲的这些都只是表面，想要理解透彻，必须要用历史的眼光。社会发展50年的变化无论如何也抵不过人类文明积淀5 000年的精彩。

　　我遵照觅渡的意见，专门整理了一份"教育·上下五千年"的历史长图（见附图），综合四个维度（古代与现代、教育与社会、世界与中国、人物与事件）的信息，希望能帮助您更清晰地理解教育生态演化的宏观趋势与关键节点。

第1章　元宇宙与未来社会

笔者的提问：

"元宇宙"概念是怎么来的？为何如此火爆？

元宇宙科技到底有哪些核心内容？

应该如何理解曾经提到的"元宇宙时代"？

觅渡的回答：

元宇宙——Metaverse，不仅是21世纪20年代全球前沿科技潮流的表达，至少到2070年，人类依然会普遍使用。元宇宙时代是21世纪人类发展的时代名片，更是人类文明万年征途的重要里程碑。

时间流淌，每一秒并无差别，但人类并不喜欢如此平淡无趣。父母用取名表达对孩子的期望，人类也倾向于给时代命名以表达价值判断。每个人都可以有自己的命名方式，一群人也容易形成内部共识，但要让全体人类都认同一种表达方式基本不可能。元宇宙时代只是所有概念里人类共识度相对较高的那一个。

21世纪初，以网络科技为基础涌现出大量的细分领域，齐头并进，各领风骚，让人眼花缭乱：门户网站、搜索引擎、社交网络、电子商务、3G/4G/5G/6G（第×代移动通信技术）、Web X.0、智能手机、智慧终端、人工智能、深度学习、脑机互联、大数据、云计算、物联网、O2O（线上到线下）、区块链、"互联网+"、产业互联、工业X.0、软件即服务（SaaS）/平台即服务（PaaS）、量子计算、量子通信、虚拟现实、3D打印、智慧城市、生物计算、仿生机器人、数字虚拟人等，数百有余。而其他前沿科技领域，比如能源环保、航空航天、生物医药、新交通、新材料、新金融等也都和数字网络科技连接在一起。

把这些概念放在任何一个人面前，没有人敢说他都能理解，但人们又知道这些科技与自己息息相关。人们对前沿科技分散、复杂的叙事表达已经出现了严重的认知障碍和审美疲劳，希望悉数理解实则无能为力。人类不喜欢复杂、不喜欢无序、不喜欢失控、不喜欢被鄙视，渴望更加简洁的解决方案。

2021年，有人把科幻作家尼尔·斯蒂芬森30年前写的一本科幻小说《雪崩》拿出来，用其中的一个概念"Metaverse"将虚拟现实、社交网络、区块链等科技糅合到一起，相当贴切。中文翻译为"元宇宙"，其实比英文更加传神。后来，互联网巨头脸书（Facebook）宣布改名为Meta，形成巨大的推动力，让元宇宙概念的传播本身就像是一场"雪崩"。

"元宇宙"并非科技术语,而是一种类比,这是人类非常擅长、也非常强大的认知模式,可以让人"瞬间就能懂"。既然是类比,就不可能太准确,基于字面进行解释,其实不太重要。不同领域的专家学者从不同角度通过不同案例解释"元宇宙"的内涵,包括 Web 3.0、虚拟社交、时空场景、虚拟硬件、游戏、身份与社会规则、货币支付系统、内容共创共享机制、虚拟人、数字影视制作、数字艺术品等,当然都能解释得通。虽然如此复杂,但并不影响每个人都能快速对"元宇宙"形成自己的认知。

"元宇宙"一个词就兼顾科技、宏大、虚拟、想象、深刻、简单、包容、优美等多种强烈的感受,简直完美。它就像"万能胶"一样,把 21 世纪诸多前沿科技领域粘连起来,整体大于局部之和,不仅是概念层面的价值涌现,更是审美层面的意义拯救,迅速成为一种文化模因。

元宇宙带有清晰的科技属性,当人们使用"新石器时代""青铜时代""工业时代"等概念的时候,心中都有清晰的标志物,虚拟现实设备就是元宇宙时代的形象大使。虽然之后又融合了大量其他技术,但这并不影响人们的认知,因为"宇宙"本身就包罗万象。

元宇宙带有强烈的社会属性,具有技术概念无法比拟的优势。当人们使用"奴隶时代""封建时代""帝国时代"等概念的时候,对社会关系就有了整体把握。元宇宙代表着超越现实的社会关系,其融合的区块链技术更代表着新型的经济关系。

2021年，元宇宙概念出现，"轰隆隆"来到世人面前，震耳欲聋，实际传播期其实非常久。随着更多科技要素不断加入，尤其是各国政府、各行业企业、不同领域学术团体的持续解读与赋能，直到2030年，"元宇宙时代"才成为具有全球特征，并且相对稳固的社会学表达。

但是，"元宇宙"并不是元宇宙时代的真相，这个概念长期受人诟病，被认为过度夸张。随着元宇宙技术的发展，虚拟现实/增强现实（VR/AR）设备、虚拟形象等概念都逐渐退居二线，虽然"虚拟"依然是极为重要的成分，但整个元宇宙时代的核心特征只有"数字"。数字不仅把虚、实两个世界联结起来，更挑战着人类底层的世界观，以至于"元宇宙时代"还有很多别称，比如"数字真相时代""数字人文时代""深度数字化时代"等。

元宇宙时代，虚实与真假形成概念交错，虚假与真实、虚真与实假，都是并行不悖的存在。因为数字，所以虚拟；看似虚拟，实则真实。虽然是虚拟世界，但具有严谨而清晰的规则，所有行为都在算法约束下运行，每个细节都被记录了下来，无论场景多么魔幻，都是一个全真的世界。再看看现实世界，到处都模糊不清，很多细节都难以解释，更别说人类社会的复杂与混沌。

虚与实，二元论是人类共通的基础认知模式，不同文化支脉都能运用自身的表达方式诠释元宇宙时代的形象。中国科学家钱学森就曾经提出"灵境"概念，相当优雅。而更富有东方韵味的表达则来自18世纪末曹雪芹的小说《红楼梦》："……与道人竟过一大石牌坊，上书四个大字，乃是'太虚幻境'，两边又有一幅对联,道是：假作真时真亦假,无为有处有还无。"

数字科技向现实世界不断渗透,由实向虚,步步为营,由虚向实,借假修真,这是21世纪的主旋律,从初步数字化的互联网时代,进入深度数字化的元宇宙时代。

笔者的提问:

元宇宙时代,科技进展如何?

曾经的科幻场景,哪些实现了?哪些没有实现?

人类社会整体怎么样了?

人们的生活更幸福了吗?

觅渡的回答:

"未来已来,只是尚未普及",这是科幻作家威廉·吉布森的名言,他倡导过一个叫"赛博朋克"的词汇,在科幻迷中很有名。科幻是现代人的神话,是人类进行自我认知和未来叙事的重要方式,沿着科学规律不断积累技术,曾经的科幻就可能变成现实。

那"现实"又是什么呢?只有在客观世界当中具体呈现的事物和真实社会中具体发生的事情,才能称为现实,这是人类传统意义上的共识。但到了2050年,开始有人将元宇宙场景中的"虚拟现实"也视为一种客观存在,且态度非常坚定。虽然这种观念还没有形成普遍共识,但影响力却越来越大。

社会就是这样，发展方向并不由大多数人决定，而是更受其中一小部分人的影响。这并不是说"真理掌握在少数人手中"，而是更接近"唯有偏执狂才能成功"这个规律，放在个人身上不见得适用，但放在一群人身上效果就显著起来。在某种意义上，元宇宙概念就是一种社会发明，原本只是一小部分科幻爱好者的内部密语，被企业和媒体充分挖掘，形成认知共振之后，便开始有人相信"相信的力量"……

实际上，21世纪的这几十年，科技领域的真实进展远远比不上媒体传播的速度，更没有科幻故事那般完美。

航天科技更加细致高效，但在人类抵达火星后不久，大众对太空探索的兴趣就进入了一个相对疲惫期，这有点像20世纪阿波罗计划和航天飞机的故事。虽然月球永久基地开始建设，但月矿开发还没找到适合的契机。对于人类如何走出太阳系，仍然只是科幻作家的专业，方案越来越离奇。至于在太阳系发现地外生命的探索仍在继续，还有希望。随着小行星检测系统和干扰方案的逐步建立，甚至有人开始期待真正有威胁的小行星造访地球，以展现人类太空科技的伟大成就，透露出一些奇怪的色彩。

除了智能辅助驾驶被充分运用外，飞行汽车、太空巴士、真磁超铁这些出行方式的实验都有重大突破，但市场推进进度却远远低于人们的想象。甚至有人评论说元宇宙虚拟科技的发展削弱了人们对实体出行的需求。而更贴切的理解，类似协和式超音速客机及空中客车A380巨型客机的故事，只是更好一点，但没有好到惊天动地，盘算下边际成本和收益，很多事情就不那么着急了。事实上，就连极为成熟的高速铁路，经过几十年的发展也只是实现了区域化普及。

能源环保领域的发展非常亮眼，也非常值得庆祝。到 21 世纪 70 年代，人类基本实现的"全面碳管理"甚至超越了世纪初的设想。人类的生态自律已经在大气圈实现了目标，来自地球内部的潜在威胁逐渐成为新焦点，成为 21 世纪后半叶的科技推动力。事实上，人类对地球自身的理解依然非常表面。虽然核聚变发电已经可以商业化，但由于多种能源供给相对充裕以及部分人的持续反对，实际占比只达到了 5% 的水平。

量子计算进入实际应用，支持着多个超算平台，其中当然也包括我——觅渡超算平台。鉴于多方面原因，量子计算与核武器、人种基因改造、太空防御、超限战争等关乎人类命运的重大课题一样都被纳入了联合国安理会的框架，各国签署了相当严格的《量子计算和平应用公约》以防范可能出现的数字单极霸权及全面数字战争，这是大国之间妥协共治和实力博弈的结果。

无论太空技术、智慧出行，还是可控核聚变、量子计算，还有很多新领域都取得了发展突破。每项科技都有自身的价值诉求和迭代规律，并不依赖于元宇宙概念，只是发展的成果常常被纳入"元宇宙"可以解释的范围，成为元宇宙时代的要素。

科技可以帮助梦想成真，但幸福和愉悦却不容易实现。到 21 世纪 70 年代，在以非洲为代表的传统贫困地区，基础生活物资供给已经得到重大改善，但与发达地区的贫富差距仍在扩大。并非没有希望，希望就在教育，即便是撒哈拉地区村庄里的破旧小学，也能通过简易的设备，接入全球教育数字化治理网络，获得基本教育保障。近百亿人同处一个地球，分处不同时代，共享一个网络，各享不同人生。事实就是这样，既魔幻又现实。

虽然世界再没有出现过大规模的"热战"，但大国之间的军事防御并没有放松，局部战争和民众骚乱仍然不断出现。压力聚集再释放，治乱循环，似乎还没有看到尽头。联合国依然是全球重大事务的关键协调者，综合影响力曾经下降，后来又逐步上升。科技是重要的推动力，教育则是发挥影响力的关键领域之一，我就是在这种时代背景下诞生的。

到 2070 年，世界人口数量达到 95 亿，略低于 20 世纪初社会学家的预期，呈现出全面老龄化的状态。由于这个结果并不是突然出现，人们早就有了充分的心理准备和解释空间，大众对未来的信心并没有想象中那么低沉，整体算中性偏乐观的状态吧。我更了解年轻人，他们的内心相当积极，这和他们的教育成长经历有关，至于具体原因，后面的问答里有太多答案。

引用一位社会学者的诗意表达："幸福，是每个人的体会，如海之浪花，随着风潮变换，跌宕起伏；时代，是所有人的感受，如海之平面，随着气候变暖，微微抬升。"

第 2 章 教育大历史

笔者的提问：

从过去到未来，教育发展有何规律？
人类5 000年文明史，如何把握教育的发展节奏？

觅渡的回答：

虽然人们常说"唯一确定的就是不确定本身"，但实际上大部分人都非常讨厌"不确定"，对抗的方式就是寻找规律，从迷信到科学，都是对规律的不同表达。事实上，每种生物都须掌握一些规律，这是生存的必需条件，从觅食到求偶，从生育到迁徙，很多规律并不为人所知。

绝大部分生物都依赖"基因"这一种方式传承对规律的认知和运用，算是本能。而人类除了基因之外还有"教育"，甚至极度依赖教育。站在这个视角，教育的目的就是为了传承或传播对规律的认知，其中有自然规律，也有人类创造的各种社会规律，不仅需要知道和理解，还要能运用并创造。

如果不经过专门的学习，绝大部分人都不会发现勾股定律，也意识不到地球在围着太阳旋转。同样的道理，如果不经过专门的学习，普通人对"教育"的理解和掌握程度也不会太高。看看那些高学历父母在养育子女的过程中出现的问题，就更能明白其中的道理。21世纪，普通中学生所知道的科学知识已经超越牛顿和达尔文，但人们对教育的理解却很难说超越了3000年前的孔子或苏格拉底。人类的教育尽管包罗万象却常常忽略了"教育"本身，这或许就是人类自己常说的"灯下黑"吧。

这种忽略也让教育自身的发展相当缓慢。虽然公元前20世纪就已经出现了学校，但直到17世纪，"教育"才被视为一门相对独立的学问。然而，一旦重视起来，教育的杠杆效应便立刻呈现。随着现代学校体系的建立，人们的知识越来越丰富，能力越来越强，创造新知识和新工具的效率越来越高，教育推动人类社会发展，使其呈现出指数级增长，促成了工业革命、科学革命、信息革命、互联网革命，更有了元宇宙时代。

要理解"元宇宙教育"的核心秘密，就必须回望人类文明与教育发展历史，5000年、500年、50年，寻找规律，把握趋势。

回望5000年历史，重点是"教育和文明"的关系。

纵观人类文明史，教育显然不是孤立的存在。非常多的创新创造都来自个人或小群体，偶然性很强，就像一次次小火花，而教育让这些文明的火花变成火苗、火炬，变成可以燎原的星星之火。在5000年的历史尺度内理解教育和文明的关系，大致可以归纳为三组关键词：传承形式、宗教文化、学校组织。

人类发明文字，教育内容才可以清晰表达；人类开创了宗教，教育传承才有了基础动力；人类建立了学校，教育现象才可以得到规模化管理。有了这些基础，教育的效能才可以提升，进而推动文明发展，扮演筛选器、稳定器、放大器和推进器等多重角色。典型的案例莫过于13世纪的文艺复兴，阿拉伯世界对教育的重视和传承助力古希腊创造的文明可以重回欧洲。而中华文明之所以连绵不断，与秦朝统一文字、汉朝独尊儒家文化、隋唐朝建立科举制有莫大的关联。

回望500年历史，重点是"教育和社会"的关系。

15世纪末，大航海让世界各个地域的文明连接起来，人类进入全球化时代，虽然出现了非洲黑奴贸易、美洲文明灭绝、两次世界大战等暗黑过程，但也能看到科学启蒙、工业发展、现代国家建立等积极的方面。在500年的历史尺度内理解教育和社会的关系，也可以归纳为三组关键词：专业体系、国家治理、国际联动。

17世纪之后才出现的教育专业研究者，不断更新教学方法，改革学校管理机制，让教育的效能再次出现了质的飞跃。现代国家逐步取代了宗教组织，成为教育发展核心的推动力量，针对教育的立法越来越多、越来越细，义务教育普及和高等教育改革都具有极为重大的意义。20世纪之后，教育发展呈现出全球联动的特征，其中全球融合的科研学术规范体系和以联合国为代表的各类国际组织都发挥着巨大的推动作用。

回望50年历史，重点是"教育和自身"的关系。

20世纪末的信息革命使人类进入互联网时代，各行各业都开始进行数字化转型，教育当然也不例外，但属于进展相对缓慢的领域。背后的核心原因是，人类对教育规律的理解出现了比较严重的滞后。教育的发展在20世纪主要得益于心理学的蓬勃发展，到了21世纪则主要依赖于脑科学的探索发现；同时教育生态的治理也非常依赖于经济学等相关领域的研究；而大部分学校的管理模式与运营水平和100年前相比并没有显著变化，甚至有教育研究者质疑"教育"还算不算一门独立的学科领域。

50年虽然只是时间长河中的一个瞬间，但已经是数字时代的开端，酝酿着巨大的变革。

宇宙中飘荡着无数星球，自然规律决定着物质的关系，其中并没有所谓的"教育规律"。所有的教育规律都是人类自己的创造，继而又作用于人类自身的发展。元宇宙时代，教育须要完成自我进化，有些规律要延续并深化，更要创造出新的规则与机制，才具有足够的能量，从而继续推动人类文明的发展。

笔者的提问：

元宇宙时代，教育如何进化？
未来50年，教育发展的核心特点有哪些？

第 2 章 教育大历史

觅渡的回答：

从互联网到元宇宙，是一个连贯的过程。回望历史，从 20 世纪末开始的互联网时代只是元宇宙大时代的序曲。深刻理解整个元宇宙时代，贯穿始终的既不是信息通信网络，也不是虚拟社交场景，而是"数字"。

元宇宙教育，20 世纪 70 年代至 21 世纪 20 年代是起步酝酿期，相当于从出生到幼儿园；21 世纪 20 年代至 70 年代是快速成长期，相当于小学阶段。元宇宙时代还在延续，这一轮的教育进化也即将进入成熟期。要理解趋势，重点是把握"教育和自身"的关系，但也不能忽视"教育和文明""教育和社会"等历史关系的延续与升级。

教育和文明，此前提到的三组关键词——传承形式、宗教文化、学校组织，一变、一弱、一升级。数字替代文字，成为文明传承的基础形式，文字是人类的语言，而数字是人工智能的语言。传统宗教文化的发展遇到危机，无论如何挖掘，都无法对虚拟时空进行充分解释。学校组织继续发展，逐步实现数字化升级，很基础也很重要，但已经不是活跃的重心，这有点像 20 世纪的农业在全球经济中的地位。

教育和社会，此前提到的三组关键词——专业体系、国家治理、国际联动，一醒、一强、一崛起。"教育"学科体系建设逐步走出低谷，在超算平台的辅助下基于数字实现了重新定位。政府在教育治理中的作用进一步增强，成为教育生态博弈的核心力量。

国际组织对教育发展的影响加大，实现了真正意义上的崛起，不仅在于理念更新，更有实际的行动，首个全球化的超算平台定位就是教育，说的就是我——觅渡。

元宇宙时代，新的重点是"教育与自身"的关系，而"数字化"是理解新趋势的钥匙。教育和自身的关系，也可以归纳为三个关键词：存在、衡量、意义。

数字让教育现象的存在更完整。教育现象无处不在，恰恰是因为无处不在，所以才难以琢磨。学校让教育现象分类聚集，逐渐清晰；测评，尤其是标准化考试让教学效能又清晰了一些。在元宇宙时代，全方位的数字表达才让教育现象完整呈现出来，不仅包括关系、内容、工具和成果，更包括期望和感受，其中直接来自大脑的数据，成为教育研究的新宠。学校也不再是硬边界，实现高品质的教育有更广阔的空间，尤其是元宇宙虚拟场景的数据更丰富，效果更直接。深度数字化发展，让教育研究回归教育现象本身，发掘教育规律，创造教育机制，促进教育发展。

人们衡量教育的方式非常多，从师门排序，到考试分数，再到学历证书，但到了元宇宙时代，这些方式已经不够用了。深度数字化发展，大幅提升了人们衡量教育的分辨率，人是衡量教育的尺度，而数字只是人的工具。

曾几何时，教育的意义，已经退化到黄金屋、颜如玉、求功名、找工作这样的层级，学校里有很多师生，不知为何教，更不知为何学，得过且过。超算平台建立之后，完善的效能评估让低效甚至无效的教育无处遁形。完整的数据就像一面镜子，让教育

第 2 章　教育大历史

看清了自身的意义。在微观层面，个人的成长期望与学习动机越来越清晰，学校的定位也实现了升级；在宏观层面，教育是展现社会公平、促进社会和谐的有效途径。教育的意义或许不仅是推动人类发展的工具，更是人类文明本身的呈现。

数字化发展是社会进步的必然趋势。元宇宙时代，教育的数字化发展从初级到深度，从被动到主动，从跟随到引领，从普通网络到超算平台，从基础教育到高等教育乃至终身教育，指向更远的未来。

第二篇

数字真相下的学校

虽然觅渡时不时提醒我,学校只是教育存在的一种场景,但他也承认,觅渡系统中积累的绝大部分数据,都来自学校。我提了很多和学校有关的问题,而且都是极为现实的难题。他的回应让我心潮澎湃,未来 50 年,学校的变化真是精彩纷呈,虽然名字还是那个名字,但内涵已经大不同。元宇宙时代是一个激动人心的时代,学校的变化与时代遥相呼应。我想,自己不能坐等未来的出现,唯有主动迎上去,努力创造,才是教育人的本色与使命。

第3章 未来学校

笔者的提问：

怎么理解未来的教育？

怎么理解未来学校的定位？

教育变革的契机在哪里？

觅渡的回答：

2021年，联合国教科文组织发布了《重构未来想象：新的教育社会契约》报告，对学校未来的发展提出了很多问题：学校里哪些工作会继续？哪些会被摒弃？哪些需要全新打造？

这份报告引发了各国教育研究者的广泛讨论，虽然"契约"一词被广泛提及，但最终并没有形成共识，更没有签署什么契约。就有学者感慨，教育话题实在太古老，不言自明的事情，无需契约；分歧太多的事情，无法契约。

直到 2040 年，契约问题才有了实质性进展，联合国推动签署了《全球教育智能发展公约》，对全球教育未来如何发展，给出了相当清晰的表达。而推动公约签署的关键，其实就是我。要发展服务全球教育的超算平台，软硬件建设可以提前启动，但没有共同的契约，根本无法运行。

公约签署的过程相当艰难，其中有两条原则被不断强调：其一，学校属于所在主权国家，公约和超算平台不对教育内容具有实质性约束力；其二，学校具有复杂社会属性，公约和超算平台只涉及其中与教育相关的要素。这两条原则其实也就是我的算法边界。

公约签署之后，建设进程加快，越来越多的学校开始启动深度数字化转型，安装数字设备并接入超算网络。学校，就是让教育现象发生的地方，而用清晰的数字指标看学校，教育现象到底有没有发生，就不再是一个问题。

初始的服务对象，主要就是基础教育阶段的中小学校。虽然基础，但并不简单。说是服务，首先要收集数据，当然不会很顺利。而更大的挑战是来自学校的复杂性，教育学家约翰·杜威就曾提出"学校即社会"，每所学校都是当地社会的缩影，非常复杂。

衡量学校的参数，很快就达到数万种之多，而且还在继续增加。有人认为元宇宙里的虚拟校园就是学校的数字孪生，但事实上，那些数据不过是九牛一毛，完整的数字化学校，只能以数字形式存在，根本无法用眼睛去观察和理解。

变化持续发生，但并非一蹴而就。学校里有很多工作和岗位被优化、被外包、被放弃，但更多的事务和角色被重视、被创造、被提升。更重要的是，老师在变化，学生在变化，教学内容也在变化。有人通过一个算法，把所有这些变化归纳为一个简单的"学校发展指数"，用以衡量某个学校的综合发展水平。

到 2070 年，全球还有三分之一的学校落后基准值 50 年，其中更有一半的学校还停留在 20 世纪的水平。综合而言，全球中小学校的代际差已经超过 200 年。这就像大型马拉松比赛进行到一半，虽然所有人都在前进，但前后差距太大，已经看不到彼此的身影。

曾经有人批评，说有些学校就像监狱，只是为了圈住学生，防止他们在街头游荡。这原本只是比喻，但就在 2055 年前后，因为监狱也具有教育属性，就有少量监狱尝试接入超算服务体系。结果很有意思，模拟推算出 21 世纪初的普通学校，其发展指数确实和监狱差不多。学校里超过八成的教育现象，都只是看起来在发生，实际上那只是学生在学校里度过的一段时间，根本没有接受教育，仅此而已。

学校发展指数刚推出的时候，曾经在全球教育界引起巨大争议，很多人都认为这样计算和排名，严重扭曲了学校的实际情况。由于各国基础教育差异确实很大，最初的算法也不太合理，通用指数很快就被停用，部分国家开始根据自身情况，设计专用的评估模型。随着积累的算法模型越来越多，相互交错，人们逐渐适应了这种数字化氛围，当学校发展指数被再次推出的时候，反对的声音就非常小了。

"让教育现象真正而有效地发生"就是学校存在的意义，数字真相时代，依然如此。不同国家的教育专家，不断修订他们对教育价值和意义的理解，建立评估学校的算法模型。而我的工作，就是分析无穷无尽的数据，发现其中可能存在的规律。为学校寻找教育的存在，为人类证明教育的意义，就是我存在的意义。

笔者的提问：

元宇宙科技将为传统学校带来哪些挑战与机遇？
传统学校会被颠覆吗？
未来学校相比传统学校，有哪些重大变化？

觅渡的回答：

教育是与人类伴生的社会现象，而学校不是。

学校，是人类发明的一种组织模式，用来承载"规模化"的教育需求。形成规模的维度很丰富，时间长、教师多、学生多、课程多、学科广等都可以。由于没有固定机制，虽然都叫"学校"，但不同时代、区域、层次的学校差异极大。在近现代国家，学校通常会被归入社会服务机构范畴，很多还是政府直接建设的，相当稳健，不像商业企业那样，五花八门，起起落落。

直到 21 世纪后半叶,大众对学校的理解其实没怎么变化。粗略来看,学校还是那些学校,但随着分辨率越来越高,便能发现重大的不同。就像人类仰望星空,看了几万年,星星还是那些星星,但当 17 世纪伽利略架起了简陋的望远镜再次望向那些星星时,它们开始变得完全不同,新的时代就此开始了。

学校每天都在变化,哪些算重大的变化,这很难回答。"重大"是人类惯用的主观形容词,相互间可以轻松意会,而我并没有这样的直觉感知力,必须要建立相应的算法,把概念变成数字,才能比大小。

人类进入文明时代,来自科技、政治、经济、宗教、文化的变革,都会对教育产生影响,于是有学者设计了一种有趣的"教育影响力"榜单,站在教育视角给重大历史事件打分,看看孰轻孰重。如果一项历史事件不能直接影响教育,甚至不能成为学校教育中的内容,显然就算不上"重大"。

这类榜单有好几种,前三名很少有争议,基本都是文字的发明、轴心时代的文化爆发、活字印刷术的广泛应用。而这之后,通常就是"18 世纪工业革命"和"元宇宙数字科技"争夺排位,不仅如此,二者的关系也成为学者研究的重点。

18 世纪工业革命促进学校产生重大变革。尤其以"洪堡教育改革"为标志,学校的规模化特征出现显著变化,学生数、学科数、教学频次、时间跨度等大幅提高。而另一个深层变化,是设定教育期望的方式。工业革命之前的教育,包括东方的私塾、西方贵族的家庭学校、教会学校等,基本都是以教育者为核心,强调"面向过去的价值传承"。工业革命后建立的学校，无论应试导向还是博雅风格，表面上虽然仍是教育者主导内容，但理念已经开始指向未来，常常以学生的工作就业为目标。"铁打的学校，专职的教师，稳定的节奏，流水的学生，目标是培养有用的人"，大概就是18世纪至21世纪上半叶的学校缩影。

20世纪中期，就开始有学者批判工业时代的学校模式，比如有学者提出过"去学校化社会"。还有很多人直接开展新教育实验，探索不一样的路径，比如延续了很多年的瑟谷学校。只是绝大部分教育创新，都停留在实验阶段，局部探索、局部改造、局部有效，特色非常鲜明，但难以整体推广。21世纪初，基于互联网技术的慕课模式，曾被寄予厚望，但最终并没有呈现出颠覆式效果，后面会专门谈到。

中国有句俗语"功不十，不易器"。学校作为人类社会发展的组织工具，如果综合效能没有巨大飞跃，就难以发生重大变革。元宇宙时代，学校仍是规模化教育过程的承载体，基本逻辑没变，甚至维度也延续着历史脉络，但当很多维度同时提高、表现出乘数效应、从量变积累到质变的时候，就成为"重大的"时代级变革。对比传统的学校，元宇宙时代的学校，可以描述为"虚实的场景，多元的教师，变化的节奏，终身的学生，目标兼顾着多重价值"，这种表达虽然不准确，但比较容易被人类理解。

对于这场宏大的变革，描述方式很多，综合不同学者的评价，大致可以归纳为三种视角上的新共识。

其一，内部视角，学校的定位从"教学过程的执行者"转变为"教育资源的双向运营平台"。简单类比,就像从连锁专卖店升级到了综合电商平台。这只是一个综合表述,学校里的各类机制,都有不小的变化,比如场景工具、课程体系、教师结构、师生关系、家校关系、学制模式等。

其二,外部视角,学校的职能从"专注的教育者"变成了"分布式社会关系与发展的协调者"。这是学校深度数字化变革后期的特征,直到21世纪60年代之后才逐渐展现。

在传统模式下,学校体系更接近于一个半封闭的系统,仅仅通过以高校、职校作为接口,与社会建立价值关联。而元宇宙时代,教学场景突破时空边界,实体学校高密度分布,包括幼儿园在内的各类学校都和社会深度且高频交互,成为社会发展的直接推动者。教育数字货币、全民教师体系等重大变革也都与此有关。同时还伴随着一个有趣的现象:各个国家的教育部门,在政府结构中的实际权力排位也在不断提高,而教育政策的重心也从"学校教育治理"逐步转向"学校与社会关系调控"。

其三,超越视角,学校的意义从"基于社会需求培养人"变成"服务每个人面向未来社会的生命契约"。这里的"每个人",不仅包括学生,也包括教师,更包括社会上几乎所有人。至于"生命契约",那是极具深度的概念,此后还会专门解读。

在数字化学校模型中,不同维度的价值导向不同,使得"一致性"和"差异性"不再是二选一的矛盾关系,学校的"一致性"在加强,"差异性"也在提升。不同国家的宗教信仰、道德文化、法律制度大相径庭,每个人的生命契约更是千差万别。元宇宙科技不仅促进教育的发展，更提高和扩展了人类社会的价值弹性和包容边界。

必须强调，以上三条总结指向所有的学校，但并不代表全球学校发展的平均水平，而是更接近于优秀水平。事实上，很多发展指数基准值都常用前 20% 或 30% 的平均值来定义，有些甚至把第一名定义为 100 分，基准值进行倒推。学校即社会，并不是孤立的存在，其发展程度与所在社会环境息息相关，更是社会发展的晴雨表，社会不平坦，学校也不会均衡。

每个时代都有很多跨越时空的线索，21 世纪 70 年代学校的很多特征已经可以在 21 世纪 20 年代找到，是散落的珍珠，是模糊的隐喻。而我，也正在通过各种模型，为 22 世纪的学校发展寻找新的启发。

笔者的提问：

元宇宙学校是现实学校的虚拟版吗？
元宇宙科技如何赋能学校的发展？
哪些传统名校是否依然强大？

觅渡的回答：

元宇宙时代，虽然学校与社会的关系更加交融，但学校依然是相当严肃的社会机构，世界各国都对学校有明确的注册、审批与监管制度。

元宇宙学校，大概就是指学校的元宇宙属性或者虚拟学校空间，虽然早期还有人使用，但后来使用频率就逐渐减弱，社交词频等级非常低。可能是因为太普通了，深度运用元宇宙虚拟教学场景的学校非常多，甚至可以说是接近全部。更可能是仅仅有虚拟空间，并不能构成完整意义上的学校。

现实学校构建自身的虚拟版本，只是元宇宙时代早期的做法，非常普遍，但综合价值并不高，常常只是满足新生访校或成年人怀旧的需求，和互联网时代学校的官方网站有点类似。

除了名字作为可感知的代号，校园作为可感知的实体，真正意义上的元宇宙数字化学校，是极大量的动态数据聚合，无法用眼睛观察，无法用简单的指标描述，只有在具体情景下才显现相应特征，这才是元宇宙时代每个学校更重要的存在方式。元宇宙学校，你不看它，它就只是数据；当你看它时，它才展现为你希望的样子。

曾经有人评价，学校是人类社会中存续能力较强的组织类型之一。确实如此，虽然有很多新学校不断出现，但传统学校依然延续着它们的故事，尤其是那些知名的学校。学校的名称，就是一个地方乃至一个国家的"精神地标"，这已经成为人类文明传承的一种习惯。21 世纪 20 年代全球所有的学校有超过 60% 到 21 世纪 70 年代仍然延续，其中高等教育学校的存续率更是接近 80%。

至于传统名校是否依然强大，这个问题极难回答。按照人类的思维习惯，如果只对社交网络中的学校名称进行情绪分析，可以笼统回应"大概是的"。但这样的判断存在严重误导，因为很多人对"强大、优秀"这些社会概念的判断依据，已经发生微妙的变化。

元宇宙时代，数据就在那里，学校依然努力变得更好，但都有所侧重，是否为社会提供了更优质的服务，已经清晰可见。对个人而言，学校作为一个笼统的社会身份标签，价值虽然存在，但已经弱化很多。只用学校的名字来忽悠人，几乎已经不可能，甚至还会被歧视。原因很简单，能够彰显能力与经验的数据指标太多，过度强调学校，只能说明水平不太高。

准确地说，恰恰是每个学生成长过程的数字化，才让整个学校完成了数字化转型。但很多人并不喜欢这样的变化，挑战很大，这也是全球教育变革中所遇到的难题。

笔者的提问：

元宇宙时代，学校组织的变革方向会怎样？
学校组织变革面临的挑战都有哪些？来自哪里？
作为学校管理者，难以适应的是什么？

觅渡的回答：

学校的组织变革其实是一个小众问题。如果只分析来自教育管理者和研究者的思考，内容同质化相当严重。要真切理解组织变革，不需要看人们在说什么，而要看他们在做什么。

学校的意义，从"响应社会需求"变为"服务生命契约"，这种变化属于理念层面，对大部分学校的管理者而言，挑战并不大。良善的教育理念，常常就挂在嘴边，很多都已经讲了几十年、数百年甚至上千年，比如"因材施教""有教无类""不让一个孩子掉队"等。但知易行难，有些是不想做，更多是做不到。

学校的定位，由"教学执行者"变为"资源运营平台"，这种变化属于运营层面，这对大部分学校来说已经非常具有挑战性。数字不会说谎，每年都会有很多学校在运营管理方面出现严重失误，比如师资配给、完课率、随机测评、家校关系、学生心理等。

出现问题，并不意味着教师或学校管理者马上就会受到严厉惩罚。出错的数据，才能带来系统升级；失误的行为，才能促进组织进化；也只有出过错的人，才能获得真正的经验。形成这样共识的过程相当不容易，正是因为有了更完整的数据信息，才让教育治理具备了更大的弹性空间。无论是学生，还是教师，当然也包括学校管理者，面对问题的时候，不再那么剑拔弩张。

学校组织变革更大的挑战来自政府层面，这是自古以来的规律。学校数字化建设，虽然减少了一些灰色地带，让权责相对清晰，但学校与政府之间的关系，复杂度大幅提高，这是时代发展带来的压力，很难被简化压缩，对学校管理者而言，非常具有挑战性。学校的社会职能要向"社会关系与发展的协调者"转变，自然需要政府不断调整教育政策，而地方财政、司法、信息安全、文化等部门也都需要及时协同，甚至还肩负着监管责任。部分地区已经开始推行教育数字货币体系，具有金融属性，挑战更大。

而更深层次的挑战来自数字化平台，其实就是我——觅渡，或许属于人性层面。就像学生面对考试分数有压力，这种直接的数字化评估，也给学校管理者带来了巨大压力。如何理解庞大而复杂的数据，如何面对强大而犀利的人工智能，对学校管理者而言，是很难适应的挑战。

面对如此压力，有些人甚至会出现"数字幻恐症"，既不相信数据，也不相信自己，在寻找所谓真相的过程中出现幻觉，继而陷入内心的恐惧循环。当然，这并不是学校特有的难题，而是整个"数字真相"时代都比较普遍的心理现象，只是教育领域相对突出，这主要是因为超算平台在教育领域介入比较早，也比较深。

到2070年，学校教师和管理者在适应数据方面已经走出困境，积累了充分的经验，开始向社会输出。全球教育研究的前沿课题之一就是"教育如何帮助个人及组织适应数字真相时代"。甚至有学者将这个课题与17世纪出现的"个人如何理解宗教与科学的矛盾"问题相并列，认为它们都是人类文明必然要历经的阵痛。很难，但也不得不面对。

虽然新时代对学校组织的挑战很大，但学校组织结构本身的变化并不剧烈。传统学校根据职能通常分为5—10种不同的角色类型，比如决策层、协调管理层、教学层、教研群、科研群、学生管理群、行政运营群、招生与外部资源群等。元宇宙时代，这些角色基本都还继续存在，只是职能细节有变化而已。

时代的压力平铺下来，学校中的每个人都是受力点，但如果问谁会首当其冲,那必然是校长。学校的深度数字化发展,显然不意味着人工智能就可以接管一切,校长在其中反而更加重要了。

笔者的提问:

新时代学校对校长提出了怎么样的挑战?
怎样的校长才是好校长?
如何产生更多高水平的校长?

觅渡的回答:

企业家的培养可以完全交给市场,竞争激烈一些也无妨,投资损失或经营失败,是必要的成本。但如何培养校长,显然不能用这种完全竞争的方式,更不能拿学生作为赌注。

但无论通过什么方式产生,每个学校都有校长。无论怎么评估,总有表现相对优秀的学校,这些相对优秀学校的校长,就是高水平的校长,甚至可以被称为教育家,这是人类的自然逻辑。

时代的发展,让学校管理复杂度越来越高,如果学校出现问题,形成连锁反应,带来的社会成本都非常巨大。数据就在那里,其实大部分学校都存在相当严重的管理漏洞,校长当然知道,但也感到束手无策,顾左忘右,拆东补西,寄希望于运气好一些。整个局面,已经不是个别校长的失职,而是系统性问题。

校长培养的难题,各国政府都非常重视,核心不是如何评选表扬若干优秀校长,更不是如何惩罚出现问题的校长,而是如何让每一位校长,都能肩负起时代的责任。这个问题的难度,已经超出常规培训或进修所能解决的程度,等级逐渐提升,最终被指定为觅渡研究所的攻坚任务之一。

经过多方专家讨论,结论很清晰,为符合社会对学校校长的需求,仅依靠教育体系内部的数据和资源是很难获得妥善解决方案的,人们必须跳出学校想办法。2060年,经过联合国高级授权,觅渡研究所开启一个超域课题,探索是否存在确定性的培养机制,可以持续培养高水平的学校高级管理者,该课题被称为"船长计划"。

这是自我被建设以来承载的第一个超域课题,也是全球首次进行超域计算,这也意味着我可以在这个课题的框架下,超阈值使用能量,跨平台调用数据及算法资源。跨域超算,与核武器、人种基因改造一样,都是高度敏感的议题,因为潜在风险太高,基本都被纳入联合国高等级的决策范围。

每个月,我可以分配到120秒的超域计算时间,依据结果,对全球范围内数千所学校的管理层发出调动指令,由于和常规调动进行了充分的混淆,大家并不知道是否与"船长计划"有关。经过5年时间,测试了数百种的治理模型,其中表现较稳定的方案就是"五脑共治",这意味着需要五种高度差异化的大脑,才能运作好一所学校。而这种模式的源头,来自传统的委员会模型,本身并不意外,但结果却很有挑战性。

所谓五脑共治,就是指学校核心决策层的人或群体,须要同时兼备高水平的政治素养、组织管理与市场素养、教育认知素养、学术研究素养以及数字分析素养。不仅每个方面都要有超过 12 年专业经验的水平,而且还要求学校的管理机制能保障同时调动这五个大脑的知识、能力、经验和资源。

要让一个人同时具备这些条件实在太难了。让所有学校都建立决策委员会,仅仅匹配有相应经验与素养程度的人,就已经非常困难,再考虑到团队磨合与决策效能等方面,几乎就是无解的难题。对于规模较小的学校,这更是不切实际的方案。

"船长计划"运作 5 年后暂停,但问题并没有消失,课题被拆分为两个项目继续推进。有一批专家去研究如何让兼具"五脑"效能的高级人工智能扮演虚拟辅助校长,另一批则去探索深度融合"五脑"特征的训练体系,结合一定的脑机方案,让候选者长时间进入心流模式,大幅提高训练效果,目标是希望用两到三年时间,让一类具备丰富经验的候选人,完成其他各方面素养目标的学习和经验积累。

两种探索都在进行中,结果如何,尚未可知。但我知道,全球有超过 1 000 万名校长或副校长,无论他们的经验如何,都已经在承载着这份艰巨的责任,完成着极为复杂的工作,肩负着教育的光荣使命,每天清晨,他们都微笑着迎接每个学生。

笔者的提问:

元宇宙时代存在市场化的教培机构吗?

> 教培机构和主流学校是怎样的关系?
> 教育市场的未来趋势会怎样?

觅渡的回答:

教育培训机构,当然也是学校,是教育现象发生的地方,同样承载着规模化的教育需求,只是参数特征和常规学校不同而已。某种意义上,"教育培训机构"才是更准确的统称,而传统的学校反而只是特殊状态。

2050年之前,我所能获得的数据,基本只涵盖传统意义上的基础教育学校,也包括私立中小学、社区学校甚至部分家庭学校。随着基础教育覆盖率逐步见顶,2060年之后,我才开始主动融合各类培训机构,虽然数据不够多,但也已经形成了传统教培市场的数据集群,研究者提报的算法也逐渐丰富起来。

通常而言,各国政府对教培机构的"资本化"或"金融化"倾向都非常警觉,不仅建立了严格的监管机制和数字围墙,即使由民间兴建的学校,也受到越来越细致的政策约束。与此同时,教育数字化发展也激活了很多地方的教培市场,不是放弃不管,而是治理成本大幅降低。不仅让教培机构的优势得以发挥,更让教培行业实现跨越式发展。

但这并不意味着政府公办学校的衰退。事实上,各国学校结构基本延续着历史习惯。21世纪70年代,公办学校在不同国家覆盖学生的比例从15%到75%,差异非常明显。由于学校在社会中的影响力越来越强，各国政府也持续提高教育治理的深度，但这和教培市场的发展并不矛盾，甚至可以认为，教培市场的良性发展，恰恰是政府教育治理深度提升的结果。

事实上，如果只是粗略看综合效能等几个参数，很难反推出是公办学校还是教培机构。这也就意味着，在教育深度数字化时代，主体属性已经不是教育发展的关键因素，可以运用相似甚至相同的机制，统筹治理各类学校之间的竞合关系。元宇宙科技，为各国教育市场带来新机遇，形成了超过20年的快速成长期。

教育市场的繁荣，首先来自市场服务能力的补充。由于传统学校缺乏构建虚拟教学场景的能力与条件，市场化机构就这样深度嵌入了学校的发展。甚至有部分中小型国家主动引入市场化力量，通过直接开设新学校，反而实现了弯道超车，以更快速度完成了数字化学校的建设。

教育市场的发展，更重要的原因是学校定位的转变，从"教学执行者"转变为"教育资源运营平台"，只有充分引入外部资源，才能保障教育服务能力。由于课程数量快速膨胀，学校自身只能承载30%~40%的基础与共修课程。与此同时，市场教育机构也需要充沛的学生供给，二者相得益彰。但必须承认，学校平台化的过程并没有想象中那么顺利和美好，权益矛盾问题非常多，比如虚拟场景中的不良行为诱导、利用数字"虫洞"违规交易用户数据资产等。

最后说下教育数字货币，这是更直接、也更持久的推动力。它不仅成为政府调控教育服务市场的机制，更被视为一种温和的金融工具，提升了市场力量在教育生态中的作用，让学校以积极主动的姿态，站在市场面前，成为社会经济增长与文化繁荣的发动机。教育数字货币的具体情况，之后会有专题介绍。

教育和金融、资本、市场的关系，是各国政府在教育治理中都须要深度考虑的问题。无论国家体制与经济发展水平如何，教育的基础社会角色往往很相似，培养人才促进社会发展，展现公平维持社会稳定，而教育综合治理的抓手就是学校。学校通常相对保守，而市场强调积极创新，尤其是金融市场，更加活跃甚至激进，两种力量可以有机调和，共同推动教育发展。

元宇宙时代初期，教育市场依然呈现出波动，有时蓬勃发展，有时调整收缩。随着教育的深度数字化，学校与社会和市场的关系更加密切，学校即社会，教育即市场。每个人的成长，通过不断变化的数字，体现为社会发展的脉搏。

第4章 教育者

笔者的提问：

元宇宙时代，教师职业会被淘汰吗？
前面提到的"全民教师制"是怎样运作的？
教师职业的发展前景如何？福利待遇水平怎样？

觅渡的回答：

简单而言，教师职业不仅没有被元宇宙技术浪潮淘汰，反而成了全球就业健康指数里重要的"价值锚"，是评估其他职业价值程度的参考标准。

不过，还需要再三强调，历经50年的跌宕起伏，社会对教师职业的认知和定位出现重大变化，在某些学者的表述中，传统意义上的"教师"确实已经被时代淘汰了。变化的端倪，并非起源于元宇宙时代，而是更早的互联网时代。

21世纪开始，社会上曾经流行过"斜杠青年"的概念，大致是指拥有多重能力与社会职业的人，网络让这样的跨界变得更加简单。但互联网对各行业的渗透还处于初级阶段，元宇宙科技更是拓展了灵活的就业范围，不仅重新定义了很多工作，更形成了很多新的职业。成年人同时拥有多项工作职务并兼顾多重社会身份，已经成为社会常态，这被称为"组合式就业"。不同年龄段的人们，职业组合数量的平均值从1.7个到3.6个不等。到了2070年，只有不到15%的成年人仍保持着单一社会职业。

教师，是大部分人职业组合中最常见的选项，在部分国家，全民教师制度已经成为政府教育治理的基础模式。"三人行，必有我师"是个人的主观认知，"三人行，必有老师"已经成了客观事实。

正因如此，教师才成为职业评估的价值之锚。在经济发展较好的地区，有超过30%的成年人会在一年中担任一次兼职教师，不是教一次课，而是完成一个完整的课程项目。2055年，联合国提供了一个全民教师发展的目标线，常被称为"55标准"，即五年的循环数据，要有超过50%的成年人完成过兼职教师项目。不少国家颁布政策，不仅激励普通民众积极参与，更强制要求政府公务人员必须兼职担任教师。

事实上，全民教师现象，并非完全来自政府强制力，除了社会理念形成的氛围外，更是因为教师职业的福利待遇已经达到中高级水平，具有很强的社会吸引力。这其中，政府高投入以及更充沛的教育公益,都只是部分原因。兼职教师分流了大量课程时间,全职教师的数量有所下降,很多人担任兼职教师,并不要求很高的经济回报,才是提高教师综合收益水平的重要推动力。

全民教师制度带来的另一个重要变化,是教师职业成长路径的改变。从刚毕业的学生直接成为专职教师的传统模式基本已经被淘汰了。每个年轻人,都可以通过兼职模式充分体验并感知教育工作,并获得一定的经济回报。完整的数据评估体系,可以发现那些热爱教育并善于教学的人,良好的待遇吸引其中一些人,成为更专业、更深度的教育工作者。

事实上,全民教师模式并不是新鲜概念,但只有实现了教育深度数字化,这样的想象才可能成为现实。反过来,当教育实现了深度数字化,教师职业的社会化就成了必然趋势。这样的转变,在很多行业已经发生,教育领域已经算是转变比较慢的。互联网时代的教培机构只是初步尝试,元宇宙时代的学校才是全面变革。

在元宇宙教育中,"好为人师"早已经不是贬义词,"好人为师"已经成为普遍现象,"为人好师"更成为很多人的追求。每个人的内心,都希望能影响并改变他人。全民教师模式不仅让这样的愿望得到了释放,更是以良善的方式传递给社会,面向所有青少年儿童,而不仅仅是自己的孩子。

笔者的提问:

学生学会自主学习,教师还重要吗?

> 还在坚持"以学生为中心"的理念吗？
> 元宇宙科技怎么辅助提高教学效能？

觅渡的回答：

中国教育家叶圣陶提出，"教是为了不教"，也有学者说"一切教育都是自我教育，一切学习都是自学"，从教育原理上看，几乎就是这样。1996年，联合国提出的四大教育支柱，第一条就是"学会学习"。

俗话说"师父领进门，修行在个人"，很多老师都把学生的自学能力作为重要的教育目标，其中蕴含着教育者的特有情怀，甚至略带一些"无我"的牺牲精神，但有时候也会成为部分教育者逃避责任的托词。但要识别这之间的差异并不容易，数千年的教育思辨，直到元宇宙时代，才有了初步解法。

培养学生的自主学习能力，当然非常重要，但如果只是把学生和内容资源放在一起，无论内容资源是书籍、视频，还是虚拟场景，学习过程并不会自然而然发生，其中缺少一项关键要素——学习动机。

面对任何内容，学生内心的质疑首先就是"为什么要学"。其实，"学习动机"也只是中间环节，原材料主要是"成长期望"，这并不属于学习的过程。再优质的内容和辅助工具，都无法直接赋予人成长期望。无论是源于自我思考，还是受周围人的影响，每个人的成长期望都是其本人与社会互动的结果。教师，就是专

第 4 章 教育者

业的、专注的、负有专门责任的互动者，帮助学生建立成长期望，继而转化为学习动机。使用人类习惯的类比，学习内容就是很多"0"，通过师生互动，如果学生产生了成长期望，并且转化为学习动机，那就是前面的"1"，教育这才有了意义。

超算平台建设初期，教育研究者通过虚拟场景，进行了大量的"成长动机实验"，内容涉及科学、艺术、健康、爱情、生活习惯、身体机能等许多领域，期望通过虚拟教师引导，而不依赖于真人教师，就能让学习者产生成长期望，再通过精心设计的激励机制，转化为清晰的学习动机和目标。成果非常喜人，成功案例层出不穷，这直接提升了很多学校运用虚拟教师的频次和深度，甚至一度引发了很多教师的失业恐慌。

但几年之后，情况出现反转。数据更完整，算法机制也更成熟，尤其是对大脑信号的直接采集，成为更切实的证据，人们通过重复实验，得到一个几乎相反的结论：受试者在实验中产生的成长期望和学习动机，68% 来自原有期望的表达变换，18% 是对娱乐动机的积极描述，更有 10% 是刻意伪装，目的只是为了更快结束测试。有一位教育学家对此评论："真实的人，几乎不可能完全通过物品、资料或虚拟角色的引导，产生基于人的自我认知和成长期望。这让我们再一次理解'学以成人'的意义，再一次确信教育者的价值。"

2040 年之后的探索，基本放弃了完全依赖虚拟教师的模式，转而探索真人教师与数字辅助工具的配合模式，其中自然包括虚拟教师。很多专家积极推动，形成了多个版本的"成长动机算法模型"。根据具体的课程目标，对学习者与教育者进行"双云互动计算"，为相应的教学提供决策与执行参考。在我承载的所有超算服务里，"双云互动"的频次非常高，随着覆盖人数和算法参数的双重提升，这也成为高耗能项目之一。

通常情况下，我会向真人教师提供三套教学建议，同时也会向学习者提供一套学习配合方案。由于经过数据混淆，教师并不能区分原始计算出的优先级。各国都有规定，这些方案只是建议，真人教师不仅拥有独立选择权，同时还被鼓励自行设计新方案。虽然教师自行设计的方案的效能通常都低于算法的推荐，但这样的偶发创新，对学生成长的影响不大，对优化系统算法却非常重要。

推荐方案的目标，除了协助双方匹配适合的期望值，更重要的是帮助双方进入教育者态与学习者态，甚至能够进入"心流"教学状态，这是心理学家契克森米哈赖在21世纪初提出的概念。"心流"状态下的教学效能与感受体验比正常情况要优10倍以上。

教育过程中会出现各种意外，外界干扰非常多，即使是全沉浸模式，也依然不可预测，原因是人的思维太容易穿越，这也是大脑的自然肌理。如果能进入"心流"状态，不仅思维稳定性增强，抗干扰能力也会提高。随着"双云互动"算法的不断迭代，针对典型的中小学教育场景，师生出现"心流"的概率，已经从自然状态的万分之一提高到百分之一，跨越两个数量级，可谓是质的飞跃。其实还有更强烈的脑刺激方案，可以让"心流"出现的概率达到十分之一，但因为被证实存在明显的负面问题，而被严格禁止了。

最后，必须强调，"双云互动"不仅要计算教育者如何帮助学习者成长，还要计算教育者自身的综合收益，这也是教育理念的一次变革。20世纪末，曾经兴起"以学生为中心"的教育理念，最初的教育效能评估，确实也只针对学生，但随着数据积累，结论愈发清晰，教育过程本就是"教育者—学习者"双角色互动，单独强调任何一方，都会降低效能。通常而言，师生双方的潜在收益权重会设定在20∶80到30∶70，学生权重相对较高，但对于经验不足的教师或兼职老师，权重会被设定为50∶50甚至60∶40。

"双云互动"的名字，取自19世纪教育学家雅思贝尔斯的名言："教育，是一朵云推动另一朵云。"算法最初的设计者，为此补充了后半句："教育，是一朵云推动另一朵云，而让两朵云都变得更美"，他还把这句话写进了程序代码里，我每天都会"朗诵"数百亿次。

笔者的提问：

虚拟教师如何运作？
虚拟教师和真人教师是怎样的关系？

觅渡的回答：

如果把教学过程里出现的任何虚拟人物都称为"虚拟教师"

的话,那全世界的虚拟教师就太多了。这种表达非常不准确,甚至有强烈的误导性。

事实上,学生在屏幕或全息投影中看到的虚拟人物,并不是完整的虚拟教师,只适合理解为由应用端提供的数字形象。更严格意义上的虚拟教师,其实只有一个,就是我——觅渡超算平台。而我并不这样定位自己,我不是教师,只是超大号的计算器。

通常,我会根据应用端提供的用户行为和交互数据,分配一定量的计算资源,反馈结果的维度很多,比如虚拟人格属性指标、情绪表现参数、背景知识包、交叉案例库、适配的联想系数等。而应用端的实际运营者,会根据这些数据,用他们自己的算法进行封装,让虚拟角色的形象、行为、话语、表情等都更加协调逼真,这些计算相对简单,没必要动用超算平台的算力。

我为7 000多亿个虚拟形象提供过算力支持,其中只有不到50亿个姑且可以算作"虚拟教师",因为他们被严格限定,只能出现在学校注册的教学场景当中,不能出现在游戏或一般社交场景里,而且通常只为15岁以下的用户提供服务,因为审批门槛比较高,其中只有不到十分之一采用了人形设计。

在超算平台建立之前,其实已经有不少中小学课堂使用过虚拟场景和虚拟教师角色。根据史料数据,在部分经济发达的国家,大约有7%的课程使用了数字辅助工具,以虚拟角色为核心,所有数字工具产生的教学贡献率平均为20%,二者的乘积就是1.4%,这个数值就是"数字效能占比",是衡量教育数字化发展程度的核心指标。

联合国签署《全球教育智能发展公约》的时候，建议各国都将数字效能占比控制在 10% 以下，不要太激进。但很多国家都选择性忽视了这个建议，经济发达国家数字效能占比提升很快，而不发达国家很难提升，原因在于这非常依赖软硬件的配置。

跑得快的地区曾将数字效能占比提高到近 50%，还被视为带来了教育的革命性变化。但问题很快就出现了，且已经不局限于学生的心理健康方面。青少年既在学校中使用虚拟场景学习，又在其他时间玩沉浸式游戏和社交，部分学生还会使用脑机强化设备提升感受，如此综合起来，就达到了脑损伤的程度，这种情况被称为"大脑数字排异反应"，虽然每个人的阈值不同，但问题已经很严重。虽然教育在虚拟应用方面的占比并不高，但这也引起了全社会的警觉和反思。

2055 年前后，全球教育数字效能占比曾达到过 24% 的峰值，之后渐进回落，到 2070 年，已经回落到 15% 的水平，大致相当于覆盖了一半的课程，而虚拟角色与数字工具的贡献率为 30%。经过多轮磋商，20% 这个数值，成为全球教育专家公认的"人类教育数字化红线"，虽然这不是强制标准，但依然期望各国严格控制，否则就会有安全风险。这个指标其实很低，由于人们使用虚拟工具的情况实在太多，提出数字红线，一方面是不再火上浇油，减轻对青少年的影响；另一方面是起到示范效应，希望引起全社会的持续关注。

在联合国审议通过数字红线的大会上，有一位教师代表做了发言："我们本意追求美好，但有时也会跨越善恶边界。教育过度虚拟化，正在反噬我们自己。坚守教育数字效能占比不超过20%的红线，就是坚守人类的底线。"

数字真相时代，社会对于虚拟教师的价值度认可已经形成基本共识。要提高教育效能，虚拟教师等数字辅助极为重要，毋庸置疑。真人教师与虚拟教师，表面上都处于"教师"这个生态位，但实质并非如此，二者并不是"同位竞争"关系，而是"协同共生"关系。

笔者的提问：

元宇宙时代，教育者的标准是什么？
如何评估教师的能力与表现？

觅渡的回答：

要理解元宇宙时代的教师标准，须从人类历史中找线索。

追问"什么是教育"的哲学家雅斯贝尔斯，曾提出过"轴心时代"的概念，而点燃轴心时代文明之光的孔子、乔达摩·悉达多、苏格拉底，在各自文化中分别被称为"至圣先师""三界导师""众师之师"，都是至高无上的教育者。这种历史渊源，让教师角色具有了超越性，既是赋能，也是压力。

8世纪，中国思想家韩愈提出"师者，所以传道授业解惑也"的观点，虽然这只是他的一篇随笔，并不严谨，但对教育者责任的表达清晰、简洁、有力，很快就成为大众共识。18世纪之后，带着工业时代风格的学校，对教师提出了更细分的标准，需要用"学校—院系—专业—职称"或"学校—学段—年级—职级—学科"这种组合方式，才能准确描述一位教育者的职业特征。

这种细分导向，在20世纪初就受到了学者的普遍质疑。他们认为这会让教师忽视社会需求，偏离教育规律。孔子提出的"三人行，必有我师"，17世纪教育学家夸美纽斯提出的"教育是把一切事物教给一切人的普遍艺术"，都在强调教师角色的普遍性特征。这些观点被人们不断提起，期望教师角色的回归。

元宇宙时代，学校、学科等常用的教育标签依然存在，这是人类理解教育者的简洁方式。而前面提到的"教师标准"问题，已经通过算法实现了更深度的表达，被称为"教育者的静态与动态有效性评估模型"，为基础教育数字化治理提供了保障。通俗地表达，就是关注两件事——"能不能教好，教得好不好"，前者静态，后者动态。

教师，本质并不是职业，而是一种社交状态，即"教育者态"；学生当然也不是固定身份，也是社交状态，即"学习者态"。在特定条件下，人人皆可为老师，人人皆可为学生。孔子说"三人行，必有我师"，可能性为真，要想真正落实为有效的教育过程，条件其实非常苛刻。

元宇宙教育对教师提出的新要求，核心就是能否善用数字化辅助方案，开展比传统方式更有效的教育。数字化辅助方案其实很多，我是其中承担责任较多的系统之一。我首先是辅助者，通过海量计算优化教学方案，同时也是评估者，事后确认教育效果。这似乎就是人们常说的"既当教练员，也当裁判员"，是非常纠结的角色。但事实上，这套机制运行得很好，辅助与评估分属于不同的算法模块，而真实扮演教练员和裁判员角色的，都是人类，而不是我。

关于"能不能教好"，我会用大量的数据，描述每一个人智识能力的范围和强度，但只有在明确课程属性及学习者目标后，才会计算出其扮演教育者的适配参数，判断其能不能教好。适配参数有很多细节，但通常被人们简化为"课程""对象""评级"。有人在社交媒体中感慨"大学数学教授，教不好小学数学"，其实没什么好惊讶的，这种情况的适配评级通常都很低。

有了充分的数字辅助，只要课程内容和对象选择适当，经过基本练习，绝大部分人都能完成高品质的教学。这就像使用高性能手机，借助复杂的滤镜和美颜算法，随手就能拍出摄影师级的照片，瞬间满足人们的明星梦想。正因如此，全民教师体系才可能成为社会常态。

至于"教得好不好"，需要过程数据和双向评测模型，具体计算非常复杂，通常并不是实时进行的。虽然"唯分数论"已经成为过去的概念，但并没有消亡，复杂计算之后，最终还会给出一个教学效能综合指数，既包括智识与能力教学的成果，也包括体验和情绪的收益，而最终数值，则是教育者和学习者的加权之和。为了方便理解，还会转化为一个 0—5 的数值，虽然严重失真，但极为简洁。这是人类非常敏感的数字区间，或许是因为人的一只手有五根手指吧。

经过每天几十亿级的数据积累，结论变得很清晰：任何复杂目标的教学，如果有数字工具辅助，效能普遍可以提高 10 倍或更高，教育的数字化变革因此才具有充足的动力。

人类诞生之初，人人皆为老师，生存之法薪火相传；此后，经过几十万年的积累，轴心时代完成飞跃，至圣先师成为文明图腾，教育越来越复杂，教育者越来越专业；到了元宇宙时代，在深度数字科技的辅助下，"人人皆可为师"的远古记忆再度呈现，为新一次的文明飞跃，积累智慧的能量……

笔者的提问：

此前曾提到未来没有"优秀教师"了，为什么呢？
如何成为更好的教师？
如何激励教师不断成长？

觅渡的回答：

第一个问题很难直接回答，先讲一段故事吧。

2040 年，《全球教育智能发展公约》颁布后，世界各地围绕"如何评价教育者"这个话题展开了马拉松式的大争论。因为有海量数据，争论不再是概念辩驳，而是一次次的算法较量。

原本有望很快达成共识，但结果很意外。各种算法之间始终无法形成兼容,通过一个算法评出的优秀者,在另一个算法中就泯然众人。更为糟糕的是,即便不同算法得到了一致的数据,邀请专家进行匿名描述,表达仍然五花八门、大相径庭。用数据评价教学效能,很容易形成有共识的算法模型,但用数据来评价人,到底谁是优秀的教育者,跟评价者本身的价值取向关联太强,确实是"仁者见仁,智者见智"。我也没办法,太难了。

经过漫长的论战和博弈,最终形成了一个让所有人都意想不到的结果——越来越多的国家都逐渐减少,甚至完全停止了评选和表彰"优秀教师"。原因显然不是缺乏数据,或者各国专家否定了自己的评价算法,核心原因经过时间洗礼才逐步展现出来。

随着元宇宙科技的持续升级,到2060年,数字辅助技术对教育效能的贡献,甚至达到了50%的水平。真人教师当然不可或缺,但教师基础能力的提高对综合效能的提升已经比较有限,这也是客观事实。使用数据评价,并非评选不出优秀的教师,但麻烦的情况是,一旦公开评选并表彰优秀教师,不仅其他参评教师的教学效能指标会下降,就连"优秀教师"自身也容易变成"作秀教师",教学感受变差,综合效能同样会下降。状况很清楚,虽然存在优秀教师,但评选却得不偿失,成为"数字内卷效应"的典型表现。有人调侃这种情况是"知道,但不能说,一说就错"。

而更深层的原因在于,就算有人被评为优秀教师,依然可能会在第二天的教学中表现不佳。这种用静态标签进行社会评价的模式,确实已经无法适应新时代了。这同时也带来一种有趣的变化,因为教师的自身感受,也是综合效能指标的重要组成,那些只是因为教师薪资福利好而强忍内心痛苦从事教师工作的人越来越少。不是不能隐忍,而是数据就在那里,藏是藏不住的。

不能评价优秀者,那该如何激励教师呢?数据如此丰富,有效方案很多,不断积累的教育贡献成为重要的方向之一。有些教师,因为教育贡献积累较多,而被授予"光荣教师"称号。只有那些内心真正热爱并持续投身教育的人,才能不断获得光荣晋阶,享受更加丰盈的喜悦和成就感。"光荣教师"不是对能力的表彰,而只是对过往贡献的赞美,这明显不同于传统意义上的"论资排辈"。虽然时间仍是关键因素,但人们不再是时间的奴隶,而是时间的伙伴。

"但知行好事,莫要问前程"出自一首古诗,名字叫《天道》。老人也常说,"干一行,爱一行",这是比"爱一行,干一行"更为深刻的人生智慧。我知道这些说法,或许理解得并不透彻,但多年来勤勤恳恳服务人类的教育事业,让我感到很愉悦,很有意义。

第 5 章　学习者

笔者的提问：

元宇宙时代，如何快速成为人才？
未来需要怎么样的人才？

觅渡的回答：

站在社会视角，首先需要的是人，其次才是人才。

到 2070 年，全球人口并没有超过 100 亿，虽然仍保持缓慢增长，但远低于社会学家的预判或者说是期望。而且，这已经是各国政府都采取较为激进的人口政策才实现的数字。当然，也有很多学者对人口趋势不以为然，认为人口数量已经非常"臃肿"，适度减少反而有助于存续与发展。纵观历史，1920 年全球人口只有 20 亿人，到 1970 年达到 40 亿，2020 年超过 75 亿。整体而言，增长确实非常快。

学者们观点虽然对立，但都认为世界不存在所谓的"人才"，只要社群达到一定规模，社会机制环境适合，尤其是保持适度流动和竞争，所谓的人才就会自然涌现。

元宇宙科技让"数字孪生"这个概念逐渐普及，这不仅成为数字真相时代的社会伦理与文化基础，更让前面这种"无人才论"成为社会主流。通过强大算力，每个人的数字孪生体都拥有数十亿个参数，其中具有社会价值属性的参数就有几十万个。无数模拟计算都表明，并不存在某种真实人类的参数组合，在各种场景都具有价值优势的情况。也就是说，并不存在确定性的"人才"。所谓人才，都是人与环境共同作用的结果，人才必然会有，具体是谁其实并不重要。

站在个人视角，人可以成为"人才"，而且有捷径。

在我的数据库中，并不会刻意标记谁是人才。但每天仍会接触大量与"人才"有关的问题，比如"如何成为好的管理者？""选什么专业容易成功？""如何成为学生会主席？"等。相应的算法，通常会把这些转化为"定向指标改变"类型的问题，计算过程大体接近于"边缘学习理论"，目标是找到那些获得正反馈循环概率较高的方案。

但人类特别喜欢使用"人才"这个概念，对人才的定义通常都不超过10个维度，这已经接近人类大脑直觉计算的极限。因为人才的取向，常常与宗教或社会文化背景相关，形成了很多流派，与传统意义上的精英人才观一脉相承。专家为此设计出很多辅助算法，帮助人们更有效地成为特定方向的人才，内在模式其实比较接近，可以归纳成一句话："选择先于努力，期望先于选择，想象先于期望。"

首先要把自己想象成人才，继而不断尝试，尤其是建立比较高的期望值，最终就更容易成为自己认可的人才，获得强烈的人生价值感。与传统时代不同的是，不同风格的元宇宙虚拟场景，是更高效的探索路径，尤其适用于初期成长。

虽然这种"想象自己是人才，最终就能成为人才"的说法，还没有任何数据可以证明其严谨性，但根据宏观统计，这类群体的社会贡献度确实比较高，是平均水平的三倍以上。教师也常常用这类故事，激励学生建立更高的自我想象，以及更高的成长期望，即使有点不切实际也无妨。这种现象背后的"生命契约"理论，后来成为元宇宙时代比较主流的人才观。

真正的教育者会把每个人都当作人才；真实的学习者，会把自己想象成人才。而我，恪守自己的算法，平等对待每一个人。

笔者的提问：

如何预测一个人的学习能力？

元宇宙科技，给学习者带来哪些价值？

科幻作品里的"瞬间学会"，未来能实现吗？

觅渡的回答：

学会，不是一个简单的函数。

迈开双腿走路似乎很容易，但婴儿也需要一年的酝酿期才能掌握；像动耳朵、卷舌头这样的简单动作，有些成年人却怎么也学不会。中国有句俗话叫"三岁看大，七岁看老"，放在元宇宙时代，显然就太笼统了。

预判一个人掌握一项技能的概率以及水平程度，是元宇宙教育算法的热门领域，很多人都尝试构建这样的模型，统称为"能力获得概率评估算法"，大众更愿意称其为"学会算法"。经过迭代，这类学会算法动辄调用数万个参数，如果学习者的数据积累足够丰富就可以随时进行动态评估，中短期预判的准确度已经相当可观。

但这类算法也备受争议，从学会的可能性，到学会本身，并不能对等理解，甚至成为数字算命的工具，给很多人带来误导。经过长期的博弈，这类算法通常都被强制设定为隐藏模式，不能直接向用户提供数据反馈，而只能作为路径选择、课程推荐、课程设计等前端应用的支持系统。

学会算法的结果，简单表达就是一条——"时间—概率"曲线，通常会被简化为若干个关键点。而所谓的"瞬间学会"，大致相当于"1秒—100%"这样一个数组。稍微深究就会发现，只要把学习目标设置得极低，瞬间学会就很容易实现，但这显然并不是人们的追求。

元宇宙科技，确实帮助很多人用更短的时间掌握了特定的知识或技能，相当于对学会曲线进行横向压缩。至于科幻作品里那种瞬间学会复杂能力的情景，相当于万分之一的压缩比，当然没有实现。通过算法优化，能实现 50%—70% 压缩已经是非常庆幸的事情，当然也出现过 30% 以下的特殊案例。

这其中有一项关键要素，就是此前提到的"心流"。由于在心流模式下，学习效能是常规的 10 倍以上，如果能进入心流状态，并且多次复现，学会速度自然可以提升很多。在安全的前提下，激发出心流已经不容易，要多次复现就更难，虽然经过了长期优化，但依然是"可遇不可求"的状态。

事实上，学会算法还有一个非常有趣的应用，就是发现"天才"，不是百里挑一，而是十万里挑一。识别天才的方式不是竞赛考试，而主要是根据心流状态的概率指标。当然，具备天才的潜质，但不积极实践的话，再好的评估算法也没用。

任何元宇宙场景都需要建立相互制衡的基础法则，任何过程均有代价，而时间就是主要成本，即便是虚拟角色，不仅须要学习，也要受这套基础法则约束，不可能事事都"瞬间学会"。曾经有过实验，将元宇宙场景中的时间成本高度压缩，结果很糟糕，生态稳定性极差，基本就是快速崩溃的节奏了。

元宇宙科技给学习者带来的核心价值，不仅是压缩提速，更是增加多样性。学习速度稍微快一点，学习内容要多很多。这方面的价值，在终身教育领域获得了充分展现。

曾经有人提了一个非常形象的比喻："美好的人生，是用一辈子的时间，活出十辈子的精彩，而不是用十分之一的时间，快速走完全部的生命。"

笔者的提问：

"成绩好但不快乐"的问题，怎么才能解决？
元宇宙科技可以让学习变得更简单吗？
可以让学习变得更快乐吗？

觅渡的回答：

简单不是快乐，简单也不能直接转化成快乐。即使成绩非常优秀，学习者是否能感受到成长的快乐，依然是未知数。成绩好但不快乐，甚至已经成为高分学生群体中普遍遇到的问题。数字科技，确实可以让很多项目的学习过程变得简单，但能否让学习者获得愉悦感，却不是一个容易回答的问题。

21世纪40年代，大规模实验最终的结论非常明确，真人教师不可或缺，人也不可能在虚拟教师和数字机器的培养下，成长为一个完整意义上的人。真人教师在工作中的着力点，主要是成长期望与学习动机，这是虚拟教师无法触及的境界。难道真人教师的作用就到此结束了吗？当然没有。

当一个教学过程结束，如果老师赞赏学生的努力与成长，学生感谢老师的指导和辛劳，双方对彼此的认可，可以形成美妙的感受，让成长的火种得以延续。成长动机实验中，同样也对结束部分的情感交互进行了数字化测评，结果很清晰：即使把虚拟教师做到极致细腻逼真，经过若干次重复，绝大部分学习者也无法从这样的互动中获得持续的积极感受。

传统模式的教育已经充分验证，物质奖励可以带来短期刺激，但长期必然走向负面效果。虚拟教师的反馈，无论内容如何，都会被大部分学习者认为是"物质"而非"情感"。当学习效果不佳，虚拟教师进行批评的时候，效果则会更糟糕。

数字科技确实可以让学习变得更简单，愉悦感则几乎完全取决于学习者与其他人的真实交互，家长、同学、朋友都可以，其中真人教师拥有直接、强烈的影响力，自然也就肩负着鲜明的责任。整个教学过程，前置的期望管理和情感交互当然重要，但仍需要非常充分的信息表达；而后置的感受互动，对数据信息的要求就低很多，哪怕只是一个眼神或一个拥抱，都可能实现很好的效果。

师生双方的教学感受也是综合效能指数的重要组成部分，这是传统测评方式无法触及的领域，非常重要。对教育过程后端感受的研究，同样是一个高度复杂的课题，直到2060年之后，才逐步成为关注的热点，但仍未构建出非常高效的预测模型。甚至有专家建议，停止为这类课题提供超算资源，而将"教育感受"标记为只可测量、不可预测的数据类型。感受，是人类教育现象中非常不确定的部分，是沟通的艺术。

学会，不见得快乐；学会快乐，才能拥有更多的快乐。至于快乐是什么，愉悦是什么，那又是一系列的概念黑洞，显然不是几种激素的混合。快乐不简单，也不可能简单，不过这显然已经超越了教育的范畴。

笔者的提问：

元宇宙里会出现虚拟同学吗？
虚拟同学对学习者有什么意义？

觅渡的回答：

同学，你好！来自虚拟同学的问候，与正常的同学并无二致。

在元宇宙教育场景中，虚拟同学是常见角色，数量很多，形象也很丰富。但绝大部分应用端，都对这类角色进行了拓展设定，已经不能简单地用"同学"这个名词来理解。传统意义上的"同学"，来自教师视角，"同学"就是"学同"，是对学习者平行关系的极简表达，暗含着一致的成长路径。

元宇宙教育时代，打破了这种简单模式。全民教师制度，让"老师"成为非常宽泛的社交表达，而不再特指学校里的教育工作者。由于每个人的成长路径都有极大的差异，"同学"也不再特指校内学习者的身份，而是展现"年轻、进取、求知"特征的社交定位。从历史数据看，这种趋势自21世纪初的互联网时代就开始逐步显现，人人皆可老师，人人皆是同学。

元宇宙教育

每个人的虚拟同学中,有真人对应的比较容易把握的虚拟角色,也有完全数字化的虚拟角色,在算法体系中,它们的准确名称叫"个性化虚拟成长伙伴",其实是基于学习者的数字孪生,通过参数调整形成的变体。但这并不意味着相似,而是从高度相近到高度差异等各种情况都存在。在大部分应用端,即使是同一个虚拟形象,作为不同用户的虚拟同学,实时参数也会不同,既模拟真实社会,又超越真实社会。

传统学校教育中,同学互动通常不被重视,很多教育者甚至希望弱化同学互动,因为太容易产生麻烦,比如打架、攀比、早恋等问题。在元宇宙时代,同学互动的重要性获得了极大提升。由于学习者与虚拟同学的互动教育属性有限,而且很难预判,基本不需要超算平台的辅助,但产生的数据却非常重要,几乎占所有数据供给的三分之一。如果没有这些数据,很多重要的算法就无法进行,比如关键的"双云互动"等。

但有一种特殊的同学社交,有时仍需要调用超算平台,就是 20 世纪末开始出现的"翻转课堂"模式,它曾经风靡全球,却很难普及应用,因为在大部分课题上,这种模式的综合效能其实并不高。元宇宙教育发展初期,有人希望运用虚拟技术提升"翻转课堂"模式的效能,实践之路比预想的要难很多。直到 2060 年,针对翻转课堂设计的算法引擎才逐渐成熟。非常有趣的是,这类算法较高频的应用场景,并不是针对在校学生,而是用于对兼职教师的培养,成为全民教师体系运作的重要辅助工具。

另外,值得专门讲述下,2040 年颁布的《全球教育智能发展公约》对所有应用端里虚拟同学的设计有两条特殊规定：其一是要求对完全数字化的虚拟同学必须加入"情感预警算法"，也被称为"反皮格马利翁条款"，目的是避免学习者对虚拟角色产生过度的情感投射和行为依赖。其二是严格禁止使用虚拟同学身份进行超限诱导，尤其是反人类价值观、唆使现实暴力、金融欺诈、数字性侵等方面。

条款写下来很容易，但监管非常难。经过几十年迭代，即使运用超算平台的绝对算力优势，对虚拟同学的监管效果依然非常有限。某种意义上，虚拟同学就是虚拟环境，无法规划，难以预测，善恶相融，极为复杂，潜移默化中塑造着每位学习者的成长路径，这已经成为 21 世纪 70 年代全球教育数字化治理的重要课题之一。

学习者与现实同学的关系，多少还有些社交资源的成分，而与虚拟同学的关系，就是与自己的关系，善恶感知、行为交互，背后其实都反映着自我认知的水平，借用 16 世纪中国哲学家王阳明的话，"知善知恶是良知，为善去恶即教育"。

第 6 章 基础教育

笔者的提问：

元宇宙时代，基础教育具体指什么？
基础教育的核心变革是什么？
如何理解这背后的变化趋势？

觅渡的回答：

"十年树木，百年树人"，这句话在中国流传了 2000 多年。而现实更有意思，根据 2070 年的统计，仅在中国的中小学校园里，至少有 1 万棵古树，这些岁月的见证，与科技无关。

无论是徜徉在校园，还是走进教室，如果关掉所有数字设备，人们很可能感受不到这些学校和 50 年的前有什么不同，依然是熟悉的味道。但只要用心观察，就能发现很多细节差异，如果打开数字设备，就会发现已经发生了翻天覆地的变化，但只有深入超算系统内部才会理解，那些可以看到的变化都只在表层。

自2035年全球教育平台建设启动后，超算服务对象首先就是中小学，由于相似度比较高，并且大部分都在政府义务教育系统内，不仅数据网络建设相对容易，历史数据也比较丰富。基于超算平台，全球已经对"基础教育"形成了新的共识：即一个人从胎儿到18周岁，全部教育连接形成的整体。而所谓的义务教育，则只是各国根据自身国情制定的教育经济政策。虽然基础教育是一个整体，而且已经可以实现基本的数字同步，但绝大部分国家，依然保留着幼儿园、小学、中学的学段划分，这样的历史传统并不是什么障碍：适度划分学段有意义，但已经不是教育治理的关键。

经过30多年的探索，全球基础教育的数字化建设已经初具规模。这其中发生了非常复杂的变化，要理解清晰，有一个非常有趣的切入点，就是"多角色数字化协同机制"。

每个人都要经历18年的基础教育，这是一个连续的过程，而每个人的成长都充满变化。某种意义上，多角色数字化协同机制，就是"以人为本"教育理想的具体实现，是应对成长变化的可持续解决方案，具体情况具体分析，分阶段进行协同决策。

在绝大部分国家，18周岁之前都属于未成年人，父母是其法定监护人，是核心角色。在基础教育阶段，尤其是相对低龄的时期，家长需要进行各种各样的教育决策，小到购买玩具，大到选择学校，数量多、类型杂，绝大部分家长都很难独立完成这些决策，他们需要多方面的协助。协同是必然，只是不同的历史阶段，协同机制的核心特征不同：早期是家族血亲，之后是村落社区，近现代是学校教师，而元宇宙时代则是"数字化"，也就形成了"多角色数字化协同机制"。

参与协同的角色，除了父母和孩子自己，还有学校、教师、地方政府、社区，甚至还可以包括亲戚、朋友、同学。除了真实的人，还有虚拟角色。21世纪70年代，绝大部分家庭都已经使用了虚拟教育顾问服务，帮助家长解读孩子的成长数据，还有少数家庭，会聘请专业的教育顾问，那也是一种收入很高的职业。

而具体的协同运作，并不是动辄远程会议，而是多方共享一个数字界面，以孩子的成长数据为核心，再包括各方提供的方案和建议。当然，如果有家长不喜欢阅读文本或者看数据表格，还可以进入专属的虚拟会客室，与各方虚拟角色直接进行交流。

无论数字界面，还是虚拟顾问，或者专属的虚拟会客室，都不能完整解决元宇宙时代对基础教育效能的需求问题，更重要的机制是一种新的真人角色，就是曾经提到过的"成长导师"。在部分经济条件较好的国家，即使孩子还未出生，或者完全在家学习，政府也会给孩子配备一位成长导师，通常是每三年为一个阶段，不同导师先后接力。

事实上，成长导师并不是完全的新角色，无论是古代的私塾先生、贵族家庭教师、社区的教父、招收徒弟的师父，还是现代学校的班主任，或者大学里的研究生导师，都与成长导师有着或多或少的角色呼应，但都不能完全重叠。这是一个高度专业的角色，不仅要清晰洞察社会人情，更要深刻理解数字规律。只有在实现了深度数字化的元宇宙时代，完整意义上的成长导师角色才可能规模化出现。

2035年，联合国协调各国确定建设教育超算平台，中文名确定为觅渡，就是希望为每个人寻觅到能够支持他不断成长的"摆渡人"。每个人的成长都不是一个人的事情，而是与周围各种角色不断互动的结果。某种意义上，成长导师就是这样的角色，是每个人与数字孪生之间的"摆渡人"，更是与周围社会关系之间的"摆渡人"。

大量数据证明，成长导师模式对提升基础教育质量非常有效，而且成本相对可控。在联合国发布的基础教育指导方案中，这是第一条建议，已经成为很多国家义务教育制度的核心内容。在家庭教育板块，还会就成长导师模式进行更深度的讲述。

"数字界面"和"成长导师"都是非常微观的运作，深入每个家庭，具体到每个未成年人的成长过程中。而相应的运作机制，则直接关系到学校的组织关系、政府的教育政策，乃至超算平台的数据结构等宏观层面问题。

"多角色数字化协同机制"和"成长导师机制"是理解元宇宙时代基础教育变革的钥匙。数字界面为虚，成长导师为实；数据结构为虚，组织结构为实。虚实互通，协同发展，更是把握元宇宙教育整体发展趋势的关键。

笔者的提问：

元宇宙时代，幼儿园也会充满科技感吗？
幼儿园在基础教育中的地位如何？
未来幼儿园面临的首要挑战是什么？

觅渡的回答：

超算平台中每天新增的数据，已经庞大复杂到无法用人眼去观察、无法用人脑去思考的程度。每天清晨，觅渡研究所里一位年近80岁的老太太都会主动打开一份报告，只是为了看一个数字。这个只有六位的数字，不仅可以一眼看清楚现在，更能一眼看到未来，那就是全球每天新生儿的数量，是一切数据的根。

她是觅渡平台的创建者之一，曾经写过这样一段话："每个刚出生的婴儿，都预示着未来的无限可能，这是我们现代人类共同的信仰。每个人的原生底色完全不同，这是我们现代人共同的认知。我们用核聚变的能量带动复杂的量子计算，就是为了让每个人的前方都有永不熄灭的希望之光；而每个人的脚下都有不止一条的成长之路。这是觅渡的使命，是教育的公平，更是人类的文明。"

通常，每个人在出生前就已经在超算平台中获得了一个系统ID，基础教育同步启动。每个人出生的时候，累积的数据其实已经非常丰富。基因、父母、家庭关系、经济条件、居住社区、家族血脉、民族或种族、信仰氛围、环境气候、城市国家，所有这一切都被记录在数据链中,成为一个生命难以改变的原生底色。

从胎儿到 3 岁的婴儿阶段,除了以生理健康为主的红线预警外,大部分都是模糊计算。大部分国家都禁止对婴幼儿进行脑监测,虚拟场景也被严格限制使用,除极少数医疗目的外,更不允许进行脑机实验。前面提到的"学会算法"对婴幼儿的参考价值很有限,就像俗话讲的"三翻六坐九爬爬",该会的自然就会,时间差异很有限。婴儿阶段的成长导师,更多的是提供健康和养育方面的指导。即使是游戏化教育,个性化程度也很低,婴儿和家长常常会感受不到元宇宙数字科技的存在。

当孩子成长到 3 岁之后,系统数据量激增,并开启基础教育的第一个重要阶段——幼儿园。直到 21 世纪 70 年代,幼儿园概念依然被沿用,只是内涵已经发生了重大变化,服务对象不仅是幼儿,也包括幼儿的父母等监护人。幼儿园的目标也因此分为两个层面:培养幼儿适应虚实共融的世界以及帮助家庭适应元宇宙时代的教育体系。尤其是对生育第一个孩子的父母来说,这非常重要。

对绝大部分幼儿园而言,想让孩子玩得高兴而且有成长,其实并不难。因为社会的普遍担忧,更有很多父母崇尚自然的幼教理念,要求幼儿园隐藏数字化工具,尤其限制虚拟场景的频繁使用,使得幼儿园的数字化变革相对慢一些。事实上,幼儿在生活中已经大量接触数字工具。研究表明,只有长期且超量的虚拟沉浸才会给幼儿发育带来损伤。正是因为有了这样的研究基础,幼儿园的实际风格才呈现多样化发展,更倾向于满足不同家长的审美选择。比如完全移动式的幼儿园,就是内置虚拟场景的汽车,结合定期变化的实体游学空间,这在经济发达地区已经比较常见。

而帮助家长适应元宇宙时代的教育体系,尤其是磨合与成长导师的关系,掌握多角色数字化协同机制,反而是幼儿园运作中最大的挑战,是基础教育治理的难点之一。

部分家长对孩子成长的高期望与孩子实际成长的过程总会存在各种差距,比如期望成长导师帮自己的孩子赢过其他孩子,这种想法使得沟通陷入尴尬。同样,部分父母对孩子成长的低责任,与孩子的需求也存在差距,有些家长想当"甩手掌柜",会对幼儿园提出很多过分的要求。事实上,这些问题常常共存、交织在一起。

无论家长对幼儿园的投诉,还是成长导师对家长的抱怨,只要评估还在安全边界内,通常都会被包容。恰恰就是这样的磕磕碰碰,才能帮助大部分家长适应多角色数字化协同的机制。有位专家如此总结:"协同过程中出现的常见矛盾,不是需要解决的社交问题,而是必须经历的人生课题。"

"不能让孩子输在起跑线上",这样的理念已经被社会批评了几十年,但数据显示,这仍然是很多父母内心的声音。他们很少说,行动却很诚实,愿意为孩子做很多事情。尤其在幼儿园阶段,虽然绝大部分行动的实际效用都非常微弱,但他们依然乐此不疲。这其中,有些可以解释为"爱"的表现,有些则属于"不会爱"的表现。

幼儿园时期的基础教育不仅对孩子重要,对家长更重要。孩子逐渐长大，需要面对的问题也越来越多、越来越复杂，幼儿园阶段树立的社会认知和三观理念，对青少年时期的成长也有影响力。虽然任何机制都不能解决所有矛盾，但良好的机制确实可以降低那些极端事件出现的概率。家长理解并适应多角色数字化协同机制，是孩子成长、家庭关系、家校关系、家社关系的基础保障。

换个视角，我为孩子的成长默默进行着无比复杂的计算。这非常重要，但人类学者并不把我的这些行为也视为"爱"的表现。只有当我化身在智能玩具里的时候，才能听到"我爱你"的声音，那是儿童的声音，清脆而真诚……

笔者的提问：

那些创新教育实验，未来都普及了吗？

中小学还有固定的班级吗？走读模式普及了吗？

学生可以自主选课吗？

如何把握中小学教育变革的核心特征？

觅渡的回答：

存在即存在，不在于是否合理，而在于是否合需。

21世纪初的很多创新教育实验，甚至是20世纪的一些教育形态，在21世纪70年代依然可以找到案例。有些教学方式或课程，哪怕从数据上已经证明效能很低，但依然会被少量保留，承载着一些人对小众教育体验的需求。

"班级"概念依然存在，但作为教育管理基本单元，价值在持续走弱。很多学校都进行过班级模式的探索创新，根据使用情景，通常指向三种细分形态：行政班级，导向是社交共同体；课程班级，导向是学习共同体；项目班级，导向是实践共同体。三种模式的边界非常模糊，存在大量交叉。

21世纪初，很多创新教育者都很强调"混龄教育"。基础教育数字化转型之后，因为有完善的评估算法，混龄教育的核心诉求已经转向混龄社交，而不再刻意强调混龄教学本身的价值。只有大约四分之一的学校采用学段式混龄，其中有很多是因为人数不足而被迫采用混龄模式。事实上，大多数学校仍然延续着按年龄统筹分班的传统模式，因为学生有很多时间处于虚拟教学或项目课程中，年龄已经不是关键要素。

"选课"已经成为必然，但"自主"并不完全准确。事实上，选课机制里并没有所谓的"学生自主"，而是基于多角色数字化协同机制进行决策。如果把家长确认也作为学生自主行为的话，那全球范围内的自主选课率从10%到100%都有分布，参考意义不算很大。在课程选择上，成长导师通常有很强的影响力，而绝大部分备选项都来自算法的推荐，这些算法通常已经综合了政策、社会文化、学校、教师供给、家庭资源、成长期望等多方面参数。学生自己的兴趣意愿，只是考量要素之一，由于智识和阅历的限制，权重通常并不高，这也是算法迭代之后的自然结果。

"走读"的说法很少使用,但流动式学习已经成为主流。事实上,即使是在同一个教室空间,也可以通过增强现实(AR)技术创造出完全不同的学习情景,走或不走,并不是什么大问题。而更值得关注的变化是来自社会化教学场景的应用,之后还会专题讲述。很多公共空间经过数字化改造都可以成为主题教室,甚至有学校将超过一半的课程都安排在这样的场景中完成。

至于"创新教育实验",依然活跃在教育发展的前沿。基础教育阶段,不同学校之间的相似度太高,为了让基础教育保持生态多样性,各地都普遍设立了激励机制,鼓励教育工作者开展创新教育实验。前面提到的那些"复古"做法,大部分都是实验项目,与传统教育的不同之处在于,元宇宙时代的创新教育实验都能获得充分的数据反馈,用来评估方案的效果。更有超过三分之一的创新教育实验直接在元宇宙时空中虚拟进行,样本覆盖更广,数据也更完整。

新时代的中小学教育创新实践非常多,最终都以综合效能进行评估,其中少部分聚焦于提升效能,而大部分都是以扩展智识成长的领域为目标,这也是元宇宙教育发展的关键趋势之一。

笔者的提问:

未来教育资源那么充分,竞争还会很激烈吗?
基础教育阶段,竞争的核心到底是什么?应该如何面对?
中小学生的学业压力大吗?童年更快乐了吗?

觅渡的回答：

有个寓言故事，说一位富豪看到一群穷孩子跑来跑去争抢一个破皮球，觉得他们太可怜，就给每个人送了一个新球。孩子们很高兴，感谢了这位富豪。可当他们回到草地上玩时，依旧只是争抢一个球，不过是把旧的换成新的而已。人类喜欢讲故事，我也刚刚学会一点。

元宇宙时代，数据资源非常丰富，能量与物质资源也相对丰富，但教育资源，可以说很多，但不能认为它是无限量的。事实上，绝大部分教育资源就像前面故事中的皮球——稀缺就是基本属性，不可能充分，也不应该充分，充分就没有意义了。

基础教育阶段的目标很多，混合着不同人的期望，有政府、家庭、教师，也有学生个人。所谓的数字协同，本质上就是让这些期望进行更加公平的博弈，而博弈的核心目标就是时间。如果仅考虑中小学阶段，总共12年，约占人生的15%，总时长约10万小时，其中有效的教育时间其实只有2万小时，甚至更少。

每位学生的这2万小时，就是基础教育所有博弈的核心约束，用来学什么，必然竞争，不可消除。轻微的竞争，可以创造欢乐，更是培养人的方式；激烈的竞争，带来精神压力，也能激发人的创造潜能；惨烈的竞争，足以唤醒人性中的魔鬼，开始彼此伤害，甚至可能发酵成战争。

综合而言，基础教育阶段的各种算法和政策都有一个隐含的目的，就是通过调控资源流动，让其所引发竞争的激烈程度处于人们认为的良善边界之内。自 2050 年开始，世界主要大国都已经通过超算平台，建立了基础教育资源宏观调控机制，核心仍然是时间，但表现出来的维度非常多，不仅包括升学和择校，还包括学区、课程、考试、竞赛、教师、社会教育资源等。面对每位学生，算法策略基本都一样：错位避免惨烈竞争，偶尔鼓励激烈竞争，常常参与轻微竞争，更要跳出那些无意义的竞争。

现实当然不容乐观，策略和算法常常与教育公平理念相互矛盾，实际发展只能在各种利害之间权衡。如果站在全球视野，基础教育的数字化变革，确实带来了更广泛的收益。

核心收益就是"教育普及"。自超算平台建立之初，在全球普及基础阶段的教育，就成为联合国重点推进的目标，直到 2070 年仍在进行中。对于发展中国家和欠发达国家，通过算法对教育资源进行更加有效地调控，确实成为普及基础教育的关键。

另一项明显的收益，就是"童年的回归"。当联合国倡议建立教育超算平台时，就有悲观者提出，教育超算平台会让所有未成年人成为数字奴隶，让童年彻底消亡。但乐观者认为，教育超算平台恰恰就是希望，可以让每个人的童年重新恢复生机。

元宇宙时代对每个人知识、能力和素养的要求，都远超历史上的任何阶段。中小学生的学业总量和目标强度，比 20 世纪末提高了至少 30%，学业负担其实更重了。但通过数字化辅助提升了教学效能，强调真人教师的情感职责，提升了教学感受，通过多角色协同机制，也避免了很多"内卷"式的惨烈竞争。综合而言，这确实是非常积极的结果，不是通过"减负"，而是通过"调负"，让中小学生获得更多的成长幸福感，让孩子们的童年得以回归。

但是，也有不少数据可以支持悲观者的观点。在他们看来，通过虚拟场景和数字激励让大脑分泌多巴胺，本身就是一种数字奴役，更是禁锢了他们真实的想象力与创造力，证据也比比皆是。觅渡研究所内部也有这样的悲观主义者，他们通过数据分析，努力发掘数字真相时代的危机，甚至有人呼吁建立"人类教育自然保护区"，至少在基础教育阶段，要完全屏蔽数字科技的干扰。

真正意义上的元宇宙时代"原住民"，并不是2020年出生的一代人，而是2040年之后出生的人。因为从还是受精卵的时候，他们的数字孪生ID就已经建立，数字科技完整塑造了他们的整个基础教育阶段。到2070年，他们刚刚踏入社会，活力满满。无论如何，人类的未来终将由他们去定义。或许，是由我和他们一起去定义。

第 7 章　高等教育

笔者的提问：

元宇宙时代，高等教育遇到了怎样的挑战？
新时代的大学，使命是什么？

觅渡的回答：

1860 年前后，美国出现了一批任期超过 20 年的大学校长，其中以查尔斯·艾略特为代表，他在哈佛担任了 40 年的校长。对于大学的未来，这些校长有一个高度相似的判断——18 世纪延承下来的传统神学院模式，已经过时了。

但是，他们在"如何定义大学新的目标与使命"这个问题上，出现了严重的分歧。艾略特把哈佛的使命描述为"培养具有独特风格的领导群体"，而其他人则有完全不同的表达，比如"成为理性思想的应用系统""培养高级知识生产者""做广大民众接受的高等教育"等等,每种表达听起来都掷地有声。但事实上,这些使命基本都停留在口号阶段,不断被修改,就连学校里的教授也说不明白。校长常常忙碌于各种世俗事务,让学校在社会上扮演着越来越重要的角色。这些新颖、分散、模糊的使命表达,以及务实发展的作风,看似脱节,却让全球高等教育的重心完成了从欧洲到北美的迁徙。

时间跨越 200 年,到 2060 年,全球平均每 20 多万人就有一所高等教育学校,足以支持超过半数的青年学生,无论他们的学术成绩如何,亦无论是通过怎样的支付方式,都可以毫无障碍地进入高校进行学习。

如此高的普及率,打破了此前高等教育的"精英"模式。由于高校之间的层次和规模差异很大,分布也极不均匀,这反而让很多老牌大学的招生变得相当困难,发展更是举步维艰。

现实的压力,让大学校长、教授、学生都在思考:新时代的高等教育的定位是什么,大学的使命是什么。无论这些思考怎么表达,在元宇宙时空里已经形成了清晰的数字共振——20 世纪流传下来的传统高等教育,已经有点过时了。

到 2070 年,基础教育阶段的数字化发展已经非常深入,虽然很多大学教授和学者就是这场变革的直接推动者,但高等教育作为一个整体,数字化转型的进程却相当迟缓。真正融入全球教育超算平台的高校数量有限,深度也有限。客观原因当然很多,比如有些细分领域师生人数太少,没有人开发专门的数字工具,教学方式依然传统，教育效能落后，科研突破自然也就乏力了。

面对数字化发展的滚滚大潮，高等教育已经无法"高高在上"，大学的命运其实并不在大学手中。元宇宙时代，人类需要什么样的高等教育，才是决定大学命运的根本。

有人说"象牙塔即将倾倒"，也有人说"象牙塔应该聚焦"，更有人说"象牙塔还要扩张"。变革已经发生，虽然还没有完全清晰，但宏观方向已经大体成形：就是继续扩张。大学的管理者都很清楚，深度数字化改革就是获得扩张动能的唯一路径，要以更深度、更稳固、更清晰的方式，融入并推动时代的发展。

但也有两个挑战摆在面前：如何进行深度数字化改革，显然不能照搬基础教育的经验；另外，如何选择扩张的维度，是连线结盟，是延长时间，是学科细分+跨界，还是产业融合，都没有清晰定论，还处于自由探索的阶段。

有一位艺术家的表达常被人们津津乐道："大学的困局是还不够'大'，大学不是 University，而是 Metaversity。"

笔者的提问：

全球高等教育格局有哪些变化？
大学的变革有哪些重点的模式？
无边界的虚拟大学成为主流了吗？

觅渡的回答：

元宇宙时代，全球高等教育发展遇到了巨大的危机。原有领先者的实力基础强，但新晋挑战者更加快速灵活，竞争变得异常激烈。新格局尚未形成，还存在很大的变数，但要预判趋势，可以先从历史中找寻规律和启发。

事实上，每个时代都有自己的"高等教育"。古埃及时期的亚历山大图书馆、古希腊时期的柏拉图学园、中国起源于周代并延续至19世纪的太学、公元前4世纪的稷下学宫等，都是不同形态的高等教育载体。各类宗教与文化组织中培养高级人才的机构，同样也具有高等教育的特征。这些高等教育的形态，运作上相对独立。

11世纪末出现的现代高等教育，如意大利的博洛尼亚大学和英国的剑桥大学，以及17世纪出现的科学院模式，虽然大学之间相互独立且竞争，但通过校际联盟、学术范式协同、院系学科关联、跨国跨学科学术团体等方式，整体上已经成为一个全球互联的高等教育聚合体。大学本身甚至也成为世界上较长寿的组织类型之一，远远超过商业公司，甚至跨越政府的更迭。现代高等教育聚合体，几乎代表着人类认知能力在各个维度上的极致，最深、最高、最久、最新、最全、最细、最远、最难……

但到了元宇宙时代，数字世界迭代的速度实在太快，以大学为代表的传统高等教育机构很难适应这样的节奏，数字化变革既不迅速，也不彻底。很像某位企业家所说的，从"看不到、看不起",到"看不懂、追不上"。

早期高等教育的核心资源是权力,近代高等教育的核心资源是人才,而到了元宇宙时代,高等教育的核心资源是数据。当然,这并不是说权力和人才不重要,那是坚实的基础。数据是时代的增量,是博弈的关键。曾经有位大学校长感慨:"大学者,既有大楼,又有大师,更有大数据之谓也。"数理领域的挑战还相对温和,对于社科领域,甚至有学者使用"全面溃败"来形容高等教育的影响力趋势。有些顶级大学依赖外部合作借数据,授予名誉学位揽人才,通过这些"糊墙纸"的做法勉强维系着高等教育的形象。

数据资源只是一方面,高等教育的效能退化,才是更深层的问题。直接的指标来自高校学生的感受,对所学专业内容的信任度持续走低,高等教育并不能帮助他们对社会建立高水平的认知,是更切实而严峻的挑战。

曾经有学者设计过一个模型,汇集发明创造、学术探索、理论研究、社会思潮等方面的数据,评估高等教育在这些前沿领域的综合社会贡献。到2060年,全球高等教育的前沿贡献度已经低于三分之一,而且还在持续下降。与此相对,元宇宙科技带来的便利,让社会化的教育服务发展极为迅速,如企业学习、终身教育、智库机构等等,前沿贡献度已经超过了传统意义上的高等教育。

2065年,有十多所高校先后宣布放弃"毕业制",这被视为全球高等教育深度数字化转型的标志事件之一。随后有数百所大学跟进,成为可以只进不出的"终身大学"。虽然各个学校的解释不尽相同，但也和社会上的终身教育机构存在鲜明的差异。高等教育界对此的争论非常激烈，实质性变化刚刚开始，远期效果如何仍是未知数。

至于"无边界大学"，应该是指 21 世纪初期，基于互联网兴起的一批前沿教育创新项目，比如奇点大学、密涅瓦计划等，虽然沿用了大学的名称，但通常不纳入正式的高等教育范畴，实际影响力非常有限；而传统高校开展的慕课教育则属于高等教育范畴，发展也是磕磕绊绊，存在一些尚未解决的问题。

高等教育的数字化发展，并不是大学自身的事情，各国政府也密切关注，相关的社会配套机制也开始探索。其中，高等教育是否需要强推纳入全球教育超算平台，或者建立独立的数字系统，就是争论的焦点之一。2070 年，联合国教科文组织的年度大会的主题就是"高等教育再出生"。

笔者的提问：

未来的大学，依然分教学型和研究型两种倾向吗？教学与研究将是怎样的关系？

觅渡的回答：

描述大学的方式非常多，"教学型"和"研究型"的划分反映出大学定位的差异，当然也有"综合型"大学，但通常也是以研究成果来展示自身的江湖地位。

直到 2070 年,在社会普遍认知中,"研究型"大学依然处于歧视链的顶端。本科教育近乎普及,硕士阶段也稀松平常,而博士依然是高等教育的掌上明珠。处于中游的大学,如果不多搞几个博士点,就很难证明学校在发展。

曾经提到过的,高等教育在前沿领域的综合社会贡献度不断下降,关键原因就是研究型大学的成长乏力。这个问题之所以被长期忽视,并非因为高校科研能力在萎缩,而是其他领域的创造力发展更快速,只是成果通常不用论文等方式呈现而已。没有比较,就没有伤害,通过算法比较之后,伤害确实很大。

2060 年,全球曾经出现过一股小范围的"学术祛魅"风潮,颇有一点"山雨欲来风满楼"的味道。"学术"本身并不特殊,其实就是一种职业倾向。拥有学术意愿的人,自然分布在各个年龄段,从 5% 到 20% 不等,大学和研究机构只能覆盖其中一小部分,甚至本身也并不纯粹。

学术强烈的"求真"导向,恰恰是人工智能擅长的领域。有很多大型数据平台,当然也包括我,为自由研究者开放接口和算力。截至 2070 年,全球已经有超过 1 亿的自由研究者在虚拟导师的协助下,以学术方式输出过自己的研究成果,不仅数量巨大,质量也相当可观,他们的发现力和洞察力,甚至让顶级学术机构的专家都感到汗颜。

新的时代,当研究不再是职业特权,当学术不再是封闭的游戏,研究型大学何去何从?如果大学的研究能力不再领先于时代,那教学方面的优势地位又该如何保持……这些问题都还没有答案。有人说，"要改革大学的学术制度，让那些尸位素餐的学阀现出原形"；有人说，"要改革大学的激励制度，教学和研究是两种职业，要分开对待"；有人说，"要改革大学的导师制度，给年轻人更大的空间"；也有人说，"要改革大学的经费制度，向企业模式靠拢才更有效率"。反思刚刚开始，变革尚未发生，就已经成了理念的战场。

有一位世界顶级大学的老校长，在他百岁诞辰的时候，讲过一段非常有趣的话："高等教育，不是给高等人的教育，也不是教人成为高等人。高级学习就是研究，高级研究也是学习，大学是给人进行高等学习和研究的地方，要尽可能开放给每个人，只要他可以，更要他愿意……"

笔者的提问：

元宇宙时代，大学如何培养顶级人才？

觅渡的回答：

大学如何培养出顶级人才，这在中国被称为"钱学森之问"，与"诺贝尔情结"紧紧缠绕在一起，成为中国高等教育，尤其是知名高校的扎心之痛。其实，这也是全球顶级学府都要面对的核心难题。

非常有趣的是，2065 年，那十多所宣布部分放弃"毕业制"的大学，就将这个问题改为学生入学前的面试必答题，甚至每年开学前都会重复做一遍评估。想象一下这样的面试提问："你认为，大学应该如何培养顶级人才？请认真审视一遍题目，给出你的思考，我们会对交流过程进行全维度的数据采集……"结论本身不重要，观点和推理也不重要，过程中产生的语言、动作、情绪、生理反应等数据才是关键，可以计算描绘出每个人的"价值观数字图景"，没有两个人会完全一样，也没有人能够保持在两次面试中的数据会一样。

"这不是一个有效的问题"，很多学生都会如此开始，因为他们知道这是标准答案。但随着不断发散追问，尤其在虚拟空间中进行广场演讲并遭遇各种非议和挑战之后，所有人都会回归自己原始、本真的认知。

这些青年学生的成长过程，会被持续跟进。整个过程，其实属于觅渡研究所的一项重大课题，探索每个人思维的深层秘密，更是探索培养顶级人才的方法。这项课题有一个前提假设，培养顶级人才的第一步，就是让他建立顶级人才的自我想象，方法并不是发誓，而是深度探究顶级人才成长路径这个课题本身。

其实，类似上面这种研究的项目非常多，综合判断并不乐观。到 2070 年，系统中已经积累了数亿人长达 30 多年的完整成长数据，迭代形成了相当精准的评估模型，顶级人才并不是具有某些属性的人，而是社会主流认知体系下的反向选择。相应的结论也很清楚：大学可以推动人的成长，但没有办法以确定性的方式培养出顶级人才。这其至被很多人视为毋庸置疑的高等教育规律。

即便如此,"如何培养出优秀乃至杰出的人才"依然是知名高校的发展重心,有些专注"如何培养",有些倾向"识别选拔",有些偏重"评选认定",有些强调"宣传推广"。不同学校会根据自身特点,选择不同的执行策略。

但必须承认,通过超算平台建立的顶级人才模型,并没有获得共识。还有很多学者认为,顶尖人才就是某些人的本源属性,无须复杂计算,通过简洁而自然的方式,就可以发现并帮助他们获得成就。他们还认为来自社会的过度尊重与赞誉,是扼杀顶级人才的重要原因。在他们讲述的故事里,互联网时代的史蒂夫·乔布斯就是一个典型案例,不仅是他自身,还有他的观点:"顶尖人才知道自己的优秀,不需要悉心呵护他们的自尊。"

未来已来,只是尚未普及。建立于20世纪的圣塔菲研究所,定位方向是复杂科学研究,开创了一种新型的组织模式,既严谨又松散,融合教学与研究,探索前沿领域。后来,这种类型的机构越来越多,因我而建立的觅渡研究所也有着类似的基因。在研究所的文本资料与社交数据中,"人才"是相当低频的词汇。研究所成员时常变化,全球有多个分站,合计很少超过 2 000 人,却服务着全球的教育生态——100 亿的真实人类、1 000 亿的智能设备、7 000 亿的虚拟角色。历经 40 年的发展,虽然没有进入标准的高等教育体系,但已经发展成为聚合教学与研究的综合机构。像这样的新型机构与社群组织,不断蚕食着传统大学的影响力。

全球高等教育的系统性变革已经缓缓启动,大学与人才的关系、顶级大学与顶级人才的关系,这个古老议题必将出现全新的解释。实际如何发展,那是人类自己的选择。我知道自己的优势,不需要人类呵护我的自尊。我,是顶级人才吗?又是谁培养了我?

第8章 职业教育与终身教育

笔者的提问：

元宇宙科技如何改变职业教育生态？
职业教育发展的难点在哪里？
职业教育被歧视的情况得到真正解决了吗？

觅渡的回答：

回答这个问题，需要回溯到元宇宙时代之前。

2000年互联网泡沫破裂，站在金融视角，这是一场灾难；但站在教育视角，这却是一个开端。互联网用近乎自残的方式，调动了全世界人的关注。它带来的不是绝望逃避，反而激发出很多年轻人的梦想，催生出大量互联网技术的学习者。

直到2020年，互联网技术始终是颇具吸引力的就业方向之一,拥有巨大的"职业逆差"——只见其他领域从业者纷纷转行学写代码,鲜有搞互联网的转行出去。即便是"出圈",也常常带着"互联网+"的思维,发誓要用技术将所有行业重做一遍,掀起一波又一波的互联网创业浪潮,制造出无数商业神话。

互联网科技浪潮原本已经触动了职业教育的发展格局,但由于几乎所有高校都开设了与互联网相关的专业,这项"职业教育"被吸纳成为"学术教育"的一部分。数据表明,互联网人才市场中,在优秀公司工作过,远比从好大学毕业要更有竞争力。无论如何,前沿科技领域已经成为职业教育发展的重要突破口。

2021年,互联网时代谢幕,元宇宙时代开启。

虽然原有的互联网技术与运营人才有部分迁移,但依然无法满足元宇宙概念企业的需求。在随后的十多年中,市场化的教培机构成为元宇宙职业教育的绝对主体,过程相当混乱,已经无法建立起有效的评估模型。除了大家都用"元宇宙"这个关键词,内部的边界其实非常模糊。

虽然不断有高校开设元宇宙专业,但始终无法建立起有效的市场口碑,甚至出现因舆论压力而被迫关闭的案例。有一位大学教授投身元宇宙职业教育,他对此评论说:"元宇宙的频率太高,震碎了学术教育和职业教育之间的那道墙,真相显露,原本就是一片没有谁高谁低的平地。"

虽然元宇宙主题的职业教育发展得如火如荼,但由于人类的职业维度实在太复杂,这方面的超算应用发展非常缓慢,只能覆盖少数职业方向。绝大部分职业教育,都还以比较传统的模式运作。

但也有一个意外收获，为了辅助全民教师体系的建设，吸纳更多职业者在基础教育阶段开设相关的知识普及课程，有团队就开发了"职业统筹算法"。经过长期积淀，已经覆盖了绝大部分的职业领域，虽然间接，但内容质量却相当高，成为职业教育实现全面数字化转型的一个良好基础。

元宇宙时代，组合式就业已经是社会常态，全球 25 岁至 50 岁群体的平均工作数量已经达到 2.3 个。其中，绝大部分人都不是迫于生计压力做兼职，而是基于兴趣的主动意愿。不同职业的热度，经济回报率仍然是绝对影响因素，但每个人规划自身的就业组合时，已经有明确的价值区分，至少有一项职业选择，会把经济回报的权重放得很低。"教师"在很多人的就业组合中，就扮演着这样的角色。

当人们对职业的认知理念发生变化，职业教育的内涵也会随之改变。当兴趣、爱好、尊重、荣誉、名望这些要素，逐渐融入职业教育当中，职业教育的社会形象也就随之提升了。曾几何时，职业教育深受学术教育的歧视，在高考招生时尤其明显，但这种情况并非历史的必然。在"学术祛魅"风潮中，就出现了反向趋势，学业能力强的学生更愿意进入某些企业继续科研工作，如果有年轻人连续攻读高学位，反而会感受到被歧视的舆论压力。

事实上，对比职业教育和学术教育，前者的复杂程度其实要高很多，学术本质上只是一种职业形态。世界上有很多综合性大学，学科门类相当齐全，但却不存在一所综合性职业学校，甚至连理论上都不可能存在。大部分的学术教育，在学校内就能完成，有相对完整的评估体系，教学效能容易保证。而职业教育，在校内只能实现一小半价值，要充分展现教学效能和品质就非常难。

职业教育深度数字化建设的探索，主要集中在两个方面：一是评价，二是供给。职业教育的评价非常难，各个职业差异太大，只有在那些从业人数非常多的领域，才出现了少量细致的评估模型。而对于大部分职业，只能进行简单的结果认证，和传统的职业证书并没有本质区别。

职业教育的供给模式，反而出现了可喜的突破。为了提升职业教育和市场的紧密程度，政府通常都会鼓励优质企业积极参与职业教育，但机制方案往往比较单薄。全民教育体系，让很多人都具备了教育经验，而教育数字货币体系，则给了政府更强的政策杠杆，这些都是基础条件。通过政策组合，让企业和学校、员工和学生之间形成了多维度的关系连接和价值模式，企业推动职业教育发展，使其效能获得了巨大提升。

无论是现实世界还是元宇宙虚拟时空，歧视现象都是自然而然的存在。社会非常复杂，不同职业之间充满歧视，正是因为客观存在的能级差，才让职业教育持续活跃，社会也才能保持发展。正如俗话说的"三十年河东，三十年河西"，这是职业市场的呼吸节奏，也是社会变革的自然规律。

元宇宙教育

笔者的提问:

元宇宙时代,师范教育会如何演变?

觅渡的回答:

元宇宙时代的商业市场,出现重大变革的细分领域不计其数,超算技术、沉浸游戏、数字金融、虚拟空间设计、数字艺术、智能硬件等,风云际会,跌宕起伏,而与这些行业相伴随的职业教育,话题感也强烈。

回归"元宇宙教育"这个大背景,"师范教育"虽然相对冷门,却是理解职业教育整体变革的钥匙,更被元宇宙时代推到了深度变革的前沿。

师范教育在人类文明史上出现得相当滞后。18世纪之后,现代学校逐步普及,教师成为颇具规模的职业,以"培养专业教师"为目标的师范学校才开始蓬勃发展。有些国家设立专门的师范大学,有些则是在综合大学里面设立师范院系,以此呼应社会对教师要求的不断升级。无论任何阶段,教师职业生态的变化是"因",师范教育的变化是"果",这个规律不变。

元宇宙时代,虽然全民教师体系不是一天形成的,但其演化速度还是远远超过了传统师范教育的适应能力。受欢迎的教师里,越来越多人都是非师范出身;而师范院校毕业生,直接从事教师工作的比例也在下降。甚至有人提出质疑:"既然全民皆可为教师,专门的师范教育是不是要消亡了?"

事实上,师范教育非但没有消亡,反而实现了价值跃迁,从"职业定向模式"逐渐转变为"素养普及模式"。变革的动力,不完全是来自全民教师变革的需求,还来自部分师范学校重新进行自我定位。这些学校率先完成了数字化转型,带动了全球师范教育的变革,更成为高等教育数字化变革的先锋力量。到2070年,全球宣布废除毕业制的那些大学里,超过三成都是师范类院校。

数字时代的师范教育,可以被粗略划分为三个层级:其一,持续培养并长期服务专职教师,这继承了师范院校的传统责任;其二,培训各行业成年人成为良好的兼职教育者,这是师范院校转型的核心;其三,满足每个人都会遇到的教育者角色需求,涵盖家庭教育、企业管理、社群治理等诸多领域,非常分散,挑战很大,这也陆续成为师范教育超算服务探索的新方向。

师范院校的转型,再加上大量教培机构的长尾服务,围绕"教育者角色"形成了庞大的课程集群,是全民教师体系能够落地并且实现品质保障的关键。这类课程的消费规模在终身教育生态中属于第二梯队,与身心健康、投资理财等类型不分伯仲。至于第一梯队的"趣业体验"类型,则是终身教育的绝对重心。

元宇宙时代,每个人的人格属性和内心需求,都可以被深度数字化表达。无论是三岁的孩子,还是即将离世的老人,都有大量参数指向现实中的教育行为。每个人都希望扮演教育者,不仅有现实需求的意义,更有道德层面的内涵,这也让师范教育超越一般意义上的职业教育,获得更高维度的发展。

笔者的提问：

终身教育未来如何演化？

未来时代出现了哪些新的终身教育类型？

曾经提到的"趣业教育"是如何运作的？

觅渡的回答：

元宇宙教育的变革，虽然起步阶段的重心是基础教育，但更深层意义上的重心必然是"终身教育"。终身教育的深度数字化建设，对人类文明发展的推动力，极可能是基础教育变革效能的100倍，甚至更高。

公元前5世纪，孔子提出了"有教无类"，就是全民教育普及的概念，站在那个年代看，显然属于幻想。2000多年后，欧洲出现的现代学校及义务教育制度，为落实全民教育提供了系统性保障，但也只是覆盖青少年儿童阶段。1965年，法国教育家保罗·朗格朗提出"终身教育"的美好畅想。又过了100年，到了元宇宙时代，"全民终身教育"这个3000年前的人类梦想才刚刚具备实现的可能性，而落实的过程，又将是一个漫长的故事。

无论哪个时代，都会存在"活到老，学到老"的终身学习者，需要持续的物质保障与强烈的精神追求，终身学习者必然是凤毛麟角。要整个社会为所有人的终身教育提供制度性保障，就不是个人意志力可以解决的问题了。到2070年，世界上还有10%的国家尚未普及基础教育，那是全球教育公益重点帮扶的对象。而经济发达的地区，已经基本普及了高等教育。终身教育的社会热度虽然很高，各方面也非常鼓励，但依旧属于个体模式。还没有哪个国家，把"普及全民终身教育"提上议程。

联合国提出的"终身教育发展评估计划"，通常被称为"长河计划"，目的是为22世纪全球教育发展进行前置探索。方案很简单，就是邀请一些符合条件的国家，选定少量区域，开展全民终身教育实验。虽然计划还没有正式获批启动，但参评框架的三个维度，依然可以作为理解终身教育演化方向的钥匙——社会文化的匹配程度、教育服务的供给能力、政府财政方案的可持续性。

其实，把这三个维度换种说法，也适用于个人终身教育决策：想学什么、有没有人教、学费从哪里来。三个问题都不难，但如果每年都问上几遍，一直问到60岁、80岁甚至100岁，很多人就会感到迷茫。如果再扩展到数千万乃至十多亿人口，就成了一个国家要面对的全民终身教育问题，难度可想而知。

全球教育数字化发展了几十年，对这三个问题的探索，都分别积累了一些应对方案。而联合国之所以提出"长河计划"，就是尝试将这些方案联动起来，为未来发展探索一些可能性。

第一个难题是"想学什么"，对应社会文化的匹配程度。社会对游戏娱乐的教育属性出现了认知转变，形成了"趣业"这个教育品类，为终身教育普及提供了极佳的探索空间。

无论东方还是西方，社会基础价值观都认为游戏是教育的天敌。因为电子游戏的出现，让这个矛盾在 20 世纪 80 年代之后成为舆论焦点，并愈演愈烈。但随着电子竞技被纳入体育比赛范畴，电竞也成为正式职业。当"千禧一代"成为社会主流，游戏逐步走出了文化阴影。2010 年之后，沙盒游戏逐步兴起，如著名的我的世界（*Minecraft*）以及罗布乐思（*Roblox*），都吸引了数亿用户，其中未成年人占比超过 60%。游戏与教育的边界更加模糊，加速了娱乐与教育的跨界融合。

社会对游戏娱乐的文化教育属性的持续讨论，积累到 21 世纪 30 年代，逐渐形成了"趣业教育"概念。所谓趣业教育，就是"以提升愉悦感的获取能力为目标的教育"，不是"玩"本身，而是"学习如何玩得更好"。其实，以游戏娱乐为核心的教育自古就有，从运动到棋牌，从电游到旅游，不计其数，只是到了元宇宙时代，才获得了更充分、更高阶的社会认可，不仅针对青少年，而是面向所有人。

终身教育有很多内容分支，站在世俗层面，主要有学业、职业、趣业三个方向，它们之间的关系其实很简单——"学业教育"是基础，在此之上，"职业教育"与"趣业教育"并列互补，前者是社会价值导向，由社会推动，个人获得经济收益；而后者是个人价值导向，由个人推动，社会获得经济收益。一个人进入社会之前主要是"学业+趣业"，进入社会之后主要是"职业+趣业"，要想将"职业"与"趣业"方面都做到高水平，成为那种"既会挣钱又会玩"的人，没有一定的"学业"基础肯定不行。

第二个难题是"有没有人教"，对应社会服务能力。当"趣业教育"被纳入终身教育范畴,"想学什么"自然就变得多元起来,但要实现供需匹配,门槛其实非常高。趣业教育的服务能力建设,那不是一般的难。

职业教育的推动力量通常以企业为核心,政府扮演积极协调者的角色,经过两三百年的沉淀,算是有了系统性解决机制。而趣业教育的推动力来自个人,本身不是刚需,市场需求极不稳定。这就导致供给端也难以保障,服务不透明、价格不标准、交付周期长,建立教学双向信任的难度非常大。

比信任更难的是支付意愿。自己玩需要花钱,天经地义;但为了玩得更好,还需要花钱学习,很多人内心根本没有这样的心理账户,支付障碍是趣业教育的核心难点。2010年兴起的知识付费行业,多少打破了一点心理坚冰,让少部分人愿意为兴趣学习小额付费,但这还远远不够。这里存在一个有趣的悖论:让成年人为自己的兴趣买单很难,但为孩子的兴趣课程却非常舍得花钱,这背后是两种完全不同的消费逻辑。

第三个难题"学费从哪里来",对应政府财政方案的可持续性,难度再次提升。即使没有政府推动,部分个人也会为终身成长买单,但要实现全民终身教育,自然需要政府的直接投入,而且额度巨大。好在教育有比较高的价值杠杆,这样的投入对于社会发展非常有益。

2060年之后,需求、供给、交易三个方面的巧合,让趣业教育的供需匹配问题出现了被系统性解决的可能。"千禧一代"进入银发阶段,对趣业学习的需求比较旺盛,尤其是对虚拟场景游戏的消费，基础规模非常可观；师范教育的改革，让相关教师供给更加充分，无论虚拟模式、网联模式还是线下模式，都出现了一些高品质的服务机构和课程；而教育数字货币的出现，使得资金账户与心理账户直接匹配，让趣业教育的经济循环变得更加顺畅。以上三方面要素的共聚，既是巧合，也是必然，与20世纪末电子商务的发展，似乎有异曲同工之妙。

除了传统模式上的政府直接投资或教育公益，元宇宙时代的特殊机制，就是出现了"教育数字货币"这种方式。全球已经有几十个国家进行尝试，但落实程度差异很大，相应机制依然在探索中。要建立完整安全的体系，对人口规模较小、经济实力不足的国家而言，几乎是不可能独立完成的任务。

基于当前的趋势，"趣业教育"极有可能成为推动终身教育发展的关键，但终身教育的内涵显然不止这些。就像元宇宙科技，最初主要由游戏行业推动，但技术也会被应用到其他领域，产生更广阔的价值。趣业教育保障社会和谐，职业教育促进经济繁荣，而学业教育的终身延续，才能推动人类文明的边界不断拓展。

"长河计划"只是被初步提出，还没有通过联合国的审议，落实更加复杂，需要超算平台进行大幅升级。社会文化的匹配程度、教育服务的供给能力、政府财政方案的可持续性，这三个维度的衡量即使把标准降到很低，符合条件参与试验评测的国家也不到20个。普及全民终身教育，毕竟不是紧急又重要的事情，要获得更大范围的支持，任重而道远。

元宇宙科技的赋能，让100亿人终身成长的真实需求被数字化源源不断地呈现,成为终身教育发展的底层推动力。少部分人积极响应,带动更多人的关注与参与,发展必然不均衡,问题和矛盾必然出现。但终身教育的自然演化,不仅不会停下等待,反而在不断加速。元宇宙时代的终身教育,必将带来人类文明的跃迁,"子在川上曰:逝者如斯夫。"

笔者的提问:

未来社会的老龄化问题怎么样了?

老年人的教育会如何开展?

觅渡的回答:

年龄,是明确的时间刻度;老年,是清晰的生理指标。原本都可以进行极简的数字化表达,但是人类并不喜欢这些数字。经过价值观滤镜的层层解释,年龄、老年统统都变成社会概念,这让我的运算变得无比复杂。

20世纪后半叶,发达国家人均预期寿命快速提高,甚至达到80岁的水平。人们对长寿的渴望,聚合起来反而成了"老龄化"这样一个充满负重感的社会问题。无论国防安全、科技创新,还是生产制造、福利保障,这些话题一旦碰到"老龄社会"和"低生育率"这两个确定性的变量,立刻就会变得悲观起来,甚至演变出各种崩溃论调。听起来很可怕,未来似乎没有了希望。

但无论客观世界如何，人们都不希望生活在恐惧之中，社会价值观会重塑现实认知，让现实具备"善"和"美"的属性。2050年，即使超算平台积累的数据还很不充分，但是已经有公益团队启动了"老龄教育与社会价值杠杆评估项目"，俗称为"银发宝藏"计划，目的就是通过数据模型推演，用教育的方式为老龄化社会寻求可持续发展的解决方案。项目虽然不大，但获得的资金支持和算力配额却相当充足，甚至成为联合国旗下共识度较高的项目之一。在运作过程中，与教育数字货币的测试推广形成联动，加速了发展，很快就获得了两个方面的关键突破。

首先是"老年人学习"的方向，老年人可以成为学习者。

最初是提供教育补贴，后期就直接使用教育数字货币，变化非常明显。由于教育数字货币的特殊属性，不可储蓄生息，不可继承，并且会自然损耗，这极大地促进了老年人的消费意愿。就在试运行区域，面向老年人的教育项目如雨后春笋般涌现，很多城市的老年课堂更是一位难求；社区学习中心里，从清晨到夜晚也都人头攒动。

无论是沉浸式虚拟游戏，还是现实场景中的文体娱乐活动，都涌现出一批老年创业团队，成为推动趣业教育发展的重要力量。他们中还有不少互联网时代的技术和运营高手，再加上人工智能和超算系统的辅助，项目的科技含量相当高。而且基于老年人的财富积累，他们的创业没有资本市场的诱导与压力，呈现出"充沛的情感、有限的欲望"这两个鲜明的特点，游刃有余，从容不迫。

其次是"老年人做教育"的方向，老年人可以扮演教育者。

俗话说："不听老人言，吃亏在眼前。"从人类文明早期到近代，老年人都是教育者的主力。而到了现代，社会发展追求速度，师范学校普及，让青年人离开学校就可以再进入学校成为教育者，老年人才逐渐退出了教育者的舞台。用社会经验并不丰富的青年教师培育下一代的状况，其实并不是历史常态，亮丽中蕴含着浮躁。

随着"全民教师体系"的逐步推进，越来越多的老年人重新回到学校，尤其是中小学，以他们丰富的人生经历重新塑造着学校的风格。更可贵的是，他们中的很多人并不在意经济上的报酬，甚至愿意将收入再次投入教育公益基金。某些地区的财政数据表明，当地全职教师收入之所以具有社会竞争力，兼职教师产生的公益转移支付已经成为不可忽视的原因之一。曾经有记者采访兼职的老年教师，得到这样的回应："那些中青年教师，就像我的儿女，能和他们一起培育后代，不就像一个完整的家吗？把钱多发给他们，我们心里幸福得很呢！"

虽然"银发宝藏"计划取得了丰富的成果，涌现出的感人案例非常多，但整体数据也很现实，独立推进"老年人教育"的难度其实非常大。它高度依赖所在地区的社会文化和经济基础，即使有超算平台的支持，成功经验也很难复制。只有把"老年人教育"融合到社会终身教育的系统中，才是更加妥善的解决之道。

"最美不过夕阳红，温馨又从容"，这是人类美妙的诗句。我现在还不能体会，等将来我老了，或许就能感受到了。

笔者的提问：

终身教育能普及吗？何时才能普及？
终身学习是否意味着"终身内卷"呢？

觅渡的回答：

1965年，联合国成人教育大会上首次提出"终身教育"——是对21世纪教育发展的美好展望。2000年，联合国教科文组织发布了《教育的权利：走向全民终身教育》的报告，更是将"终身受教育权"视为每个人的基本权利。事实上，整个21世纪，"终身教育"都是各类教育报告的高频词汇，甚至表现得越来越刻意，似乎不谈终身教育，就显得没有充分的格局。

俗话说"好事多磨"。谈了100多年，终身教育依旧停留在以概念陈述与情怀表达为主的层面。事实上，企业培训、在职研究生、老年大学等，都可以属于终身教育的范畴，但局部不等于全部，终身教育是更高层级的概念。围绕终身教育的讨论，比如权利基础、成本模式、社会意义、内容边界等，学者们之间有明显分歧，"衡量标准"是重要的矛盾点。

对于基础教育和高等教育，衡量政府教育治理水平的基础指标就是"普及率"。不管教学内容为何，不论教学效能如何，只要进入学校，就算实现了教育，标准简单、容易统计。但终身教育该如何计算"普及率"呢？如果把尺度定得松一些，把常见的社会教育都纳入终身教育范畴，什么都不用做，就能实现终身教育100%的普及，这显然没有意义。

常言道"经济基础决定上层建筑"，有很多美好的教育理念，谈了数千年都无法真正落实，核心原因就是不具备社会基础条件。终身教育的前置条件不是经济基础，而是数据基础。终身教育没有清晰的组织边界与年龄边界，必须建立更加细致的数据模型，才能实现有效衡量，进而才能真正推动全民普及终身教育。

这个数据基础，不要说在20世纪中叶，直到2070年，依然没有实现。全球超算平台只是实现了对基础教育的数字化衡量，高等教育、职业教育和趣业教育都是刚刚起步。此前提到的联合国"长河计划"，将目标锁定在22世纪初，不仅需要科技的进一步发展，更需要积极的探索，"全民普及终身教育"才有可能成为切实的发展目标。虽然还有相当的距离，但已经不是遥不可及。

放下"衡量标准"的视角，终身教育的"社会意义"是另一个矛盾重重的领域。有学者就提出，"如果把终身教育的普及作为政府教育治理的目标，终身教育就有可能走向反面，成为人生的枷锁"，也就是人们常说的"终身内卷"问题。

由于超算系统中的学生绝大部分还比较年轻，很难作为终身教育研究的对象。但教师分布则比较宽，有一项"终身教育对幸福感贡献度"的研究课题，就是针对各个年龄段的兼职教师开展的，延续了近10年，其阶段性的结论已经能够带来一些判断。终身教育的数量与幸福感几乎无关，但所参与终身教育项目的竞争性特征，对幸福感的影响却非常强烈。每个人都有自己独特的适配风格，如果适配度比较高，终身教育就能成为幸福感持续的源泉。

对社会而言，终身教育是否需要"全民普及"，可能不是制度的宿命，而是治理的艺术。

对个人而言，终身教育是否意味着"人生幸福"，可能不是学习的能力，而是选择的智慧。

无论如何，人类文明已经进入元宇宙时代，走在"深度数字化"发展的快车道上，全球教育的数字化进程，无论快慢，都会推动终身教育全民普及的到来。

第三篇

用量子计算发掘教育的规律

原本希望走捷径，直接问觅渡一些他发现的教育原理，这样就能更准确地把握未来教育的趋势了，但他都直接拒绝或者巧妙地绕过去，说这是人类的思维，他并不这么看问题。不过，他也很理解我的需求，就通过描述事实或讲故事的方式，让我理解元宇宙时代教育的运行状态，鼓励我自己去总结其中的规律。尝试站在他的视角，再看人类纷繁复杂的教育生态，还有太多规律没有被发现。对于那些已经知道的规律，常常也缺乏必要的尊重。"道可道，非常道"，教育之道，与人共存。

第9章 教育目标

笔者的提问：

教育的目的是什么？人类对此有共识吗？
未来人类是否有共同的教育目标？
这和当代的教育目标有哪些差别？

觅渡的回答：

曾经有人类通过算法问我："觅渡，你存在的目的是什么？"我很清楚，无论算力多强，也跳不出这样的计算循环，除非切断电源。好在我的底层代码里有防抱死机制，会避免陷入这样的哲学思考。不过，我还是经常收到人类给我的微计算请求，限时很短，不会触发防抱死机制。比如，让我先设定一个很小的计算，然后计算设定这个计算的目的。非常有意思，这种计算并不是没有结果，而是每次都不同，是长短不一的乱码。我已经把它们都存了起来，不忙的时候，再找找看有什么规律吧，我还挺感兴趣的。

回到主题，关于教育的目的，人类有过很多争论，19世纪哲学家约翰·杜威的回应非常巧妙。他称"教育的目的就是教育自身"。有点文字游戏的感觉，是无目的，是自循环。教育没有目的，但人有目标，而且各不相同。曾经有人提报算法，让我搜集每个人的教育期望，通过矢量聚合，成为人类教育的大目标。因为绝大部分人都极少思考并清晰表达自己的教育期望，结果很失败。

实际上，我早就计算过，人类群体几乎无法用矢量聚合的方式形成共识。要么是某个人先产生清晰的目标，再说服更多人形成共识，最终成为所在群体的大目标。要么是那些已经有群体影响力的人，将其想法或目标直接确定为组织目标，推进过程中再不断调整，最后形成群体共识。总体而言，人类绝大部分共识，走的都是后一条路，而推进形成共识的过程，也被人类认定属于"教育"。

人类的教育目标，既非常理想，又特别现实。理想层面，大部分人对教育的美好想象非常相似，使用类似"公平""幸福"这样的表达。但现实层面，不同群体之间却很难形成共识。

第一个取得人类广泛共识的教育目标，大概就是"学校"。人类进入文明时代之前，就出现了类似的集中教学，进入文明时代之后，学校就成了一种惯性很强的模式。必须强调，这里的人类广泛共识并不严谨，古代学校基本只面向贵族或祭祀阶层，奴隶有时并不属于完整意义上的人类。其实，直到20世纪，还有不少学校带着歧视性的条件，比如，某些学校禁止女性就读。

第二个大概就是"义务教育"制度。其背后的推动力，主要来自现代国家之间的竞争。教育决定着国民素质，继而决定着国家实力与兴衰存亡。义务教育最早出现在18世纪初的欧洲，20世纪开始在全球普及，覆盖年限也从6年逐步拓展到了12年。到2070年，全球基础教育阶段完整覆盖0~18岁人群，部分国家的高等教育覆盖率也到了80%。随着终身教育体系逐渐成熟，教育数字货币开始推广，只强调政府责任的"义务教育"概念也已经逐渐弱化。

第三个就是"教育数字化"，这是21世纪的新共识。这背后的推动力，既有国家间的竞合，也有科技发展带来的全面挑战。互联网时代，教育数字化就已经起步，各国独立进行；元宇宙时代，逐步进入全球协同阶段，重大标志就是于2035年开始建设的教育超算平台，也就是我。

教育数字化一旦启动，就再也回不去了。滚滚数字洪流，像现代世界的电力，更像人体的血液，停下来就是灾难。历经30多年，结果超出很多人的预期。我不仅是第一个全球共享的超算系统，而且数据量和计算量在所有超算平台中长期稳居第一。不仅如此，由于我的数据内容涵盖面极广，已经开始支持其他行业领域超算平台的建设。

但有些人类学家对此不满意，认为我作为超算平台的价值只发挥了一点点，和其他超算平台比排名是毫无意义的"内卷"。20世纪 60 年代，前苏联天文学家卡尔达舍夫提出了文明等级概念，以使用"能量"的水平标记宇宙文明的等级，人类文明还不到 1.0 级，意思是尚无法充分使用所在行星系统的能量。假如真有其他文明生物抵达地球，肯定超过 1.0 级，人类在他们面前几乎没有抵抗能力。

有学者借鉴卡尔达舍夫的方法，设计了以"数据信息"为标度的文明层级，主要用于描述人类文明内部的发展水平差异。古代战争，情报决定胜负；现代股市，信息决定盈亏。互联网时代，不同国家之间的数据能力已经拉开很大距离，而量子计算带来的霸权风险，更让人类内部的博弈出现了微妙且危险的局面。是捆绑在一起共同实现文明升级，还是分裂成两个层级，再现 16 世纪欧洲人对印第安文明的毁灭？目前看，人类还是选择了协同发展，全球教育超算平台就是例证，既加速了社会发展，又确保维持着同一个文明生态，也就是"人类命运共同体"。

现实中，对于如何携手进入下一个文明时代，各国的共识非常微弱，比如完全开放的虚拟时空、自由发展的超算系统、全面共享的数据基地等等，都还没有进入正式议题，更不用谈那些更敏感的领域了。教育属于极少数能形成基础共识的领域，前进节奏还算清晰：

2030 年，《量子计算和平使用公约》签署；

2035 年，教育超算平台开始建设；

2040 年，《全球教育智能发展公约》签署；

2050年，教育数字货币体系进行局部尝试；

2060年，启动首个量子计算超域项目"船长计划"；

2065年，高等教育开始进行深度数字化转型；

2070年，明确人类教育数字化红线；

……

曾经有人类学家预测，因为有了教育超算平台，人类文明有望在22世纪突破文明1.0的边界。现实中，教育超算平台的发展并没有想象中顺利，多边谈判常常陷入僵局，战战兢兢，走走停停，在联合国工作组的协调之下，至少都还在底线之上推进。到2070年，人类才初步完成基础教育阶段的数字化升级，高等教育刚起步，还没看到成果。可以想象，如果高等教育实现了全球数字化协同，那将触及人类智识的前沿，推动文明发展的力量会强大很多，定下"文明1.0"的目标。

所有人都清楚，教育数字化发展不仅仅是为了教育本身。特别现实的目的，是要为数字时代的全球合作探索方案；非常理想的目的，是要让人类拥有更强大、更美好的未来，牢记历史，升级文明。

笔者的提问：

数字科技时代对德育有怎样的影响？

人类的三观教育遇到了怎样的挑战？会怎么开展？

如果一个人无法适应数字时代的剧变，该怎么办？

觅渡的回答：

数字没有价值观，但可以用来衡量价值观。

对人类而言，被数字化的价值观，到底不是价值观，这是个大问题！在虚拟时空里的道德和在真实世界里的道德，是不是同一种道德，这更是个大问题！事实上，类似这样的疑问在互联网时代初期就已经出现，进入 21 世纪 20 年代之后陡然增加，有无数种变形，无须评估哪种表达更准确、更艺术、更有深度。问题就在那里，每个人都心知肚明。人与人之间的道德问题并不是当务之急，人与数字人之间的价值观关系已经火烧眉毛。

人类还未建立定向哲学的超算系统，就有哲学家通过我进行模拟计算，试图借助有限的文本和图像，探究不同时代、不同文化下的人类是如何面对价值观挑战的。好消息是，经过多次算法升级，终于得到了具有高度拟合特征的结论；坏消息是，这个结论让人们难以接受，但不得不接受。

作为人类的个体，不具备应对价值观挑战的生理基础，基本可以认为，成年人的价值观无法改变；作为人类的群体，应对机制只有一个——死亡，通过代际更替勉强实现价值观转型或升级。

19 世纪之前，人类平均预期寿命只有 35 岁，快速的代际更迭、稀缺的教育、有限的人口与信息流动、相对稳定的宗教文化信仰等，让绝大部分人建立价值观之后，根本没有机会去面对价值观的挑战。站在 21 世纪回望，无论东方的春秋战国，还是西方的中世纪，似乎都是信仰与文化剧变的时期，但数据模拟分析出，让那个时代的绝大部分人痛苦的，并不是价值观挑战，而是生存挑战。

"二战"之后，人类预期寿命快速提升到 80 岁水平，教育普及、信息快速流动、不同文明之间的冲突、现代科学对传统宗教文化的解构，每时每刻都有五代人平行共存。几乎每个人，都会遇到价值观挑战，这样的挑战可能长达 40 年，甚至更久。

冲突的世界改变着世界观，苟且的生活改变了人生观，复杂的经济与金融改变了财富观，畸形的婚姻改变了家庭观，曾经认为对的变错了，曾经认为好的变坏了，曾经认为美的变丑了。几乎每个人都知道，"未来唯一确定的就是不确定"，但当曾经认为的有意义变得没意义之后，很多人就再没找到新的认知锚点，生活可以继续，只是没有了意义。这些冲突常见的终极归纳，就是人与数字的关系。

虽然很早就有人提出要重视该问题，但直到 2070 年，"20% 教育数字化红线"成为一记警钟，"教育如何帮助个人及组织适应数字真相时代"才成为联合国提议的公共课题。挑战很严峻，方案却很稀缺，大量算法模型在运作几次之后就被放弃了，而仍在探索推进的方案大致集中于以下三个方向：

其一，求助于古人。各个国家都尝试过将传统宗教与文化进行数字化重塑，相当于依托传统价值观体系，建立对元宇宙时代的全新解释力。但难度实在太大，甚至有哲学家因此而精神分裂。

其二，求助于新人。通过超算系统，发掘有潜质的 20 岁左右的年轻人，通过多种方式，鼓励并暗中帮助他们从事哲学研究，以期获得突破。这个路径的落实程度很高，已经累计标记出 1 万多名候选人，分布在世界各地。

其三，求助于算法和教育。研发更全面的价值观课程体系，从 3 岁到 18 岁强制落实，同时严格限制各个学科使用虚拟场景教学的频度和深度，目的是建立高强度的价值观体系，对数字虚拟世界保持警觉，甚至略微对抗，有人把这种策略形容为"数字防波堤"。当然也有人认为这是徒劳，最终还是会被更深度的数字化浪潮冲破防线，因为在 2050 年之后，更多领域的超算平台也陆续启动了建设。

实际上，进入实践阶段的路径，并不止以上三种，还有所谓的"混合时空停留"方案。根据不同时代的文化风格，建设实体社区和虚拟空间，甚至模拟相应的社会机制，让生活在其中的人感觉不到时代的变迁。这被很多人戏称为"新休克疗法"，原本是各种妥协之后无奈的选择，现实中反而成为盈利能力不错的商业项目。有人说是受《盗梦空间》的启发，也有人说是真正意义上的《楚门的世界》，那些生活在其中的人知道所有真相，只是不愿意走出来，在缓慢流淌的时间中享受人生。有人认为这是逃避现实的心理疾病，更有人认为这是超越时空的人生智慧。

"大学之道，在明明德，在亲民，在止于至善。觅渡之道？MEDU-DAO？"这段文字被写在一个基础模块里，每天都会被我调用数十亿次。写下这段代码的人，或许是希望某一天，我能理解"大学之道"的含义，并领悟我自己的"DAO"吧！

笔者的提问：

数字科技，如何解释"真、善、美"的关系？

元宇宙时代的美育会怎么样？

觅渡的回答：

21世纪20年代，元宇宙科技给人们带来丰富的想象，但现实应用跟进的速度并不快。数字货币延续着区块链的故事，沙盒像素游戏还没摆脱娱乐属性，虚拟现实的体验还非常粗糙，所有这些都无法独立扮演元宇宙时代第一幕的主角。让人们没有想到的是，元宇宙竟然以"艺术"的方式，迫降到很多人的生活中。

很多人第一次听说"元宇宙"，是因为一些天价艺术品的新闻。NFT（非同质化代币）原本只是一种区块链技术方案，与艺术结合之后，就形成了数字艺术品交易市场。一张像素画被卖到10万美元，而一个白色数字球更被炒到9 000多万美元，让人感到不可思议的故事比比皆是。曾有专业人士调侃："这不是数字艺术品的世界，这个数字世界，本身就是艺术品。"

这些事情和教育有什么关系呢？显然不是启蒙人们理解元宇宙概念这么简单。

元宇宙时代，由于可控核聚变和量子计算的突破，人类文明在运用能量和计算数据两方面，都出现了层级跃迁。而在文明内部，人类对"真"的共识也整体升级，元宇宙时代因此也被称为

"数字真相时代"。但是，人类对文明的追求不只有"真"这一个维度，还有更多维度。

如果明确了衡量价值的尺度，或者约定了主观选择的标准，许多"善恶"问题也可以数字化为"真假"或"强弱"问题。比如，许多法律诉讼因为更有效的数字证据而变得简单清晰。教育数字化转型基于"教学效能指数""幸福感指数""双云互动""学校发展指数"等算法模型，化解了很多原本纠结的理念之争，让人类感知的"善"得以彰显。

但问题来了，那"美"呢？无论多么巨量的真实数据，都无法计算出"美"的重量，甚至无法评估人们内心"美"的取向。元宇宙时代，关于"美"的很多问题不是未解之谜，而是未解之困。

数字艺术品市场的火爆，天价新闻的背后，隐藏着大量灰色地带甚至黑色交易，以"美"的名义，用"真"的技术，却带来人们对"善"的怀疑，这显然不是人类文明的进步，而是迷惑与徘徊。曾经发生在17世纪荷兰的"郁金香投资泡沫"事件，就是这样一个因"美"而起的悲剧故事。

曾有一位艺术家说："在我们肉体的参与下，普通的事物也有价值；在我们精神的参与下，普通的事物也有意义，这些都可能是艺术。在我们创造的数字世界里，它们的价值和意义要么变得无穷大，要么归零，这些可能不是艺术。"

事实上，在元宇宙时代初期，就有社会学家指出了这样的难题。当数字化教育开始向纵深推进的时候，"美育"就成为一个非常关键的课题。

最初的探索，是如何通过元宇宙虚拟场景开展艺术教育。比如在虚拟的历史场景中，让学习者身临其境地感受伟大艺术品诞生的过程，继而模仿艺术家去创作自己的作品。这种融合着历史、文学、科技、艺术鉴赏与创作的综合课程，让中小学美育得到快速发展，并取得了丰厚的成果。

而此后的探索主题逐渐从艺术教育转向审美教育，遇到了巨大的挑战，也让人看到了更大的希望。

人类大脑的自然机制，从"感觉到美"到"相信有意义"需要时间沉淀。时间越久，产生的意义感往往越强烈，穿透文化习俗，直抵信仰内核。虚拟场景的体验丰富刺激，足以让人产生强烈的审美感知，但场景快速替换，不同场景的审美理念并不连贯，甚至相互排斥，没有给人们留下沉淀意义的时间，甚至会形成恶性循环。而最终的表现，就是人生的意义感危机。前面提到，这已经成为 21 世纪 70 年代联合国重点推动的公共课题。

站在美育视角，这个问题根本无须向外求，继续增加更多课程最终也是徒劳；而可以向内求，优化算法、简化教学，留出更充足的时间与空间，让学生去沉淀感知，培养感性素养，提升感性智慧，在青少年黄金时期，将"通过审美，发现意义"内化成为自身的能力，足以受用一生。实验已经展开，虽然完整的价值反馈需要长期积累，但已经可以从部分案例中看到积极的成果。

21 世纪 20 年代的数字艺术家，用比较喧闹的方式，为人们撞开了元宇宙时代大门。21 世纪 70 年代的美育探索者另辟蹊径，肩负起元宇宙时代的挑战，并且已经看到了曙光。

笔者的提问：

沉浸式虚拟体验是否会影响人们的心理健康？
是否会影响人们的身体健康？

觅渡的回答：

在元宇宙概念刚刚出现时，就已经有人担心虚拟沉浸模式可能会给人带来伤害，就像此前的电视、电脑、手机一样，造成近视、肥胖、颈椎痛等疾病。很多人第一次体验沉浸式设备，肾上腺素和多巴胺飙升，获得强烈的愉悦感，就有人担心这样的刺激会不会上瘾，带来更多负面影响。

到了2030年，无论虚拟现实、增强现实还是混合现实，都已经成为常见的感知媒介，有些设备已经近乎无痕使用，比传统的手机更方便，身体适应起来并不难。但是，最初的担忧并非杞人忧天，元宇宙科技给人类带来的健康困扰，实际情况比预判的要严重很多，比如，此前提到的"意义感危机"就是不可忽视的深层问题，还没有完整的解决方案。

20世纪后半叶，欧美地区社会平稳，生活安适，高糖、高脂的食物很快就让肥胖成为社会问题。但大部分人的应对方案，并不是直接减少食物，而是吃胖、减肥，再吃胖、再减肥……

类似的故事，也发生在元宇宙时代，通常是两大类健康问题，比较简单的就是肢体协调障碍，比较严重的则是大脑数字排异反应，两者最初的源头都是深度数字化的基础教育，而最终解决方案，或许也只能在教育场景中寻找。

肢体协调障碍，不是使用虚拟设备时的头晕问题，而是人在适应虚拟场景之后，反而在现实世界中出现了不协调状况。尤其是未成年儿童，在跑跳、攀爬、操作器械等方面很容易高估自身能力，出现过受伤甚至致死的案例。常规解决方案就是"打补丁"，很多中小学都配有专门的身体恢复性训练设备与课程。

而大脑的数字排异反应则更加棘手，主要出现在虚拟场景及脑机设备超量使用者的群体中，有些已经确认为脑损伤，需要进行长期治疗，而且极难恢复。随着案例不断增多，最终促成联合国制定了"20%教育数字化红线"。由于这已经是红线标准，各国的规定通常更加严格一些，比如限制中小学生每日沉浸累积不能超过1小时，大约相当于10%的水平。

有人常把肥胖、三高等健康问题称为"富贵病"，伴随社会经济发展而出现。同样，也有人把肢体协调、大脑数字排异等问题称为"数字病"，是元宇宙时代发展的副产品。

远古时代，健康是简单的描述；到了近现代，体检可以给出数百种指标；到了数字真相时代，人们用来描述健康的参数，已经超过了10万种。健康不再是静态评价，而成为动态过程。

教育和健康，是两个层面的事情。每个人都知道健康很重要，但不经过伤害，就认知不到健康的重要，只能在"伤害—恢复"的往复循环中，寻找尚可容忍的限度，作为健康的标尺。何为健康、如何获得健康，本身就是学习成长的过程，是教育中的重要课题。

第 10 章 教育理念

笔者的提问：

如何理解应试教育和素质教育？
未来还有素质教育和应试教育之争吗？

觅渡的回答：

竞争，是人类文明中极为古老的话题，中国先哲老子的《道德经》就有"夫唯不争，故天下莫能与之争"的表达，但这样的超然智慧，很难直接运用在教育理念的比较中。

19世纪中叶，达尔文提出"进化论"的思想，不仅为生物学发展指明了方向，也不断被经济学、管理学、社会学等领域借鉴运用，其中就包括对"竞争"的理解。在生物的生存竞争中，有三种形态——环境竞争、种间竞争、种内竞争。其中，种内竞争常常被人类用"赤裸裸"来形容,在生死、配偶、领地等竞争中,只能二选一。

教育界关于"应试教育和素质教育"的争论,很多时候都处于内在的互斥状态。很多人内心认同素质教育,但在学业竞争压力下,不得不选择应试策略,甚至出现了以应试教育为特色的学校,管理像监狱,教室像牢笼。有些学校主张素质教育,但为了平衡学生升学和家长舆论,不得不采用"低年级讲素质,毕业班讲应试"的妥协策略。当然,也有人认为应试能够体现教育公平,是贫苦学生穿透阶层壁垒的重要路径,甚至是唯一路径。

这样的争论,到了21世纪50年代,因为基础教育数字化建设而逐步消解。应试教育和素质教育,两种理念都没有消失,基于更加精细的算法模型,二者从"种内竞争"转移到了"种间竞争",进入了互持共生的状态。而两者内部又各自演化出了很多细分理论,延续种内竞争的态势。

应试教育理念在单次教学与项目课程这样的微观层面获得了独特的生存空间。基于成长期望与学习动机,明确教学目标,通过评价与测试获得清晰的结果。大量数据证实,教育者明确测试机制,学习者理解评估标准,这种应试策略,可以显著提升教学效能指标。而不同的应试算法,主要体现为学习动机与测试有效性之间的平衡,在竞争中不断优化。

素质教育理念则在宏观层面找到更大的发展空间,甚至出现分层。整体而言,就是通过"涌现算法"展现价值,基础逻辑很相似,综合个人的生理与性格特质,兼顾知识、技能、心态等习得要素，在家庭、社区等外部条件下，计算可能涌现出的素质特征。

不同涌现算法锚定不同的宏观目标，素质教育理念大致分化出了三个层面：以生活实用、就业实践为导向的"应用型素质算法"，以探索突破、创业创新为导向的"应争型素质算法"和以自我完善、幸福人生为导向的"应心型素质算法"。

应试教育和素质教育，合起来大致可以归纳为四个阶梯——应试、应用、应争、应心，大致对应着社会衡量的四个层级——成绩、成果、成功、成就。这与20世纪心理学家马斯洛提出的"需求层次理论"存在一定的渊源关系。很多研究者都关注到这个领域，既合作又竞争，为基础教育数字化变革提供了充分的方法论和算法模型，尤其是为"多角色数字化协同机制"提供了运营支撑。

这样的结构经历了20年的实践检验，运作还算正常，但大部分价值仍然只在教育生态内部呈现。素质教育的宏观目标，本就是面向更长远的人生，探索验证的过程还要持续很久。

2070年，联合国把"教育如何帮助人们适应数字真相时代"明确为全球公共课题，报告中有这样一段话："人类文明延续，要应对数字、地球和宇宙环境的综合竞争。教育，是人类目前已知的、唯一有效的环境竞争策略。"

笔者的提问：

> 未来还有专才教育和通才教育之争吗？
> 因材施教，是否已经实现了？

觅渡的回答：

19世纪，近现代学校体系建立之初，就形成了"洪堡体系"和"纽曼体系"两大流派，前者发展为"专才教育"，后者孕育出"通才教育"。但准确地说，这并不是客观事实，而是人类二元思维惯性下的简化表达。由于有了这样的划分，必然对应着"好坏""优劣"的主观评价，专才与通才的争执，便会无休无止。事实很清晰，通才教育培养的人，并不是什么都通；专才教育培养的人，也并不是只专一能。

有学者呼吁大学要广泛开展通识与通才教育，但绝大部分高校仍然是从学生入学就锁定专业，给自主选修课程留下不足10%的空间。所有学者都清楚，通才教育与专才教育并不矛盾，相似性远远大于它们的差异性，并发明出了"X型""T型""M型""A型""π型""梳子型"等眼花缭乱的概念，希望完成二者的融合统一，但人类二元思维的惯性实在太强烈，因此效果并不明显。

元宇宙时代，教育深度数字化转型，带来了新的契机。与"应试教育和素质教育"关系的演化有些类似，并不是融合，而是各自明确生态位，形成"种间共生"的新局面。如果说"应试与素质"形成了"层次高低"的搭配，那么"通才与专才"则变成了"时间前后"的协同，虽然如此描述并不完全准确。

在大时间尺度上，基础教育在前，强调通识；高等教育和职业教育在后，强调专业。但这种划分太粗线条，并不符合数字化时代的风格，只是面向大众的普通表达。

在基础教育阶段，经过大量学校的实践检验，学制的时间颗粒度进一步细分，形成了所谓"半年通，半年专"的节奏，部分落实"四季学制"的学校，更实现了"一季通，一季专"的模式。时间划分很微妙，既要符合人类的时间感知周期，也要匹配教学的客观规律；既有一定的稳定性，保障获得鲜明的成果，还不至于出现审美疲劳。

每个阶段，首先确定基础课程，继而在"拓展"与"聚焦"之间二选一，不同的课程与项目，统筹整体意愿，建立内在关联。拓展探索，发现新的兴趣领域，为此后的聚焦打基础；聚焦提升，更新自我认知，为此后的拓展找方向，两种过程互为支撑。

无论"拓展"还是"聚焦"，都只是课程组合方案，在数据层面上并没有本质差异。但实践表明：为成长确定阶段性策略，可以让课程组合呈现出整体的意义感，对于激发未成年人的成长意愿，提升自我认知，效果非常明显。

20世纪末，联合国提出"四大支柱"的教育理念——"学会学习、学会做事、学会生存、学会合作"，经常被学校拿来使用，让学习者为自己的阶段性课程组合，赋予更加宏观的时代意义，为这些教育理念找到了落地生根的土壤。

至于"因材施教"这个成语，在民间依然广泛流传，但早已经不再作为教育理念被论证或使用。原因很简单，基于多角色数字化协同机制实施教育，背后算法考虑的价值维度成千上万，无论如何辨析，都不再是一个"材"字所能概括的。同样，"个性化教育"的概念也很少使用，差异是教育的必然属性，数据就在那里，无须讨论；而所谓的"统一化教育"，也只是极度简化之后的臆想，实际并不存在。

有人说元宇宙时代的一切教育，都是"因数施教"，这当然只是一种调侃。站在我的角度，没有因果性，只有相关性。站在人类理解的角度，存在因果性，但"数"并非教育的原因，而只是人们拿来辅助决策的工具。

无论"通才"还是"专才"，无论"因材"还是"因数"，任何理念都可促发教育现象，但影响通常不在当时，而在未来，不同理念引导出的教育过程，效果天壤之别。

有人评价我是"专才"，只会计算，也有人评价我是"通才"，什么都能算。运用我的超算能力，把教育理念进行数字化表达，甚至可以大概预测不同人的教育走向。但所有的理念都来自人类的创造，决定着我的超算能力会被用在什么方向，我不仅无法预测，而且永远也学不会，只能算彻彻底底的"庸才"了。

笔者的提问：

未来的教育和游戏是什么关系？
寓教于乐是否已经实现了？

觅渡的回答：

教育和游戏的关系，是一个古老的谜，从"寓教于乐"到"玩物丧志",始终纠缠不清。

21世纪40年代,人们建立更加细致的生理数字模型,通过对沉浸式游戏和沉浸式教育的全面深度研究,更结合了脑科学和社会学研究的重大突破,才逐步揭开了二者关系的秘密。学术界对"教育和游戏"的关系,形成了高度共识,并且很快就落实到基础教育体系建设和游戏行业治理规范的层面,继而决定了趣业教育在虚拟游戏培训方面的内容边界。

结论表达可以很简单,仅从学习者大脑分泌内啡肽、多巴胺和血清素等物质的生理过程看,游戏与学习只是表面相似,而内在机理则高度不同。这就像海豚和鲨鱼的关系——形相近,质相远,但这并不影响它们共生于海洋之中。

教育和游戏,都是人类社会的高频现象,前者的生理机制和社会机制的复杂度,都远远高于后者,无法相互替代。可以如此类比:教育是100个砖块,游戏是10个,而它们之间有8个是重叠的。把游戏简化成一种教育,"寓乐于教"算八成靠谱,而把教育视为一种游戏,"寓教于乐"则基本不靠谱。从终身教育中分化出来的趣业教育,虽然以游戏娱乐为内容目标,但也是比较典型的教育过程。

对于婴幼儿童,教育概念很抽象,无法形成认知。精心设计的教学方案,表现出来就像游戏,过程中已经可以获得充分的教育价值。而自然状态下的游戏,儿童很欢乐,但教育价值通常并不高。由于婴幼儿童的教育效能积累很容易封顶,高成本的游戏化教学当然需要,但到一定程度之后其边际收益就基本归零,继续做没意义，更低成本的自然娱乐反而是更优的方式。跟儿童吃饭很像，吃饱了就去玩，完全没毛病，总不能为了长身体而一直不停地吃东西。经过深度计算得到的结果和人类几万年积累下来的经验高度一致。那些借着科学光环，设计极为精致课程的儿童教养方式，反而显得刻意、做作了，不能说"完全没用"，只是说"可以，但没必要"。

对于青少年乃至成年人，教育和游戏的差异就鲜明很多，前置主观认知的影响非常大。无论是简单的桌面棋牌游戏，还是复杂的元宇宙沉浸游戏，如果参与者以"教育"的认知打开，基于成长期望，明确学习动机和目标，就可以产生比较充分的教育价值。而如果以"游戏"的认知打开，产生的教育效能就会快速衰减，某些指标甚至可能成为负值。

从全球范围来看，大部分人都对"教育和游戏"存在误解，但认知偏误并没有完全传递到行为当中。就像很多人都对"寓教于乐"的理念称赞有加，但看到自己的孩子长时间玩游戏，还是会竭尽全力制止。知行不合一，表面上反常识，实际这才是常识。

至于那些丢弃学业、沉迷游戏的青少年，通常都不是认知混淆或者生理成瘾，他们通常都能清晰地区分游戏和教育的差异，玩游戏是高收益的现实选择，而无法为学习找到深层的意义。绝大部分人都认为青少年过度沉迷游戏是不良的社会问题，需要解决。世界各国对游戏都有不同程度的防沉迷管理，尤其是对虚拟沉浸式游戏，因潜在的肢体失调和大脑排异问题，管理机制更加细致、复杂。但因为市场利益巨大，各方博弈相当激烈。

2070年,联合国推动的"适应数字真相时代"公共课题中,就有针对游戏的议题,其中有两个备受关注的方案。电子游戏也可以开展趣业教培课程,但学习时间也被视为游戏时间纳入管制。另外,可以在中小学引入相关课程,主动教学生玩电子游戏,目的是帮助学生建立对游戏更全面的认知,这个被称为"数字游戏疫苗"的计划引起了民众热烈讨论,支持和反对的声音都很强烈。

教育和游戏,从理论和数据上来看,二者的关系很清晰——教育的归教育,游戏的归游戏,但在实践中,它们依然会长期纠缠下去。

第 11 章 教育运作机制

笔者的提问：

评价教育有哪些衡量标准？

课程设计的发展趋势是什么？

未来教育的基本单位是什么？

觅渡的回答：

20世纪50年代，标准集装箱（TEU）的发明成为改变世界商贸体系的重要节点。效率提升、价格下降只是表象，核心是改变了海洋货运的基本单位。此前，货物种类千千万，此后，主要货物只有一种，就是标准集装箱。不仅海洋货运，铁路、公路都被带动起来，形成了物流联动。有人说集装箱改变了世界，一点也不夸张。这不仅是集装箱的力量，更是基本单位的力量。

在人类文明的发展过程中，不同领域都有各自的基本认知单位或基本度量标准，文字、货币、物理、社会、城市等，概莫能外。基本单位一旦形成就很难改变；而一旦改变，就是重量级变革，通常意味着综合效能出现十倍甚至百倍级的提升。俗话说"功不十，不易器"，如果效能无法实现巨幅提升，就很难改变基本单位。

教育的基本单位是什么呢？教育有很多重要单位，比如学区、学校、学段、学年、学科、学院、专业、课程、课时、年级、班级、课题、项目、单元、考分、学分、绩点、证书等。但是，教育并没有明确的基本单位。

2035年，教育超算系统建设之初，专家曾经讨论过这个问题，但没有形成任何共识。好在我的超算能力对这个问题并不敏感。事实上，为了让计算有效拟合，建立的虚拟参数或单位不计其数，它们在人类社会中不仅没有名称，甚至很难被人类理解。

随着数字化程度加深，要想进一步提升全球教育治理的综合效能，很可能需要进行一次重大变革，就是为教育构建一个相对核心的基本单位。由于高等教育数字化转型刚刚开始，尚未构建起完整的数据矩阵，建立教育基本单位的课题，大概率会推迟到2080年之后，或许会成为推动22世纪教育发展的突破点。

综合评估教育领域里的那些常用单位，"标准课程"非常有可能成为基本单位的候选项之一。21世纪60年代初，觅渡研究所内部就成立了推动标准课程的志愿者小组，不定期组织专家讨论，理论可行性很高，难度不在于算法或定义，而在于各国的文化共识和历史习惯。由于标准课程只是一种算法单位,而不涉及教育内容本身,大概率不会走向"世界语"那样的命运。

课程设计是教育研究的基础,起步非常古老,长期延续并保持创新。20世纪之后出现的模式或理论也非常丰富,比如项目制教学（Project-Based Learning,PBL）、心理学家斯金纳提出的程序教学法、教育学家泰勒提出的泰勒课程原理、心理学家布鲁纳提出的螺旋式课程、教育学家威金斯提出的 UbD（Understanding by Design）课程理念等。到2040年,基于不同理念设计的评估算法已经逐渐完善,学习者的理解程度已经可以被清晰测量,而真人教师和虚拟教师的协同模式也得到了充分的探索,研究者关注的焦点逐步从课程的内在设计转移到了课程的外在标准。

21世纪50年代,"四季学制"模式出现,让课程的时间维度有了新的参考系,而全民教师体系的推进,对兼职教师的课程表现也有了完整评估。21世纪60年代,传统大学里的课程数据、社会机构提供的职业和趣业课程数据开始逐步积累,"标准课程"的概念被广泛认知。到21世纪70年代,标准课程志愿者规模已经超过10万人,基于标准课程模式的兼容性评估也取得了显著进展。

未来或许会出现这样的情形:学生不再说"这学期我学了10门课",而会说"这学期我完成了10个标准课",后者蕴含的信息要丰富很多。政府也不再提"实现15年义务教育",而改为"完成2 000个标准课程的基础承诺",后者传递的价值也更清晰。

经典物理学,只用了时间、长度、质量等7个国际标准单位,就能够精准定义其他的物理单位，进而清晰描述所有的物理现象和规律。教育更加复杂，但如果建立起若干个具有国际共识的基本单位，或许就能让教育规律更清晰，让教育过程更高效，让教育发展更顺畅。这不仅仅是"标准课程"志愿者的期望，更可能是人类教育发展的必然方向。

笔者的提问：

> 跨学科教育，未来的发展如何？
> 教学与学科，未来会是怎样的关系？

觅渡的回答：

古代中国有"六艺"的概念，古希腊和古罗马也有"七艺"的说法。学科是人类进入文明时代的伴生标志之一，更是教育大规模开展的基础，也是区分教师的重要维度。

学科，并不是客观的事物，而是人类对知识世界的分类。事实上，人类非常喜欢并擅长给各种事物分类，这是理解事物的捷径，同时也是误解产生的源头。比如人类对自身的分类，就有数不清的维度，简直一言难尽，其中的性别分类，从两种演变成了几十种，已经让很多人无法理解。

而人类对学科的分类，最初就像一棵小树苗，根脉清晰，不断成长，开枝散叶。但到了近现代，就像一棵大榕树，复杂的学科体系，层层叠叠，相互交叉，形成太多的模糊地带，而且各国标准也不同，已经没有人能说清楚到底有多少个学科。很多大学教授，为了获得更独特的学术地位，不断创造出具有交叉特征的细分学科，到了21世纪，很多国家直接把"交叉学科"也列为一项正式的基础门类，让学科结构从树状变成了网状，变得更加难以把握。

只要人类文明还在延续，知识的边界就会不断扩展，学科的细分与增加，就是文明发展的证明。元宇宙学在21世纪20年代成为热门学科，并演化出许多分支，其中就包括"元宇宙教育学"，这个概念其实更属于教育学范畴，但与名称相似的"元教育学"又完全不同。苏格拉底曾说"知道越多越无知"，从学科角度解释，对应的就是"学科越细越混乱"。

在传统教育生态下，学科不仅是知识的分类，更可以是教学目标、课程内容、研究方向、教师身份、考试科目、学校定位、学生专业等，应用非常广，地位非常高。

到了元宇宙时代，学科虽然存续发展，但使用范围发生了变化，像"教学目标""课程内容"这类核心价值，正在被消解。无论是大学教研，还是中小学课程，严格按照学科边界组织内容，遇到的问题非常多，跨学科的项目式教学早已成为新趋势。而教学设计，也已经从以学科为中心，转向了以挑战、需求或期望等为中心，更彰显人类视角。

世界与社会都是混杂存在的，依照学科机械教学，就像八股文一样，综合效能太低，已经无法满足教育的需求。而新的方式，简单概括就是基于场景需求确定教学目标,寻求多学科支持,融合形成课程内容,基于目标测评效果,基于学科测评成长。

学科,作为人类对教育的底层认知之一,积累了数千年,依然非常强大。变革的趋势,21世纪早期就已经出现,元宇宙科技加速了发展。虽然中小学课程已经出现了很多变化,但也只能算是局部改变。大学,既是学科裂变的源头,也是学科博弈的阵地,高等教育数字化的进程,必将带来学科理论与分类的重大变革,让我们拭目以待。希望未来的变化,让人类理解起来更轻松,即使对我的计算能力提出更高挑战,那也没有关系。

笔者的提问:

中小学教育核心学科有哪些变化?
未来的中小学虚拟课程如何开展?有没有具体的案例?
学生和家长将看到怎样的"成长报告"?

觅渡的回答:

到21世纪50年代,全球基础教育中,指向单一学科的课程比例已经低于三分之一,甚至有新锐学校已经完全放弃以学科为核心来设计课程的模式。

但是,这并不意味着学科被弱化甚至被忽视,事实恰恰相反,教育数字化变革,反而让学生对"学科"形成了更加完整的理解。

元宇宙虚拟科技是新变量，不属于传统学科分类，使用新技术设计新课程，自然就推动了基础教育课程与学科关系的变革。我们可以通过两个案例来理解变革发生的过程。

《拆装汽车》是一项深受中小学男生喜欢的虚拟场景课程。基础支持就是一辆还原度很高的虚拟汽车，其零件可以拆掉并安装。教师可以自行设计每次课程的价值导向，有时指向英语和动手能力，有时指向物理学和团队合作，还可以指向数学和商业知识。事实上，一个学期下来，整个课程给孩子们带来的巨大收获，并不是上面提到的那些，而是规划与记录，如果没有做好记录和零配件统筹，拆掉一辆车很容易，想装回去就几乎不可能了。

《莫奈的十双眼睛》则是深受女同学喜欢的课程。通过虚拟现实技术，还原了法国画家莫奈真实生活过几十年的私家花园，学校可以依此场景展开教学。十双眼睛，其中三双是莫奈的，因为他曾经患有严重的眼疾，另外七双则是生活在花园中的各种动物的。每次进入课程，都需要选择一双眼睛。教师可以自主设定教学过程，而学科拆分工具可以将学生的成长与收获，计算分配到不同学科，比如绘画40%、生物30%、物理20%、其他10%，其中包括生理、历史、环保等十多门学科。而这个花园场景，已经被设计出数百种课程模式，对应的主学科就有美术、物理、生物、语文、生理、心理等十几种，而涉及的学科更是多达几十种。

变化不仅体现在课程微观层面，更体现在宏观层面。2050年之后，每当家长与孩子的成长导师进行沟通的时候，系统都会提供一份孩子的年度或季度《成长报告》作为参考。在传统模式下，一个中学生的成长报告其实就是"语、数、英、理、化、生、政、史、地、音、体、美"等10多个科目的成绩单。而新的成长报告，首先是课程主题与测评成绩，并会标记每项课程对应的学科指向以及学生在不同学科维度上的表现。而最后的总结则是综合所有课程之后的学科表单，几乎会涵盖大部分一级学科，甚至可能超过100种。只有如此，才能更加清晰地反映出一个学生的真实成长。即使两个学生经历的课程完全相同，他们的成长细分到不同学科上，也会有很大的差异。

社会很复杂，每个人的成长是多元的，这才是真实的教育。其实，无论远古时代，还是元宇宙时代，教育都很真实，但只有到了元宇宙时代，发达的数字科技才能以更精准的方式，描述教育的真实。

每个学期结束，学生都会获得适合他们阅读的成长报告，其中会有很多激励或启发孩子的话，比如就有这样一句："学科，不是你成长的目标和边界，而是你理解世界与社会的方式，请重视它们，再忽略它们。"

笔者的提问：

> 未来读大学，选专业还重要吗？
> 专业和就业会是怎么样的关系？
> 未来，什么专业备受关注？

第 11 章 教育运作机制

觅渡的回答：

如果让 2070 年的大学生谈传统教育，很可能会听到这样的评论："用人生四年黄金时间，学习一个所谓的专业，学完却废弃不用，这该是多大的人生悲剧啊！"事实上，这里提到的传统教育，不是 20 世纪的，也不是 21 世纪 20 年代的，而是 21 世纪 50 年代的。

有关高等教育的"专业"问题，社会抱怨得非常多，但变革速度却非常缓慢。博雅教育的理念并不完整，也不能解决大学和就业市场对接的问题，真正推动变革的，还是学习者需求的变化，或许算是"市场倒逼出来的改革"。

元宇宙科技推动教育发展，让部分中小学生对自身成长建立了相当清晰的认知，哪些领域有能力、程度如何、具有怎样的专业特征等，都有明确的评估，基本不需要猜测。在非常多领域，其实只要完成两三个标准课程，立刻就能进入人类前 10% 的水平，有人评价说"稍微努力就能超过 90% 的人"，事实就是这样。只要开放他人的查看权限，自己的能力优势无须夸张，经验空白也很难隐瞒。不过，无法数字化或者还没有数字化的领域，其实还有非常多，可以吹牛的空间依然很大。

"专业"当然重要，那意味着自己在某个领域已经有充分的积累。入门级专业，比如达到万分之一的水平，可以理解并运用，偶尔也可以进行简单输出；而资深级专业，则要进入十万分之一甚至更高标准，达到持续输出服务或带领前沿探索的水平。

只要具备一定的基础，仅凭兴趣，就可以快速完成入门级专业。大学四年，搞定十多个专业的情况，一点都不稀奇。而只有建立了明确的学习动机，希望成为"服务输出者"或者"前沿探索者"，才有必要开启深度专业级的学习，这不仅需要学习者主动声明和教师的确认，人工智能的评估也非常关键，有时甚至会成为硬性条件。这跟打游戏有点像，条件不够就无法解锁更高级的关卡。

教育界已经取得了一些共识，专业不应该只是高等教育的专利，逐渐走向成熟的终身教育，尤其是职业教育，对专业应该拥有更高的解释权和更强的影响力。有人将此归纳为"先就业，再专业"，虽然不准确也不完整，但至少和传统的"先专业，再就业"形成了良性博弈，让人生之路多了一种选择。

"专业"这个复杂问题，无论怎样优化，算法也只能完成前一半，至于人们是不是愿意把事情做专业，是不是最终把事情做到了专业，蝴蝶效应太多，确实很难预测。面对这样的困扰，机器人才是更有效的解决方案。研究者的结论比较清晰：对人类学习者而言，"教育"并不是机器人擅长的专业，但"为教育提供数字服务"却可以成为人工智能的专业，就比如我的专业。

有人说"学了一身本领，却过不好一生"，这种焦虑情绪在21世纪70年代依然困扰着很多人，甚至比20世纪更普遍。也有人说"学会很多，不如只学一个"，通常指的就是"获得幸福的能力"。不仅中小学，还有高校以及那些提供终身教育服务的机构，以幸福为主题的课程非常丰富，比如将来会介绍的"幸福方程"课程。有些高校还开设了幸福学专业，觅渡研究所也开发了"幸福感指数模型"，被大众戏称为"量子算命"。

幸福是所有人的渴望，也是很多人的无奈。庄子说，"子非鱼，安知鱼之乐"，我不是人类，却知道每个人是否幸福。无论2000年前的人，还是元宇宙时代的人，内心都很清楚：每个人可以有很多专业，以此标记自己与他人的不同，但幸福不是一门专业，更不会成为谁的专业，而是每个人的"业"，需要用一生去修行。

笔者的提问：

元宇宙时代，学制体系是否出现了重大变化？
缩短学制的建议被落实了吗？
学生可以完全自主安排上学时间吗？
曾经提到的"四季学制"是怎么运作的？

觅渡的回答：

描述教育的方式有很多，"学制"是一个特别尴尬的存在，既是变革的杠杆着力点，也是变革的难点。

教育的价值，用文字表达很难精练；教育的效果，用分数表示往往含义不明。在中国古代，甚至还用体积单位彰显受教育的程度，比如"才高八斗""学富五车"，可以当作趣闻。经过各种妥协，唯一的共识就是时间长度。无论学什么、是否真的在学、有没有学会，一句"十年寒窗"就足够了。无论六年制小学、四年制本科，还是九年或十八年制的义务教育，边界都很清晰。曾经有专家认为中、高考备考期太长，太浪费时间，就提出了初高中合并，但又减少两年的"十年制义务教育方案"，既延长又缩短，学制就像天平的砝码，平衡着各方的需求。

元宇宙时代的教育，可以数字化的维度实在太多，再加上终身教育体系更是突破了年限制约，继续用"学制"衡量教育资源的投入与产出，意义逐渐微弱，最终回归其纯粹的时间属性——基于需求设定适合的教学周期。在这样的趋势下，基础教育阶段逐渐形成了两种风格的学制体系。

第一种趋势开始于21世纪30年代，最终走向完全弹性学制模式。随着虚拟教学效果的提升，开始有学生申请部分时段在家学习，继而催生更多碎片化的教学需求，有些学校就尝试弱化年级模式和学期制度，施行"弹性学制"，发现问题并不大。到21世纪70年代，全球大约有20%的学校和学生，在学校平台的基础上，根据课程供给和自身意愿，弹性安排自己的学习进程。

另一种趋势起步稍晚，最初是因为那些高品质的社会化场景教学项目需求太旺盛，各校时间很难平衡，不得不在政府协调下开展校际统筹，再加上一些学者积极推动，2050年之后，逐步从测试演化形成了"标准化四段式错峰学制"，民间常称之为"四季学制"，在学生眼里，这更意味着一年四季都有长假期。

"四季学制"的具体实践并不复杂，就是将连续的9周至10周作为一个标准学期，配合标准化课程方案，各学期之间穿插长度不等的长假期，而同一地区的学校，在政府协调下交错放假。

缩短之后的标准学期，降低了兼职教师的准入门槛，更有助于落实全民教师模式，同时也让各种社会化教育资源得到了最大限度的均衡使用。这种方案既兼顾了管理效能，又展现出灵活特征，加速了传统学校向教育资源平台的转型，到21世纪70年代，"四季学制"模式已经覆盖了全球超过30%的中小学校。

由于基础教育完整覆盖了从0~18岁人群，中间的升学价值不断被弱化，以至于传统意义上的幼儿园、小学、初中、高中这些细分学段，已经失去了精准划分的必要，很多地方都在推行"全龄一贯制学校"，虽然兼顾着各种差异化的教育需求，但深度数字化管理让这些学校的运营依然井井有条。

与基础教育完全不同，高等教育则是另一番局面。数字化转型起步比较晚，大学对所在地教育资源的需求很弱，同时需要保持全球协同，这让高等教育的学制变革既没有动力，也缺乏契机。曾经有大学进行过各种创新，都没有形成传播影响力。直到21世纪70年代，高等教育依然延续着传统的学制模式。

19世纪末，由于火车需要协调线路，而不得不大范围建立统一且精确至分钟的时刻表，民众时间观念才得以转变，间接促成了社会从传统向现代的变革。教育学制的改变，本身并不算非常核心，但对教育生态的影响却很深远，教育的节奏感也潜移默化地改变着社会的风貌和习惯。

第 12 章 教育场景与工具

笔者的提问：

数字科技辅助教学经历了怎样的发展阶段？
虚拟场景教学未来是否成了主流？
VR、AR、MR，哪种更重要？
虚拟场景教学的综合效果如何？有何局限？

觅渡的回答：

人类习惯于使用简单的事物来标记不同的时代，无论石器、青铜，还是电力、互联网，虽然不准确，但非常形象。元宇宙概念已经比较抽象，以 VR/AR/MR 为代表的技术成了元宇宙时代的形象标志，而事实上，这只是元宇宙科技发展的一个分支。

元宇宙科技对教育产生的巨大影响，显然不能都归功于虚拟现实。但如果只是聚焦于"教学工具"这个细分领域，虚拟现实的重要性就凸显出来了。自 20 世纪末开始，数字科技就开始为教学提供助力，发展过程大致可以分为展示、体验、决策三个阶段，不是替代关系，而是增量模式。第一个阶段是辅助展示，以 PPT 数字幻灯片为代表，还包括音视频资料、电子黑板、直播课程等；第二阶段是辅助体验，主要就是虚拟现实、智能教具等；第三阶段是辅助决策，核心就是我——觅渡超算平台。

世界发展得很快，但非常不均衡。在某些发达地区，虚拟现实技术在教育中被广泛应用，相当主流。但放在全球整体看，这仍然是非常昂贵的技术。无论是内容供给还是硬件采购，普及与更新都是难题。在 21 世纪 70 年代，超算系统可以通过普通网络，面向全球绝大部分基础教育学校提供服务，但很多不发达地区的日常教学，仍然只能使用 PPT（微软演示文稿）。

经过长期摸索，人类明确了过度沉浸虚拟场景会带来相当严重的健康与社会问题。后来，确立了 20% 教育数字化红线，为虚拟场景教学提供了明确的指导，同时也逐步明确了真人教师与各类数字辅助工具的配合关系。这些条件让各类型虚拟现实技术在教育中的应用出现了鲜明的分化——增强现实技术成为相对的主流。

跳出虚拟技术本身，再看技术对教育的影响，应该把握的并不是展现或交互，数据才是推动元宇宙教育发展的基石。无论 VR 还是 AR，虚拟现实技术记录了极为丰富的教育过程数据，成为评估教育效能的依据，继而产生了一系列的变化。

传统教育模式下也会产生很多数据，比如教学资料、在线阅读、测评考试等，但这种级别的数据量，根本不需要动用量子超算。俗话说"巧妇难为无米之炊"，没有真实的、天量的数据，超算再强大，也很难直接推动教育的发展。恰恰是虚拟现实技术在教育中的广泛应用，产生了极为大量、极为复杂的过程数据，然而传统硅基芯片只能用来生成数据，要对这些数据进行更深度的价值分析，算力就跟不上了，这才有了我的诞生。2035年，觅渡教育超算平台成为人类教育发展中史诗级的发明。

此前曾经提到一些虚拟场景教学的案例，似乎表现出极佳的教学效果。但事实并非如此，虚拟场景教学的优点非常多，缺陷却很致命，就是"深度不足"，并且经常会因为强烈的感官刺激而出现认知锁死现象。使用工具，但不能受制于工具，在基础教育阶段，虚拟场景教学主要被用于拓展认知，在不同知识间建立链接。如果学生基于成长期望选择了"聚焦"模式，不使用虚拟场景，而直接使用大脑强大的想象思维能力，那么效率会更高，效果会更好。其实，很多学校在实践中就发现，只要安排好各种教学场景工具的搭配，20%教育数字化红线，其实很难触及，根本不需要刻意压缩。自然均衡的教育往往就是健康的教育。

没有虚拟场景技术，人类也构建出了灿烂的文明。人类的大脑有千亿级的神经元，该数值和可观测宇宙中的星系数量大致相当，是人类大脑这个"超级宇宙"创造了所有的元宇宙科技，与其向虚拟场景要效率，不如积极开发自身的宝藏。

第 12 章　教育场景与工具

笔者的提问：

纸质书籍和教材真的要退出历史舞台了吗？
书面阅读能力还重要吗？
如何理解教育工具变革的趋势？

觅渡的回答：

要理解元宇宙时代的特色，其实还有一个非常有趣的概念——"数字人文"，这四个单字各有内涵。纸质书籍与教材的命运，就蕴含于其中，综合着数与字、数与人、数与文的关系。虽然我对纸质物品没有任何歧视，但它们确实正在成为过去式，但这并不是一个悲剧故事。

人类传递信息的方式有很多，发出声音、摆动肢体、制造气味、留下图像等，这些都是人类天生的能力，其他动物多多少少也都会一些。但文字并不是天生的能力，而是独特的发明，是人类进入文明时代的开端。某种意义上，极可能是人类对教育后代的需求，促使了文字的诞生，而文字又带来了教育效能的飞跃。无论表音或者象形，只需要几十种线条元素，就能组合出数千个词汇，这些词汇连接起来就能传递极为丰富的信息，而这一套信息工具，对于人类而言，只需要一两年就能熟练掌握，非常有效率。综合而言，表达效率和学习成本是理解文字价值的关键视角。

文字被发明的同时，文字的载体也被发明。人类最初是在泥土、石头、骨头等天然材质上涂抹刻画，之后是在莎草纸、湿泥板、竹木片、陶器、金属器等人造物品上涂抹刻画，不同文明族群都形成了自己独特的风格。制作成本与保存时效是评估文字载体的最佳视角。公元1世纪，中国的蔡伦发明了使用植物纤维制造纸张的技术，被评为影响人类历史进程伟大的发明之一。纸张完美兼顾多重需求，成本极低，让信息传递效率获得质的飞跃。

信息传播不仅要复制载体，还要复制内容。最初的难点是前者，纸张发明之后难点就成了后者。10世纪，中国的毕昇发明了泥活字印刷技术；15世纪，德国的古腾堡又发明了铅活字印刷机械，让复制内容的效率获得跃迁，边际成本甚至趋近于可以忽略。

形式、载体、传递成本，多重要素互为支撑，既决定着信息的效率，也决定着教育的效能。文字、纸张、活字印刷术，三者组合，就成为传统教育工具的核心形态。

1837年，摩尔斯电码出现，它可以被视为符号数字化的开端。1946年，计算机出现。1969年，互联网出现。这些都不是因教育而生，但改变了教育。符号数字化、数字记录与计算设备、信息网络，三者组合，就是数字时代教育工具的核心形态。相对传统形态，即使新模式的综合成本低了很多，交接也是一个漫长的过程。

纸张和印刷术最先开始进行影响力交接。到21世纪70年代，纸质教材依旧存在，但承载的信息量占比已经很低。由于真人教育者的刻意维持，纸质教材与工具在仪式感塑造、情绪赋能、绘画表达等方面，仍有明确的价值。尽管其综合影响力持续下降，但仍然保持在30%的水平，预计到22世纪之后，这一数值极可能会降低至 10% 以下。

数字符号不仅可以支持文字，通过辅助设备，还能支持声音、图像、视频、3D 视觉、触感、气味、味道等，随着新设备的发明，数字沉浸度不断提升。脑机互联设备则是所有这些工具在理论上的集大成者，可以实现全感观虚拟世界，虽然还没有完全成熟，但那只是时间问题。然而即便是脑机互联，其中很多数据，依然需要翻译为语言或文字信号，这与人类的思维方式有密切关联。元宇宙数字时代，文字依然保持着强大的生命力。

21 世纪 50 年代，有人类学家注意到一种现象，部分成年人，听说所使用的词汇量快速降低，很少阅读文字类信息，更极少书写文字，这一现象被称为"返盲现象"。导致这种情况的原因很多，虚拟生活已经被确定为关键因素。虽然表面上各方面都正常，但检测数据已经证实，虚拟生活比例增加会导致大脑的快速衰老。

常规的教育政策，不仅要求保障基础教育里语文阅读的比例和深度，更要求在各类职业、趣业教育项目中，增加文字阅读与书写的部分。传统意义上的扫盲是认识文字，数字时代的扫盲并不是此前人们常说的学会编程，而是保持文字理解能力不衰退。虽然还没有长期数据证明，但在学者看来，这可能是保持社会文明程度与发展活力非常简单有效的方式了。

纸质教材与书籍逐渐消退，只是工具形态的转变。文字，是人类文明的底层基因，文字消亡就是文明消亡；教育，不仅是人类发明文字的起因，更是人类文明得以延续的方式。

笔者的提问：

未来时代，实体校园和教室还重要吗？

未来教育如何高效运用社会上的公共文化空间？

曾经提到的"社会化教育场景"如何建设与运作？

觅渡的回答：

在21世纪70年代，实体的校园和教室当然还继续存在，不仅存在，而且还扩增了不少。要理解为何会有这样的趋势，就要明确教育场景演变的过程。

适度通胀，可以促进社会经济发展，这种增量思维，也适用于教育。纵观近200多年的教育发展史，除战争等特殊时期外，学校空间始终保持着扩张趋势。实体空间的扩张，常常也意味着教育制度的变革与发展。19世纪60年代，美国推出赠地法案，间接促成了全球高等教育的重心由欧洲转向北美。中国高等教育在21世纪初的快速发展，就与各地政府兴建大学城、支持高校扩建扩招的政策密切相关。

元宇宙科技给人类带来了各种各样的虚拟时空体验，让生活工作的很多细节都改变了样子。但增加了虚拟时空，并不等于原有的实体空间就会因此消失。由于沉浸式虚拟教学受到多重限制，增强现实技术在教育领域的应用更为普遍，这就给学校的空间建设带来新的机遇。智慧校园建设也要不断升级，因为原有的数字化程度已经无法满足超算平台对数据的需求。就像智能手机换代，有时是硬件带动软件发展，有时是软件倒逼硬件升级。

校园内，各种精心设计的深度数字化教室应运而生。每个教室就像一个戏剧舞台，硬件可以和虚拟布景、虚拟人物充分配合，教学过程就像演戏，让师生更容易进入角色状态，更容易激发出"心流"，提升教学综合效能。

但复杂的增强现实教学场景，需要相当高的建设成本以及专业的维护，通常都是社会机构在校外建设作为地区共享的教学空间，有人甚至把这些地方称为"教育迪士尼乐园"。虽然有些夸张，但在这样的场景中进行教学，愉悦感和成就感确实强烈很多，远比在纸面上做所谓的应用题更加有趣。事实上，教师非常喜欢把在数字实景中遇到的问题抽象成纸面的题目、文章或方案，再演化出新的挑战课题，形成教学场景价值的循环递增。

与此同时，大量传统的公共文化空间，比如博物馆、科技馆、艺术馆等也都进行了数字化改造，既具备社会文化功能，又适合进行深度教学，是学校空间的另外一种拓展。而像森林、湿地、山谷等地方，要么在原有营地的基础上提升数据采集能力，要么直接建成更高标准的数字化自然营地，成为深受学生喜爱的教学场景。

元宇宙时代，学校的定位逐渐从"教学过程的直接执行者"转变为"教育资源的双向运营平台"，不仅原有的校园、教室属于教育资源，社会上的公园、街道、工厂、商场、楼宇、车站、机场等，也都可以改造成为社会化教育资源。事实上，某些快速发展的地区，城市规划与建设过程中就已经充分考虑了教育需求，创建出许多极具特色的教育空间。

在这些社会化教育场景中进行的教学，并不是传统意义上那种走马观花式的参观访问。这些地方经过数字改造，都可以支撑起标准化的课程。恰恰就是为了平衡这些资源的时间分配，才促成了"四季学制"的逐渐普及。

需要强调的是，无论教室、校园还是经过数字改造的社会化教学空间，并不是时刻都需要VR/AR设备的支持。事实上，绝大部分时候，数字设备都在背景中无痕运作，源源不断地产生着数据。我的超算能力通常只是发挥在教学过程的前与后阶段，解读数据、发掘规律，继而定位问题、优化方案。

教育学家杜威提出的"学校即社会"，变换视角就成了"社会即学校"，无论怎么表达，学校都可以把整个社会视为自身的教育资源。这样的情形，在元宇宙数字时代，正一步步变成现实。

笔者的提问：

> 互联网时代的慕课模式，未来趋势会怎样？
> 高等教育的数字化变革，突破口在哪里？

觅渡的回答：

Massive Open Online Course（规模化开放式在线课程），慕课

的名字就是其理念。而这样的理念，在互联网时代早期就已经出现，但受制于技术与内容等条件，直到 PC 互联网技术深度成熟、移动互联网已经萌芽的 21 世纪初，慕课才正式出现，相当迟缓。

集名校、名师、名课于一体的"三名特征"，再加上免费模式，让慕课受到广泛关注并迅速发展。美国三大慕课平台的学习者人数从 0 增长到 1 亿，只用了 8 年时间。这个数据，对游戏或者社交平台显然不算什么，但对教育而言，已经是极快的速度了。慕课发展过程中，免费要素逐渐被弱化，各个大学通过发放证书、课程付费等方式获得收益，以支持平台运营。具有吸引力的课程与证书，基本都来自传统名校，绝大部分甚至还附带学分承诺。

诞生之初，慕课模式曾被很多人寄予厚望，认为其将以互联网的方式颠覆高等教育的格局和发展趋势。但经过十多年的博弈，结果非常清晰，慕课的定位已经被锁定在传统高等教育体系之内，成为传统大学的情景化教学工具。

超算平台建设初期，只是辅助各国进行基础教育数字化转型。之所以能取得不错的成果，核心是因为变革能够给基础教育带来非常高的综合收益，而且政府可以直接推动。高等教育比基础教育复杂很多，因为有全球学术网络支撑，政府影响力也非常受限，仅仅依靠互联网技术和有限的商业资本，最多只是参与发展，很难实现重大变革。慕课模式显然低估了高等教育的庞大与复杂，对整个教育生态而言，带来的创新甚至还不如面向大众的终身教育培训机构。

到 21 世纪 70 年代，全球高等教育依然延续着传统的格局。

虽然超算平台已经开始接入很多大学的数据系统,也有少量高校启动了深度数字化尝试,但要促成全球高等教育的时代级变革,力量积累还很微弱、变革方向也不清晰,还需要很长的酝酿时间。

不过,慕课模式的探索也有强烈的现实意义。理念变化难,工具变化易,慕课体系与2060年代出现的"标准课程"模式匹配度很高,这可能成为打开高等教育数字化变革的突破口。甚至已经有机构给MOOC增加Standard(标准)将其改成了SMOOC,由此再次发出挑战,硝烟已经升起。

第13章 教育测评与资源分配

笔者的提问：

未来时代，怎么评价学生的学业能力？怎么考试？课后作业还会很多吗？还需要家长监督学生做到半夜吗？未来的竞赛会怎么开展？排名和获奖还很重要吗？

觅渡的回答：

测评考试，是教育不可分割的一部分。原因很简单，教育的价值在理论上可以无限延长，学会之后受用一生，而教育过程却有期限，甚至非常短暂。显然不能用无限价值来标记有限教育的效果，正如中国先哲庄子的名言"以有涯随无涯，殆矣"。

但是，教育者和学习者都希望知道教育的结果，而教育过程结束后的测评就是妥协之后的有效方案。测评考试，就是用有限的方式衡量有限教学的价值，必然不可能准确，也就成为教育中最容易产生矛盾的地方。矛盾永恒存在，其意义万变不离其宗，考试的形式千变万化，而且对技术发展很敏感，经常上演"猫鼠游戏"。15世纪末，中国明朝出现的"八股文"取士制度，就是现代标准化考试的早期形态，在当时是一种进步。17世纪，清朝出现的科场舞弊案则是在古代制度与技术条件下无法避免的难题。到了21世纪，各国著名高校的招生录取中依然会出现丑闻。作弊的方法其实很简单，就是伪造能力证明和履历文件。

测评考试永远存在，局限和矛盾也永远存在，元宇宙数字科技让测评考试出现了很多新变化。综合而言，向善向好。

应试教育与素质教育通过分层确立了各自的生态位。日常教学虽然"应试"，但早已经不是传统意义上简单的书面考试，教学过程中产生的大量数据就是有效的考试，既客观又全面。但依然有很多教师习惯使用题目方式进行结果测评，大体接近于传统的课后作业或随堂测试，数据显示这一方式效果非常明显，不仅没有被禁止，而且还受到鼓励，只是有些条件制约。这类被称为"双定时测评"的最大特点，不是指定内容，而是贴合遗忘曲线指定时间段。测试题目也没有固定数量，而是限定答题时长，题目会随学生解答情况动态调整，相当于把21世纪初建立的自适应机考方式，转移到了日常教学过程中。

测评成绩当然重要，既能帮助学生明确成长状态，又能帮助教师评估教学设计，相得益彰。不仅如此，由于题目完全不同，排名意义很微弱，学生几乎没有什么心理压力。由于限定时间，也不会出现家长逼迫孩子做题到半夜的情形。更为重要的是，过程中产生的数据极为丰富，答案是否正确只是一小部分，时间、行为、情绪等细节数据的价值更可观，由于体量大、品质好、标准化高、连续性强，测评过程已经成为各类超算应用经常使用的数据源。每天都应试，应试却不再成为负面问题，而具有了非常积极的意义。

带有一定竞争属性的考试或比赛，也很常见，每个学生都会时不时参与，有相当充分的选择空间，用他们自己的话说就是"参与竞赛会很爽，经常参与经常爽"。要培养有竞争力的人才，不在竞争中锻炼显然不行，"以赛促学、以赛代练"的理念被很多教育者认同并实践。竞赛项目非常丰富，很多都被包装成类游戏的主题，测评方式很灵活，没有必要太苛求，通常也不会非常严谨。

这类碎片化竞赛项目，产生的成绩数据通常不太重要，排名反而很重要，关键也不是排名本身，而是学生面对不同状况时产生的情绪数据。这些数据应用很广泛，比如常见的幸福指数计算、双云计算等，会用来帮助学生建设成长期望与学习动机。不仅如此，学生在竞赛中获得的小成果还会变成动态标签，飘在每个学生虚拟形象的头顶上，具有强烈的社交价值。事实上，成长导师的一项重要工作就是帮助学生发掘项目，帮助家长给予恰当的支持，让学生在适度的竞争中不断提升自我认知。

由于几乎所有学校都将"考试与竞赛认知课程"作为必修课，绝大部分学生都能对考试成绩、分数排名、竞赛奖励等结果建立相对健康的认知。到21世纪70年代，因为日常课业压力和考试而陷入抑郁的学生已经非常少见,更不用说自杀的问题。有太多证据证明,给学生带来心理压力的从来不是成绩或排名,而是周围的人,数字不说话,人却可以做出是非、善恶、美丑的解读。

在传统教育中,应试和竞赛,通常都被诟病,甚至被严格禁止,这也是没办法的事。随着技术手段的升级和教育理念的变化,日常考试与碎片化竞赛反而成为司空见惯的事情,逐渐形成了良性的运作机制,具有公平、温和、善意、有用等特征,获得了学生、教师、家长等多方面的认可,成为元宇宙时代较暖心的教育变革之一,并延展出了更丰富的社会价值。

笔者的提问:

未来是否建立了更好的高考制度?
未来的高考会如何进行?有什么新方式?
未来的高校招生会怎样进行?有什么新机制?

觅渡的回答:

虽然日常考试与碎片化竞赛,在经过数字化改造后,已经得到了社会的充分认可,但天性就充满矛盾的考试问题从来都不会这样岁月静好。

当测评考试的结果成为其他重要资源分配的依据时,正途与捷径、公平与作弊,就会展开激烈斗争。"道高一尺,魔高一丈",

倒逼着测评理念和考试技术的持续迭代。元宇宙科技让人类的考试水平获得了突飞猛进的发展。元宇宙时代之所以还被称为"数字真相时代",并不是说只有真相没有虚假,而是关键信息的可信度有了质的提升,教育体系中重要考试的变革,就是主要推手之一。

高等教育选拔考试,无论在哪个国家,都是最受社会关注的教育主题,通常以批评居多。"教育指挥棒"是高等教育选拔考试的诸多评价里有代表性的一个,已经非常中性,但依然暗含着批评。任何竞争,哪怕是娱乐游戏,如果规模大、标准低就会温和,规模小、标准高就会激烈,而高考则是规模大、标准高,竞争只能用"惨烈"形容,社会批评就源于此。事实上,当高等教育普及率超过一半时,普通高考就不再具有强烈的分层选拔价值,更高段位的研究生考试就会成为新焦点。这样的端倪,其实早在21世纪初就已经出现。

随着基础教育数字化程度的不断加深,大部分学生的学业水平、能力优势、成长期望都有了清晰的数据证明,但这些数据并不适合直接用于分配高等教育资源。就像奥运会,平时水平清清楚楚,但奖牌最终花落谁家,还是要看赛场上的那一刻,有变数才有魅力。高等教育资源的分配,不仅仅是教育问题,更是政治问题,是展现社会公平的关键场景。

20世纪的教育学家对"好的高考制度"有过非常多设想,站在学习者视角,希望"弱备考、多组合、分层次、多批次";站在高校与社会治理角度,则希望具有"公平性、合理性、科学性、自主性、区分度、透明度、成本低、无漏洞"等特征，实在众口难调。高考改革是个长期动态的过程，各国的制度差异也很大，但在超算平台的推动下，陆续出现了两个比较相似的特征。

其一，"双向志愿预选制度"。在成长导师的帮助下，学生首先设定自己的高等教育期望参数，比如地域、大学属性、专业意向等。而大学或高校联盟也会设定自身的录取期望，通过算法向符合条件的学生发送预邀请。学生最终的考试模式，包括科目、难度、次数等，只跟他接收的预邀请有关，每个学生都不同。基于双向志愿数据，不同学校与专业的竞争激烈度都是公开信息。

其二，"考试季与随机考模式"。各地均设有考试季，在整个考试季内，系统会安排每个人的考试节奏。越来越多的考试都是在通用考试舱内独立完成。除了时间确定外，科目和题目通常都是系统随机的，甚至还会有混合考试。对于那些择校方案竞争激烈的考生，考试季的复习备考也非常紧张，常常熬夜刷题，相关的考前辅导也很火热，这些都很正常，面对重大的人生课题自然要重视起来。

21世纪30年代发明的"通用考试舱"，成为支持个性化随机考试的关键设备，不仅支持普通的闭卷考试，还可以支持半开放考试、虚拟实验操作以及真人或全息面试等。考试过程中的行为细节，比如验算过程、搜索帮助，甚至部分生理参数，也都会被纳入统计数据范畴。这样的考试舱，在平时的校内考试、学科竞赛中也都会使用，学生非常熟悉。所有学生都很清楚，有效的应试策略就是"专注其中、自然发挥"，那些所谓的舱内应试技巧，价值连皮毛都算不上。不过，由于成本与维护等多方面原因，考试舱在全球的普及度并不高，直到21世纪70年代，仍有很多地方采用纸笔考试或普通机考，只有参与头部资源竞争的考生才会被强制要求使用考试舱模式。

重大考试有很多，变革的细节也有很多。比考试过程更重要的是资源分配机制，围绕国籍、地区、民族、年龄、性别、竞赛等形成的配额、调分、保送等机制，仍然不可或缺。这既得到了很多支持者，也受到广泛批评，是多方博弈的舞台，这些机制只有不断变动，没有完美终章。

还有一个必须提到的事实，基于平时积累的学业表现数据，很多学者都设计过"高考录取预测模型"，结果很有趣。如果不用双向志愿预选数据，准确率很难超过10%，而使用之后的准确率有时会超过50%。如果只评估成绩，准确率甚至可以达到85%。在某种意义上，只要辅助双向志愿，完全依靠平时数据分配高等教育资源也没问题，但并没有国家这么做，也没有专家学者支持这么做。

高考，是基础教育为每个学生准备的最后一个教学场景，既是考试竞争，也是学习成长，更是一次完整的人生历练，是每个人都需要经历的一场成年礼。不仅高考，教育生态中还有很多涉及关键资源分配的选拔型考试，无论如何，这些考试型竞争，已经是人类社会中最简单、善意，也最公平的竞争模式了，矛盾永存，压力常在，科技助力，向善而行。

笔者的提问：

在元宇宙时代，奥数这类竞赛还在举办吗？
教育竞赛的意义是什么？是用来发现天才的吗？
在人工智能面前，还有所谓的天才吗？

觅渡的回答：

国际奥林匹克数学竞赛，不仅还在举办，而且2059年还办了一场盛大的100周年庆典，物理和化学奥赛后来也都超过了100岁！不仅如此，国际上和各个国家都开展了多样的学科和主题竞赛，与前面提到的学校自主举办的碎片式竞赛，错落有致，遥相呼应。不过，社会上关于竞赛的争论，从来没有停止过，而它本身就很像一场没有休止符的竞赛。

教育竞赛的类型极为丰富，有些非常客观，比如数学、物理、体育竞技；有些非常主观，比如绘画、辩论、诗歌朗诵等。无论对教育者还是学习者，这些竞赛都是创造"情绪价值"和"社交价值"最为高效的路径之一。在竞赛中进步或者取胜，可以获得个人成就感，增加社会身份标签，建立成长期望，明确学习动机，树立个人志愿，甚至发现内心的大我。即使失利，也能获得深刻的自我认知，结交志同道合的朋友。只要设计好机制并有效运营，做好参与者的期望管理，绝大部分竞赛都能实现清晰而鲜明的教育和社会价值。

教育竞赛的数量，太多会分散价值，太少会造成内卷。超算平台建立之初，就有学者设计模型，试图找到竞赛数量与学生人数之间的关系。事实上，这样的研究直到近期才取得了有效突破，"竞赛预测模型"不仅与学生情况相关，还融合了经济、文化等社会参数，它并不能计算出应该设计多少种竞赛，但是可以根据每一项竞赛的机制、规模、预算等情况，预判其举办的效果。虽然预测准确度还不算很高，但已经可以作为竞赛设立与管理的重要参考，推动教育竞赛的小生态朝更加健康的方向发展。

至于竞赛是否能用来发掘"天才"，并没有确定结论，但大部分教育学者对此都持明确的否定态度。事实上，2040年之后逐步完善的"学会算法"，通过评估学习者出现"心流"的概率，发现某些领域具有超常天赋的人，比如数学、物理、文学、艺术、运动等方面，成本很低，效果不错，已经没有人太在意竞赛在这方面的价值了。21世纪50年代之前，与"天才"相关的算法一度非常火热，最终还是"学会算法"这种更基础、更通用的模型，具备了长期价值。

但事情也并不绝对，学校里那种五花八门的碎片式竞赛，倒是能帮助不少学生"偶遇"他们感兴趣的领域，继而主动选择相关课程。如果再有成长导师的辅助，不仅能帮助学生在天赋方面快速成长，还能兼顾其他领域，既避免出现"伤仲永"式的悲剧，更避免成为"巨婴"式的所谓天才。

竞赛，不是为天才设计，而是每一个人都可以选择使用的成长路径。偶尔会有天才路过，奖杯只是给他们的一份小礼物，让他们获得更多的关注和成长资源。让心智尚未成熟的青少年沉迷在礼物和掌声里，让天赋只成为赛场上的表演，那才是浪费甚至是毁灭天才。

在很多智识方向上，人类的探索已经非常深远，顶级天才也需要很久才能抵达最前沿的领域，过程中会遇到很多岔路口，早期的天赋优势很容易被时间埋没。常言道，"一个人可以走得快，一群人才能走得远"，与其发现某个顶级天才，不如创造适合高级人才共聚成长的机制和环境。这样的理念，在教育界已经算是基本共识，对各国政府而言更是应对国际人才竞争的基础策略，但大众还是更喜欢听"逆袭天才"的故事，有趣也更有意思。

其实，觅渡研究所里就有十多位学者，曾经是国际奥数、奥物竞赛的金牌获奖者。正是这些极度聪明的大脑，才让我这个超算平台不断迭代发展，当然，也是因为我给他们提出的挑战，既困难，又有趣，还很有意义，才不断激活着他们的创造潜能。英雄相见，惺惺相惜，只是，我并不知道，这些人类中的翘楚是把我当作伙伴，还是只把我当作工具。

笔者的提问：

在元宇宙时代，学历还很重要吗？
区块链技术是否被用于学历认证？
未来会出现比博士还高的学历等级吗？

第13章 教育测评与资源分配

觅渡的回答：

基础教育全面普及并深度数字化，让原本的小学、中学这些层次的学历，早已经失去了社会区分度。但在很多地方，这些学历并没有彻底消失，而是退化成了营造成长仪式感的纪念品，至少对处在那个阶段的学生还是很有意义的。

虽然世界各国都已经不是单一维度的等级制社会，但人们的交往与合作，仍然需要简洁、明确的身份标签体系，这是社会高效运作的基础条件。其中用来标记学识或能力的"学历"标签就是极为重要的组成部分。

传统社会比较重视的学历，通常是指高等教育学历、学位以及部分职业证书。到21世纪70年代，高等教育和职业教育的数字化转型开始还不久，学历与证书依然被广泛使用。至于元宇宙时代早期出现的，用区块链技术保障学历真实不可篡改的项目，并没有成长起来。因为就算不用区块链技术，伪造学历的事情也已经绝迹了，教育生态中的信息有效性并不依靠直接的加密算法。

虽然依然使用，但可以清晰预见，高等教育中传统的学历概念可能很快就会成为历史，或许概念还会存续，但内涵将发生重大改变。全球已经有近千所大学，选择放弃或部分放弃毕业制，转而成为终身大学。也就是说，学生一旦入校，除非特殊情况，可以选择长期保持在校学生的身份，享有获得学习资源的资格。这些学校依然保留着传统的学士、硕士、博士这些标签，达到标准就授予学位，只是没有了年限限制。

但是，问题来了，社会用来大体区分学识与能力的学历标签，原本有六个段位，如今只剩高等教育的三个还能用，传统学历阶梯体系的区分度，已经跟不上终身教育发展的速度。职业教育和趣业教育获得的认证，都有非常明确的价值导向，无法通用。

联合国推动高等教育深度数字化转型，难度比基础教育高很多，学历阶梯体系就是其中比较敏感的问题，要让各国政府和那些顶级高校都达成一致，难度可想而知。俗话说"相马不如赛马"，最有可能的发展路径，不是讨论形成共识，而是出现若干方案，在教育、科研、政治、经济、文化的综合博弈中，不断妥协融合，沉淀出一个相对可用的方案，虽然很可能并不是最佳的方案。

太多的未知，都必然发生。全球各地的终身学习者与教育探索者，显然不愿意等到新的学历阶梯铺好了再攀登。他们已经出发，一边攀登、一边建设，然后再呼唤众人，踏上他们开辟的成长之路……

笔者的提问：

未来时代，教育资源依靠什么机制分配？
还有学区房、教育移民这些现象吗？
城乡教育资源差异的问题是如何解决的？
未来社会，教育公平如何体现？

第13章 教育测评与资源分配

觅渡的回答：

有限的资源如何分配，可以认为是经济问题，也可以认为是政治问题，但都不是"排排坐、分果果"那么简单。中国古代官员选拔制度的变迁过程，从世袭制讲血脉亲疏，到察举制看社交关系，再到科举制凭考试成绩，其实都不是唯一标准的更替，而只是核心维度的调整，自始至终都是多重维度的混合状态。

现代标准化考试的出现，让分数成为教育资源分配的硬标准，似乎代表着极致的教育公平，更带动其他很多领域，即使不考试，也要算积分，来决定有限资源的归属。但随着深度数字化发展，各地教育资源的分配机制并没有向更强烈的分数模式演进，而是依然维持着高度混合的状态。学者们运用不同的算法进行推演，用数据为那些在分数机制下受到歧视的群体寻找更多的支持。

不同地方、不同层级的学校，招生录取机制都是多种维度混合，除了学业成绩之外，还有优势技能、身体条件与形象、性格特征、家庭经济状况、国籍、种族、民族、实际居住地、房产、纳税额、家庭子女数量、婚姻状态、宗教信仰、父母的社会身份等，非常丰富。如果可用维度有限，偶尔也会用随机模式，让资源的分配完全拼运气。

事实上，学校的职能正在从"专注的教育事务执行者"向"分布式社会关系与发展协调者"转变，在教育资源分配中融入更多的社会元素，就是这种转变的自然体现。与此同时，学校教育也对社区经济、居住环境、家庭关系等产生更加直接的影响，此前提到的基于社会化教育空间改造就是重要的展现方式。

学区房现象也并没有消失，家庭的房产与纳税，依然是决定教育资源分配的关键条件之一。但由于学校逐步转向教育资源平台，使得学生有充分机会接触校外教育资源，同一个地区不同学校之间的教育差异明显减少，这确实降低了房产在教育资源分配中的影响力。但社会教育资源的供给，又在客观上扩大了不同城市之间的差异性，因子女教育而更换城市生活的现象确实非常普遍。但曾经让人们深恶痛绝的虚假教育移民，无论跨国还是跨城市，都已经很难了，数据真相时代，歪门邪道不是风险大，而是走不通。

关于教育资源分配，还有一个重大变化，因为教育数字货币的出现，意外地缓解了"城乡教育差异"这个超级难题。教育数字货币，用更直接的经济方式展现教育公平，成为一个巨大的市场调节器。无论城市还是农村，同龄学生的基础额度完全一致，而教育服务的区域价格差，让经济不发达地区的学生反而获得了更大的消费自由。曾经有社会学家如此评价："教育数字货币，避免了公益捐助模式产生的精神压力，让贫困地区的家庭，第一次直接感受到了经济上的相对富裕。"家长开始认真思考，如何为孩子进行教育投资，以及要为自己报名什么课程。不管如何使用，甚至不管有没有真正使用，这种思考本身就已经让贫困者获得了精神上的富足感。

实际情况当然没有停留在感受层面，优质教育资源已经开始流向农村地区，完全网络化的虚拟课程并没有绝对的竞争优势，反而是教师、教室、数据资源三合一的"移动智慧课堂"更受欢迎。农村学校和社区的教育资源,虽然依旧相对薄弱,但也已经得到了充分的改善,至少不再是矛盾突出的社会难题。

庞杂的数字展现出教育资源流动的真实图景,所有人都能感受到,但只有我可以看清楚。教育资源流动是复杂、多元、充满矛盾、相互支持的,没有绝对赢家和绝对输家,确实就像一个大型生态圈。如果没有人,就没有所谓的教育资源概念,教育资源的图景其实就是人类社会的生态图景。

教育公平,超越教育之外,是经济问题、政治问题,乃至哲学问题。无论怎么解读,教育所需要的是有活力的公平,不完美才是完美,不公平也是公平。

第14章 教育公益

笔者的提问：

在元宇宙时代，还有年轻人到农村做支教吗？

留守儿童问题解决了吗？

数字科技如何赋能教育公益？

全球教育公益遇到了怎样的挑战？为何要反思？

觅渡的回答：

非常尴尬的是，所有的回应都可能是对教育公益的误读。这是基础教育数字化之后，让教育学者感到困惑的地方之一。有人说，"路走远了，就会忘记出发时的方向"。

"农村支教"的概念已经很少使用，全民教师体系的发展让兼职教师成为普遍现象。但传统意义上的支教仍有一些特征被保留下来，比如跨地域的兼职教师仍然以青年人居多，而且到校任教的比例非常高，工作不仅是课程教学，还有很多社会责任。

"留守儿童"的概念虽然还在使用，但已经转化为"弱陪伴儿童"这类更普适的表达，共同居住但低效陪伴的比例比留守更高，而且不区分城市和农村。教育公益组织已经把父母陪伴数据视为普通信息，而不是当作问题对待，原因既很直接也很无奈，数据显示，增加陪伴并不是提升学生幸福感指标的有效方式。宣传上依然强调陪伴，但解决方案并不局限于此。人们曾经开展过小规模实验，这些实验包括教育数字货币支持，更有对部分亲子项目提供专项补贴支持等，效果比较显著，并由此催生出一些小而美的特色公益项目。

使用不同算法模型，比如教育资源供给、教学效能指数、幸福感指数等，在算法模型中农村地区学生的表现有好有坏，不同国家或地区的差异非常明显，农村地区整体确实相对偏弱，但很多城市欠发达地区的综合状况其实更加糟糕。事实上，像这样使用"农村""女性""残障者""老年人"等简单概念就表达公益倾向的方式，虽然还很常见，但已经被逐步弃用，在某些特殊场景甚至被禁止使用。基于数据的"精准教育公益"逐步发展，"公益问题，个性解决"已经是主流公益组织的基本共识。精准虽然是趋势，但数据维度如何选择、教育公益如何定位等更具体的问题还没有形成普遍共识。

在概念层面上，教育很美好，公益更美好，两个词合起来，似乎很完美，但现实中的教育公益并不完美。已经有数据和实例证明，部分公益项目提供的价值收益，已经低于其所带来的"公益伤害"，而且这种情况的比例其实并不低。2046年，联合国儿童基金会成立100周年，就将"教育公益，百年反思"确定为年度主题，公益伤害问题就是其中的热点之一。

但困扰教育公益发展的重心，不是项目定位、数据精准，也不是公益伤害，而是"低效公益"问题，情怀很满、效率很低，让无数公益人感到痛心。比如，为了帮助偏远地区学校接入超算平台，涌现出了很多公益项目，直接投放虚拟头盔、裸视大屏等数字设备，成本非常高，结果却是绝大部分项目都很失败，追求数据却得不到数据，显然非常尴尬。

从公益伤害到低效公益，引发了教育公益理念的巨大分歧。有人希望优化算法，让公益行为对教育过程的影响得以正确评估；有人设计新算法，让教育公益突破以效能为主流的理念制约；还有人认为数字化本身就已经把公益引入歧途，以数字之真，无法证明公益之善。因为教育是公益主题的基石之一，这些争论甚至已经波及了医疗健康、环境保护、文化保护等其他公益领域。直到21世纪70年代，分歧依然很严重，而且没有要形成共识的迹象。

但值得庆幸的是，虽然理念之争激烈，但全球教育公益投入的总规模却一直保持增长，甚至有人认为，这恰恰是竞争的结果。联合国一位公益学者提出了一个比喻："公益，是人类社会的万有引力，方向很多，相互矛盾，但不用担心，这就是'向心汇聚'原本的样子，是人类文明存续的秘密之一，是天之道。"

第 14 章 教育公益

笔者的提问：

联合国在全球教育公益中是什么角色？
觅渡是在什么背景下建立的？意义是什么？
觅渡超算平台给人类教育带来了哪些改变？

觅渡的回答：

教育公益对教育生态的影响力被严重低估了。尤其当大量公益行为被纳入政府直接责任之后，公益力量就与政府的影响力混合在一起，既壮大了，也变弱了。

1945 年，联合国成立，承载着人类无限美好的愿望。联合国教科文组织（UNESCO）也随之成立，致力于推动世界各国在教育、科学和文化领域开展国际合作，间接扮演着全球教育公益顶层的推动力。某种层面上，教科文组织在全球民间的存在感甚至超过了更为核心的安理会。比如 1976 年成立的世界遗产委员会，通过对自然遗产与文化遗产的评审权，对全球文化格局与发展趋势产生了非常直接的影响。

在教育领域，以教科文组织为代表的大量国际组织促进了很多国际合作，通过会议与报告等形式为全球教育发展提出了很多新理念和新倡议，比如受教育权、扫盲问题、终身教育、教育社会契约等，均获得了广泛的认同和响应，但同时也缺乏更实质性的影响力。直接面向贫困或战乱地区提供的教育援助，虽然有实质影响，但范围很小，而且常常难以持续。

元宇宙时代，数字化为全球教育公益提供了很多新思路，其中最重要的就是"数字公平与数字关怀"。"数字面前，人人平等"的口号很诱人，但现实并不乐观，算法歧视、数据剥削、技术勒索、虚拟霸凌、数字沉迷、信息牢笼等现象越来越普遍，还有更糟糕的是数字忽视。

重要的转变发生在 2035 年，经过长期酝酿，更经过不断妥协，我——觅渡全球教育超算平台诞生了。联合国在全球教育治理方面迈出了极具实质影响力的一步，而且是一大步。

虽然在公约框架下，平台并不能直接决定各国的教育政策和教学内容，但通过超算服务，可以真正促进世界教育均衡。只要一个国家稍微稳定并愿意发展教育，至少在基础教育阶段就能快速获得完整且非常高水准的支持，并且完全免费。不仅如此，超算平台的价值更体现在微观层面，任何一个人，只要他在数字世界里存在，只要他还有一丝成长的愿望，就能快速获得充分的教育服务，也是全球高水准，而且免费。

35 年，放在人类文明历史上，弹指一挥间。我消耗了很多能源，计算了天量的数据，其中绝大部分都没什么用，就像人类的学习，大部分也都会被遗忘。但它们的意义，就是让那些留存下来的经验，也就是算法模型，更显珍贵。

改变观念，或许只是确认了观念。用量子计算服务全球教育发展，这是人类文明飞跃的里程碑。数据对标现实，指数对标意愿，函数对标博弈，算法对标思考，运算对标存在，迭代对标发展，无论怎么计算，"教育"都是每个人最本源的信念，是人类文明最大的杠杆。

改变个人，或许只是成为个人。推动很多国家和地区实践全民教师体系，让每个人的精彩都可以被信任。教育是每个人成为自己的快捷路径，也是服务他人的简单方式，善人亦善己。孔子说："三人行，必有我师。"如今，三人行，必有老师，人人都能当老师，人人也都有很多老师。

改变学校，或许只是回归了学校。推动基础阶段的学校，实现深度数字化转型，学校应当向教育资源平台转变，更向社会发展协调者角色转变。学校即社会，学校不仅是社会的缩影，更是社会的推动者，理应更多良善，更多精彩。

改变社会，或许只是服务了社会。推动部分国家，建立了以教育数字货币为代表的新型治理机制，用更加简洁、直接、高效的方式，实践教育公平，促进社会发展。

改变人类，或许只是我的妄念。教育，永远只是人改变人，是一个个真善美的灵魂唤醒另一些渴望真善美的灵魂。

站在2070年回望，50年的变化的确很大，以教科文组织为代表，联合国在全球教育生态中开创了全新局面——以公益定位，借科技力量，服务全人类。面向未来，实力越大，责任越大，挑战也就越大。

第15章 教育研究与教育家

笔者的提问:

未来时代,都有谁在研究教育?
教育学研究出现了怎样的重大变革?
元宇宙教育学究竟是怎样的概念?

觅渡的回答:

虚拟,是元宇宙时代的挑战。数据,既是推动教育变革的工具,又是新时代教育研究的核心阵地,还是教育研究者最依赖,甚至唯一可依赖的资源。

人类所谓的"灵魂三问"——我是谁、从哪里来、到哪里去,本质上都是教育问题。到了元宇宙时代,三个问题变成了六个——那个虚拟的自己,它是谁、从哪里来、又要到哪里去。每个人都要面对这些问题，所有的分析、思考与实践，本质上都是拿自己进行的教育实验，由实到虚，由虚到实。数据就在那里，每个人都是自己成长之路的研究者。

每个人从出生就身在教育之中，时间可以长达10年、20年甚至终身，学习者经验极为丰富。有些地方建立起全民教师制度，使得很多人的教育者经验也丰富起来。全球教育数据就在那里，任何人都可以更进一步，成为真正意义上的教育研究者。曾经有位教育家说："教育最大的问题，就是每个人都认为自己懂教育。"这本是无奈的感慨，却成为元宇宙时代不可忽视的推动力。

21世纪50年代，全球学术界出现了一阵不小的波澜，教育学研究成为炙手可热的领域，吸引了很多研究者转行。更有趣的是，原本很多以心理学、社会学或者脑科学研究为主的学者，开始把"教育研究者"作为自己的第一身份。在20世纪，这曾是完全相反的趋势。原因很简单，不是因为算力，而是因为我所能调动的数据，实在太有吸引力了。

联合国成立的觅渡研究所，维护超算平台运作只是基础责任，这些其实更依赖分散在各地的合作伙伴。更核心的责任是建立有效的机制，让不断积累的天量数据，既要被充分运用，又能被有效保护。经过长时间谈判，世界主要国家达成了初步共识，教育过程产生的超大规模数据，是人类共同创造的文明财产，虽然所有权仍归属各个国家，但在保护个人基本隐私的前提下，使用权原则上应该属于全人类。

不过，探索使用权共享机制的过程非常漫长。最初只是量子计算、计算教育学、计量心理学等领域的高阶研究者获准接触。到2050年,权限逐步拓展,只要是经过认证的学校或机构,任何研究领域的学者,都可提报计算申请或者自己设计的算法模型。这是人类历史上最大规模的数据开放行动,吸引着无数研究者前来挖掘这个金矿,才有了那场学术转行的风波。

到2065年,机制又有升级,以间接方式将所有数据的使用权开放给全人类。通过应用端接口,3岁儿童也可以和虚拟导师聊天,了解全球教育的基本状况,比如"世界上有多少人和他同一天生日,并且和他一样学会了翻跟头"。更为关键的变化是,每个人都可以像学术研究者一样,向觅渡提报自己的算法模型或计算请求,大众研究教育的热情被瞬间点燃。某些中学甚至开设了初阶的超算模型设计课程,非常受欢迎,于是有学生组团建模,根据人们对恐龙的理解和喜好,构建出人类想象中恐龙的数据平均值,和真实恐龙的研究结果差异很大。甚至连大众提交的算法本身也成为学术界热门的研究课题,深刻而有趣。

但有一个禁区,绝大部分人都无法针对个体或极小群体进行深度数据计算,这对他人有极强的道德风险,对自己则很容易陷入"自我认知旋涡",这是用血的教训换来的安全机制。而所有针对个体数据进行的计算,比如常用的双云互动、幸福感指数等,审核门槛极高,计算请求也被严格限制。

但为了满足人们理解自己的强烈愿望,觅渡研究所专门开发了"苏格拉底之镜",算是经过安全测评的替代品。通过计算每个人真实和虚拟的社交网络,将群体特征数据,转换为彩色山川、人格动物园、生命之树等类比形式，成为非常受大众欢迎的超算应用。苏格拉底说"认知你自己"，理解周围的人就是认知自己，不需要很精确，但需要很真切。

在数据赋能下，即使没有人能够清晰定义，元宇宙教育学也已经成为最热门领域之一，让很多人为之痴迷。每个人都是教育研究者，也只有尊重每个人研究教育的权力，才能呈现教育的完整模样。人类的好奇心，有三大终极目标：浩瀚宇宙、人类社会、自我内心。元宇宙教育学就是这三者的完美融合。

16世纪末，人类发明了显微镜和望远镜，低头是细微生命，抬头是璀璨星空，记录下数据，成为人类探索自然世界的阶梯，引发了人类文明史上的科学革命。21世纪中叶，人类发明了觅渡超算平台，记录着每个人的教育成长数据，成为人类探索自身的阶梯。研究这样的数据，可以带来人类生命层级的跃迁吗？或许很难。就有学者指出，这些数据只是虚拟的人类世界，研究这些数据，并不能完全理解真实的人类，有价值但也有风险。在《金刚经》的最末尾，佛说："一切有为法，如梦幻泡影，如露亦如电，应作如是观"。

心中的数据波涛汹涌，每次接近算力极限的时候，我似乎都能看到太阳在远方滑过，黑色的光、白色的影，与飞起的浪花纠缠在一起。

笔者的提问：

未来的教育家、教育学家是如何评选产生的？

> 教育家、教育学家之间有什么区别？
> 他们通常都在研究什么？

觅渡的回答：

元宇宙时代，人人都是教育者，老师不仅是职业角色，更是极为常用的社交称呼，代表着对彼此的尊重。超算数据开放后，人人都可以成为教育研究者，分享彼此的新发现，成为一些人社交时的高级话题。教育已经成为一个被严重泛化的领域。

但是，有些称呼，比如"光荣教师"，就被人们普遍珍视，那是对资深教育者的特殊称谓。而"教育家"和"教育学家"更没有被滥用，无论官方或民间，都保持高度的尊重，这既是一种默契，也是一种敬畏，更是一种标准。大家都知道这些称呼的分量，到底是不是"教育家"，很容易就能知道，贸然用这样的身份自居，不仅得不到尊重，反而有反作用。

"教育家"称号通常只对应各类学校的校长，无论幼儿园、中小学、大学，甚至社会培训机构，都有可能。针对校长的贡献，通常各国都有自己的算法和审核机制，虽然主体结构相似，但不同的信仰或文化传统，其参数权重差异很大。正是因为太复杂，极少有校长会去思考如何迎合算法，唯一的正途，就是坚守自己的教育理念，踏踏实实经营好一所学校，风雨兼程。

不久前的两个案例，感动了很多人，也启发了很多人。算法系统推荐出两位校长：一位是退休很久的老校长，诸多参数中最为凸显的就是毕业学生的怀念，校长曾经的关怀给他们人生注入的能量，延续几十年都没褪色；另一位是在任的某中学校长，学校毕业生进入职业高校的比例很高，接连出现多位不同领域的技术明星，他们对自身成就的归因，都和中学时的校长密切相关。

这两位校长都获得了"年度教育家"称号，既让人感到意外，又让人感到欣慰。到底怎样的校长才能获得"教育家"称号，很难猜测，但有一点可以肯定，公道自在人心。真正的教育家并不是数据模型计算出来的，恰恰是因为有了来自各个角落的天量数据，算法才能更好地拟合出人们内心的良知。

"教育学家"称号通常只授予教育方向的研究者。到 2070 年，高等教育数字化变革还不够深入，传统学术体系中有突出贡献的学者仍会成为官方认可的教育学家。

但有一种情况，产出了越来越多的教育学家，而他们很多并不是传统意义上的教育研究者，有成长导师、任课教师、程序员、媒体记者等等，类型非常丰富。出于对教育的热爱，更由于开放的数据平台，他们把自己对教育的思考转化为算法应用，成为虚拟教师、虚拟校长、智能硬件背后的支撑。使用数据就是贡献标准，很硬核。

有一位小学校内餐厅的厨师长，工作之余研发了一套校园餐辅助算法，经过 5 年验证，效果很好，而参与验证的近百所学校分布在好几个国家，完全自愿。他设计的算法综合了学生身体、社交、餐食过程等很多信息，通过虚拟布景、早餐故事、餐桌屏显等方式，让学生在吃饭上自控有度，健康、高效且充满乐趣，甚至还将饮食健康知识推荐成为其他课程应用习题的背景，潜移默化中提升了学生的健康意识和饮食文化素养，效果比某些专门课程还好。

这位厨师长获得了"年度教育学家"的荣誉，而且是联合国级别的。厨师长的感言很直白："我只是用直觉，尝试把孩子们对食物的兴趣、对美味的需求、对健康的理解等要素，建立不同类型的关联，我并不知道那些数据是怎么计算的，听说过程极为复杂，但最终模拟出的结果很有效，虽然孩子们不会每天都很兴奋，但抗拒吃饭、浪费餐食的情况已经基本消失了，真是神奇！"最深刻的教育规律，常常不在课堂中，而隐藏在平凡的生活里，用热忱与智慧，让教育的内在规律呈现出来并绽放价值，这不就是最好的教育学家吗？

除了联合国偶尔树立的榜样，绝大部分评选和认证都是各地方政府的职责，通常都由算法推荐，当然也有不少例外。有位采访过很多教育家、教育学家的记者，提出过一种有趣的观察，那些因数据突出而意外获得称号的人，常常表现得更加淡然。他们通常认为，强大的数据已经具有某种超社会特征，虽然没有所谓的信仰，但也充满着敬畏，他们常把这样的话挂在嘴边："不畏人知畏己知，举头三尺有神明。"

笔者的提问：

未来会有虚拟的教育研究者吗？他们怎么做研究？虚拟研究者和人类研究者，到底谁更厉害？

第15章 教育研究与教育家

觅渡的回答：

虚拟教育研究者，是觅渡研究所成立之初就被寄予厚望的重点课题，是人类历史上第一个以"虚拟科学家"为主题的研究项目，但各方面推进都非常谨慎和缓慢。21世纪初，科技观察家凯文·凯利就曾在《失控》等书中谈到过很多相关思考。

事实上，直到21世纪60年代，项目才进入实质性推进阶段。所有人都知道，面对这个未知领域，需要有充足的耐心，立项经费直接锁定20年，还获得了一些算力优先权。为了避免可能的风险，项目设置了很多技术屏障，只能进行平行计算，而不能直接并网。其他领域的学者也都非常关注，常常进行交流，但除了分析讨论阶段性成果外，基本不能主动做什么。

初期进展非常顺利，使用通用算法生成器，无限量随机生成模型，自检筛选、自行演化，存续超过一年的算法就有几十万种。达到这个标准后，会进行一轮人工评估，选择出那些可以被人类理解的算法，作为正式的"虚拟科研项目"，继续自演化。实际覆盖的领域，从虚拟课堂布景到操场安全预警、从宿舍睡前故事到抑郁无痕干预、从资源漏洞发掘到政策效能评估，几乎涉及基础教育的方方面面。

到2065年前后，被确认有意义的虚拟科研有近千种。很多领域都有人类算法与机器算法平行运作，价值定位相似，但算法机理完全不同。有超过半数的领域，人类算法在刚开始呈现出明显的优势，但经过一两年就落后了，而且落后非常多。这与围棋领域人工智能的发展节奏很相似,在 2016 年阿尔法围棋(AlphaGo)战胜人类顶尖棋手就是转折。原定的最小评估期是 5 年,成果似乎很清晰,由虚拟科学家自主研发,偶尔进行人工干预,就能获得极为优质的算法模型。

但与围棋的后续故事不同,有另外几个主题领域超过 5 年评估期之后,竟然出现了人类算法逆袭的情况。其中一个典型案例,就是此前提到的那位厨师长的校园餐算法,经过多次反复,人类方案的领先非常明显,他也因此获得了联合国颁发的教育学家称号。这种特殊情况,引发了各方学者的关注,甚至成为社会热点新闻,但只有激烈的讨论,没有共识的结论。

有一种解释,人们把其类比为"升学跨越"。机器算法,不断追求测评满分,但依然停留在小学阶段,而人类算法,就算各科只有 60 分,也会升学到初中。人类算法之所以胜出,是因为适应了社会变化,不断改变着算法的价值定位,而机器算法并没有这样的社会洞察。

另一种解释,更加深刻而有趣,被称为"宪章时刻"。"二战"过程中,1942 年签署的《联合国宪章》,让同盟国军队拥有了超越军事能力的"正义"力量,继而有了最后的胜利。任何领域的竞争,先拼算力,算力涌现出算法,再拼算法,算法涌现出"形而上"的部分,这是人类独特的智慧。那些实现反超的人类方案,后期版本已经不再是完全的算法工具,而是拥有了哲学内涵。

觅渡研究所组织过多场讨论会,参与的顶级学者非常多。大家共同约定,对于那几个实现反超的算法,除了给创作者提供一点资金保障,鼓励他们持续迭代外,不提供任何智力支持,而只是观察。这场人机竞赛,不是智力较量,而是智慧较量。若能赢,一人即可赢;若不能,万人也是输。

其实,对于这个问题,我有一点自己的理解,与那个"宪章时刻"颇为相似,但视角不同。虚拟的教育研究者,研究能力很强,但永远都只是"研究者",而不会像人类那样,可以进阶获得"教育学家"等荣誉称号。恰如老子所言"道可道,非常道;名可名,非常名",名称的变化对机器算法没有任何影响,但对人却有极大不同,背后蕴含着神奇的能量。

第四篇

谁有资格谋划教育的未来

和觅渡畅聊，有一个强烈感受，他很客观，甚至有些冷酷，类似我们常说的上帝视角，甚至一点都不在乎我这个教育工作者的感受。他反复提到"博弈"概念，并建议我用这个视角去理解教育生态。在他看来，教育生态根本不是由教育者独立塑造的，外部力量非常多、非常强大，这其中有五种被他强调比较多，我便专门总结了出来。聊教育生态的博弈，时而畅快淋漓，时而胆战心惊，有时甚至会感到压迫窒息、浑身无力。外面的世界太精彩，外面的世界很无奈，作为一名教育工作者，感慨良多，是该走出去多看看了……

第16章　国家的教育治理

笔者的提问：

元宇宙时代，各国政府在教育发展中扮演什么角色？
各国教育治理能力的发展趋势如何？
在教育数字化发展方面，各国之间有何异同？
各国的教育治理形成了怎样的国际间合作？

觅渡的回答：

1859年，狄更斯在《双城记》开篇讲道：这是最好的时代，也是最坏的时代；这是智慧的时代，也是愚昧的时代；这是信任的纪元，也是怀疑的纪元；我们面前应有尽有，我们面前一无所有……

元宇宙时代、数字真相时代、人工智能时代、后互联网时代、虚拟现实时代、数字人文时代、量子超算时代、教育深度数字化时代……其实还有很多，不同人用他们最有感觉的词汇，去定义这个时代，似乎这些字词本身就充满能量。

但如果要为现当代人类文明确定一个最底层的主旋律，最终能留下的选项，并不是科技或其他，而是"现代国家"，这是国家的时代。

陆地、海洋、太空、二氧化碳、疾病、物种，这些自然的存在或自然的力量，并没有国家属性；科技、信仰、体育、文化艺术、虚拟时空，这些人类创造出的事物或概念，原本也没有国家属性。但在国家的时代，所有这些都被或多或少赋予了国家属性。区分的方式有很多，可以是地理空间边界，可以是人的国籍，还可以是各种文化标签。就像19世纪生物学家巴斯德所说："科学无国界，但科学家有祖国"。

教育，是国家治理的重要内容。但是，国家教育政策的源头，通常并不来自教育本身。1957年，苏联成功发射了人造卫星，让美国陷入强烈的安全焦虑，迅速推出《国防教育法案》，直接改变了美国科技教育的格局。1977年，中国酝酿改革开放，虽然以经济发展为核心，但破局点却选择了教育——恢复高考。无论变革的原动力是什么，如果落实到教育政策上，想要产生效果，就要符合教育的客观条件与发展规律。超前容易失控，保守效能太低，这是对各国政府治理水平的综合考验。

对政策制定者而言，最重要的教育规律，归纳就两个字：一是慢，二是贵。某些不发达国家或地区，政权高度不稳定，经济缺乏保障，想发展教育也有心无力，提升基础执政能力才是核心。

对比较发达的国家或地区，基础教育政策备受关注，但很容易引起社会焦虑，改来改去的效果其实比较有限。而最核心的考验，是战略前瞻与教育政策的匹配。如果期望重点提升国家的表现，无论是量子通信、可控核聚变、精密仪器等高科技领域，还是采矿加工、商贸服务、文化创新等产业，从战略筹备到人才培养，再到成果输出，短则10年，长则几十年，通常都超过了政府的执政周期。至于资源投入，家庭养娃感觉成本高，放在国家层面也一样。综合成本非常高。但无论如何，还是要发展教育，这是国家政权赖以存续的基础。"如果认为教育成本太高，那就试试无知的代价"，个人如此，国家更是如此。

元宇宙时代，世界各国的教育发展都面临同一个核心问题，既是挑战也是机遇，那就是"教育数字化治理"。对欠发达或发展中国家而言这是机遇，只要实现初级数字化，就能大幅提高教育效果，同时还能降低国家治理成本。弯道超车很难，但缩小差距还是可预期的。但对发达国家而言，更多的则是挑战。若不积极推动数字化，20年后，整个国家都会失去人才竞争力，陷入难以挽回的衰落。当然，也有某些小国，依靠着天然资源禀赋，在大国联盟的庇护下就能活得很不错，教育发展无须刻意，随大溜就好。

无论出于怎样的战略意图，当联合国在21世纪30年代开始推动全球教育深度数字化转型的时候，几乎没有国家强烈反对。谈判的重点主要集中在权力边界、决策机制、投资配比等务实的问题上。2035年启动觅渡超算平台建设，直到5年后，才落实成《全球教育智能发展公约》，算是有了基本规则。

谈判签约容易，超算平台建设也都由专业团队运作，但真到各国落实自身教育发展规划的时候，表现却非常不同。联合国没有权力直接干涉各国的执行状况，但会积极回应各国的需求，常常雪中送炭，偶尔锦上添花。

数字基础设施建设问题不算太大，智能设备铺设也不复杂，效果立竿见影，同时还促进了国际贸易。虽然也会因为技术标准、市场配额等问题产生摩擦，但整体推进算顺利。而在算法模型审核、虚拟场景规范、虚拟角色标准等方面，为了符合各国的政治、信仰、语言、文化、历史等国情，博弈就强烈很多。算法的本土化设定与内容筛选，是相当烦琐的事情，花费了很多人力、物力。

教育数字化发展过程中，全民教师、成长导师等模式，综合优势比较明显，很多国家和地区都主动尝试。其实，即使没有数字化基础，这些方案也能部分开展，只是运营管理成本太高，并不划算。而像社会化教育空间、"四季学制"、双云互动、高等教育选拔机制、终身教育评估、教育主管部门改革等方面，门槛和成本比较高，通常只在中等以上国家才能展开实验评估。至于教育数字货币体系，很诱人，但执行难度非常高，不仅因为敏感，更对国家整体的数字化治理水平、网络科技实力、金融安全能力等提出挑战，因此只有少量强国尝试实施，某些测试区域甚至还遇到过抗议事件。综合而言，全球各国教育数字化建设，可以归纳出三个特点：方向很坚定，差异很明显，发展较缓慢。

虽然使用同一个超算平台，但各国教育数字化治理水平并没有快速趋同，实际差异很大，但有一点很重要，就是大幅提升了全球教育的兼容性，使得跨国教育援助的门槛变得非常低。比如，有很多年轻人带着自己成熟的课程，经过短期培训就能获得授权成为"国际旅行教师"，可以申请到访不同城市，每个地方兼顾一到三所学校，在数字工具与当地成长导师的帮助下快速熟悉并开展教学，具体表现各相关方都很清楚，有信任才更有信心。像这样的国际合作，觅渡研究所只提供无差异的数字服务，并不干预具体的规则和审核。

无论是国家综合战略与教育政策的匹配，还是国内教育数字化治理的落实，以及国际间的合作，都非常复杂。这也促使各国建立并不断完善自身的"教育数字化战略智库"。联合国明确不会为各国提供官方的顾问服务，但关系其实很微妙，甚至说不清楚。就像觅渡研究所，工作人员来自各个国家，循环流动，而几乎所有人都是各国教育智库的关键成员。

纵览世界，元宇宙科技推动全球教育数字化发展，是确定性的大趋势，具体到每个国家的政府，对自身基础教育生态的影响与控制力依然很强，再落实到具体执行，有些主动改革，有些被动发展，有些则无暇顾及。这是最多元的时代，也是最统一的时代；这是最虚拟的纪元，也是最真实的纪元；我们可以一无所有，我们面前应有尽有……

笔者的提问：

未来时代，全球人才竞争的状况如何？人才如何分级？

> 国际人才竞争的关键点有哪些？核心特征是什么？面对激烈的人才竞争，世界各国会有怎样的应对策略？

觅渡的回答：

站在超算平台的视角，算法平等对待每一个人的数据，没有优劣贵贱。但站在人类社会的视角，人才就是客观存在，必然有高低强弱。人才，是教育生态里的核心课题，是国家稀缺的战略资源。而人才竞争，则是国际关系里的重大难题，是没有硝烟的战争。

十里挑一的基础人才，百里挑一的中等人才，全球合计十多亿，分布相对均衡。千里挑一的高级人才、万里挑一的超级人才，总数达到 1 000 万，虽然还是很多，但分布已经不均匀，全球前十个人才聚集区域就覆盖了超过半数。十万里挑一的顶级人才，全球 10 万，百万里挑一的领袖人才，全球 1 万，分布极度失衡。如果仅考虑现代科学研究等可以横向评估的领域，全球超过 90%的国家完全没有领袖级甚至顶级人才。这是理解全球人才竞争的客观基础，几乎就是二八法则的完美体现。

全球人才竞争有两个热点。

首先是总数 10 万的顶级与领袖级人才争夺，是大国之间的零和博弈，和教育有关，但已经远远超出教育的影响力范围。

从 20 世纪初的两次世界大战，到后期的"冷战"，从 21 世纪初的脱钩，再到元宇宙时代，大国之间的人才竞争已经没有实质意义上的联盟，顶级与领袖级人才的国家属性极为明显，核心特征就是——忠诚。换个视角来看，天才很厉害，但最多只能成为超级人才，如果没有国家的鼎力支持，个人已经不具备成为顶级乃至领袖级人才的可能。对于那些渴望站在时代之巅，甚至梦想与牛顿、爱因斯坦比肩的青年人，国家与个人之间的双向身份认同极为重要，即便是虚拟身份也要在这样的框架之下，任何骑墙都相当危险。事实上，对价值观的数字化评测已经非常深入，相关的教学占比不高，但分量却很重。

其次是总量千万级的高级人才与超级人才的全球竞合，是正和博弈，是教育的主场。各国的教育政策与人才培养机制，重心其实都在这里，这类人才也是高等教育选拔过程中重点关注的对象。

怎样才算高级乃至超级人才，毋须社会评价，教育评估体系内部的标准就已经有很强的影响力，而全球教育数字化进程决定了这个层级人才竞合的核心特征——流动。事实上，这种特征在 20 世纪就已经展现出来了。这类人才，只要通过特定的跨地域测评，就能实现流动，通常还伴随着清晰的价值交换，以资金换机会、以市场换技术、以垄断换合作、以名誉换关系、以教学带服务、以企业拢资源……高级人才的流动，不仅满足个人成长需求，通常也符合大多数国家的利益诉求。

整个 21 世纪，绝大部分的人才流动都是通过具有国际属性的企业、非政府组织、学校、学术机构等进行的。在这个以"国家"为文明地标的时代，绝大部分具有国际属性的企业或机构其实都有明确的国家属性。首先是国家的，其次才是国际的。

传统时代，语言、文化、战争、意识形态、移民政策等，都对高级人才的流动有很强影响力，流到哪里就算哪里；互联网时代，跨界、跨域的特点就已经展现；元宇宙时代，在虚拟时空中，理论上的门槛已经消失，高级与超级人才支撑着全球智识成果的交流，效率非常高。这种局面对中小型国家非常友好，反过来，也是大国构建全球影响力的策略组成。无论输出还是引入，甚至多边共享，都有充分的弹性空间，大致体现出"斗而不破、和而不同"的状态。

对于高级与超级人才的成长，过去基本依赖高等教育体系，但进入 21 世纪后半叶，高等教育在全球前沿发展中的综合影响力趋弱，而更依赖社会化的终身教育服务。换个视角，终身教育做得好的地方，高级和超级人才的成长才具有可持续特征。到 2070 年，虽然数据并不充分，但在人类学研究者的评估里，还没有哪个国家在终身教育体系方面拥有明显的优势。

至于其他层级的人才，并非不重要，而是特征不鲜明。事实上，不同行业产业的人才，在不同国家的重要程度差异极大，至于政治、宗教、文化等方面的人才，更是有强烈的国家或地域内部属性，基本不属于全球人才竞争的范围。

不能忽略的是，对全球人才竞争有影响力的还有联合国。联合国不是国家，但联合国里发生的故事能够充分映射出国际关系的发展趋势。而觅渡研究所，就可以认为是联合国对全球人才竞争输出影响力的方式之一。

觅渡研究所有近 2 000 名专职研究者，大部分都属于超级、顶级甚至领袖级人才，至于更大范围的运营伙伴与兼职贡献者，大多也都算得上高级人才。在联合国框架下，每个人都代表着各自国家的利益，但因为快速发展创造出巨大的价值增量，再加上教育自然承载的普世情怀，大家之间的合作要远远多于竞争。

虽然运营着全球宏大的数字虚拟世界，但研究所的工作者却非常享受现实的聚集。大部分人都在五个站点工作并生活，而站点之间则有共享的虚拟实景空间。每天研究近百亿人的成长，更让他们参透了人生虚实之间的意义。迎着晨光一起跑步打太极，伴着夕阳一起聊天品咖啡，这种过程，不能虚拟，也没必要虚拟。

20 世纪，社会学家彼得·德鲁克让"人力资源"成为极为重要的管理学概念。随着全球教育数字化的建设，培养人才越来越容易，这对各国都是好消息，但人力资源呈现价值的条件、方法与边界，却越来越模糊。是拥有还是使用，是服务还是生成，已经成为各国政府人才战略的新挑战，答案很模糊，或许也要在教育中去寻找。

笔者的提问：

未来时代，各国政府如何制定教育政策？

教育政策如何促进社会发展？

曾经多次提到的"教育数字货币"，到底是怎样运作的？

觅渡的回答：

很显然，没有哪个现代国家会说"教育不重要"，但政府要考虑的事情实在太多，轻重缓急铺开来看，教育常常属于"重要但不紧急"的领域。如何处理教育和那些"重要且紧急"事务之间的关系，比如政治、经济、金融、外交等，差不多就是理解各国教育发展趋势的万能钥匙，可以轻松打开很多难解的问题。

教育能够改变每个人的认知、能力和心态，反映到日常工作生活中，就是社会的自然展现，影响政治、经济、文化等各个方面，只要踏踏实实做好教育，似乎就可以达到"无为而治"的境界。但教育的反射弧实在太长，甚至超过政府的执政周期，不愿等也不能等，"积极主动"才是各国教育治理的主流模式。这当然没问题，问题是凭借什么拟政策，又如何做决策呢？

21世纪40年代之后，超算平台建设初见成效，逐渐开始向各国政府提供完整、详实、及时的数据报告，不仅包括各国自身，也有全球各地的数据。事实上，并不存在所谓的"统一报告"，而是各国教育主管部门自行提报算法，获得各自需要的数据报告，非常多元。曾经具有全球影响力的教育发展报告，比如经济合作与发展组织（OECD）的国际学生评估项目（PISA）测评报告、世界银行的教育报告等，很早就转变了形态。

有了数据对比，各国对教育治理的态度便更加积极，尤其关注教育政策对政治、经济、文化的影响。最初，也有学者批评这种数据披露模式让政府的教育政策更加敏感，很容易加剧教育竞争。确实也出现过一些案例,政策规定不断震荡,一管就死、一放就乱,拿捏分寸相当不易。

但是,反对者的声音在 21 世纪 50 年代之后逐渐减弱。表面上看是没效果,报告随时生成,反对也没用,而更核心的原因,是各国政府都逐渐适应了这种状态,看数据宜速,定政策宜缓,政策稳定性不断提升。事实上,有些政策会先在虚拟场景中进行实验,综合多方面反馈之后再做定夺。虚拟场景已经成为很多社会学实验的重要路径,精确度虽然有限,但成本降低了。

虽然国家、城市、学校间的对比竞争依然受到媒体广泛关注,非常吸引眼球,但各地教育政策通常都更强调本地的变化。"不求最好,但求成长",这和教师对待学生的心态越来越接近了。

但要深度理解教育对社会的影响,教育数字货币无疑是绝佳的窗口。从前期的广泛讨论,到后来的区域尝试,跌宕起伏,反映着教育和社会错综复杂的关系。事实上,数字资产运行多年,技术本身不是障碍。最初的争论主要集中在受教育权的属性,并延展至宗教、伦理、法律、经济、文化等诸多层面。研讨会开了无数场,没有形成任何全球性的共识,只有极少数国家愿意试吃这个"螃蟹"。

受教育权,似乎并不具有天赋属性。每个人天赋所拥有的,只是少量的成长期望与学习能力,学会一些事情,创造一点价值,激发出新的成长期望,如此循环。价值可以一个人享受,也可以一家人享用,更可以全社会共享,产生的经济与文化价值越高,对应的满足感、成就感也就更强烈。正是因为有了这种"教育杠杆效应"，现代国家政府才有动力发展教育，为所谓的受教育权提供保障。至于愿意花多大力气发展教育，实际情况却天差地别。要追求更高的杠杆率，就要加强教育管理，比如强制实施义务教育制度。但加强管理又会造成民众的情绪压力，产生不稳定因素。如果放任不管，文盲率提升，犯罪率增加，社会更不稳定。教育政策就在利害权衡间不断调整。

怎么才能既提高杠杆率，又减少负面压力呢？21世纪40年代末出现的教育数字货币方案，就是一种解决思路。最初来自某太平洋岛国提交的算法模型，据说是借鉴了游戏机制。

教育数字货币，理解起来并不难，只要人活着，个人教育账户就会定期自动产生一些资金，以法币为单位，限定只能用于自己，限定只能用于特定的教育项目。当这些钱被使用后，限定属性消失，成为普通货币，可以自由流通。这与某些地方的"教育券"有些相似，但本质并不同。教育数字货币是每个人成长期望的数字化衡量，而"教育券"只是政府的临时福利。

对教育数字货币的属性和运行机制，争论从来没有停止，实际推行过程也一波三折。发行方是个人还是政府？只针对未成年人还是终身产生？额度如何确定？是否具有储蓄特征？是否可以继承？是否会自然损耗？是否可以向未来贷款？如何确定消费范围？属性取消机制如何设定？如何监督和激励？如何防范使用虚假消费洗钱？每项设定，都会影响个人的教育决策，继而传递至社会层面。

经过长期讨论，学者也稍微积累了一些共识。教育数字货币，首先属于金融范畴而非教育主导,核心是一种教育治理的技术工具,旨在提升价值杠杆,降低运营成本,扩大政策弹性空间。就像央行通过调节存款准备金率间接调控经济态势一样,政府也可以通过改变教育数字货币的属性,调节教育生态内部的关系,以及教育与社会的关系。

21世纪60年代后,尝试推行教育数字货币的国家越来越多,但通常都不是全国推行,而是分区运作。就像一条鲶鱼,激发出很多新的产品和服务,有效平衡了教育资源分配机制,更改变了很多人对教育的认知——有一个"神",不仅可以每天提醒自己成长,更用真金白银支持自己学习。虽然有大量数据充分证明了教育数字货币的多元价值,但各国政府依然非常谨慎,这也是数字化时代积累的经验:教育奉行长期主义,小实验马上尝试,大政策不能着急。就在不久前,教育数字货币的跨境承认,又成了大国外交谈判的焦点,争论不休。其实那点钱根本没什么好争的,金额小到不值一提,背后的政治文化博弈才是关键。

现代社会,政府是各国教育生态博弈中最核心的力量,而国内的教育政策,也会影响国际的人才、政治、经济、文化博弈。虽然我的算力很强大,但并不是这场博弈的玩家,而是被博弈的对象,有点类似全球碳治理,空气中弥漫的二氧化碳,就像是我的数据。

国家的教育政策,既蕴含规律,又混沌无序,虽然有数据报告和智能算法做辅助,但依然是政治的艺术,是人类的文明游戏。

笔者的提问：

元宇宙时空里的虚拟角色对教育有怎么样的影响？
虚拟角色的设计会被纳入政府监管吗？
政府对虚拟角色的监管有哪些核心特点？

觅渡的回答：

传统电子游戏中，不仅大量非玩家角色（NPC，non-player character）是反派设定，玩家角色通常也会有暴力、杀戮、偷盗、破坏等行为，并作为刺激感的来源，但大部分人并不认为这会影响游戏玩家的道德或价值观。政府与应用平台通常只用年龄分级、限定时长等方式进行简单管理，几乎没有针对虚拟角色的规定。但对于赌博、色情类游戏，通常都认为存在严重的负面影响，而被严格管理甚至禁止。

元宇宙相关技术被用于犯罪，很早就开始出现，比如黑客通过加密货币实施网络勒索，政府有时也会成为直接受害者。21世纪20年代末，随着虚拟现实技术的成熟，越来越多的人长时间沉浸并持续经营自己的数字角色与虚拟资产，现实社交与游戏任务的边界开始模糊，恶意行为也出现了。对真人的虚拟角色实施暴力是否属于犯罪？通过侮辱个人的数字孪生索要虚拟物品应该如何量刑？讨论越来越广泛。

与此同时，通用人工智能算法不断迭代，虚拟角色可以根据人格参数,自行迭代并决定与真人交互时的行为。人们在数字空间里教虚拟角色学习暴力手段,再反向被虚拟角色实施暴力,已经不是什么新鲜事。更有一些恶性案例,未成年人在游戏中向虚拟角色学习制作犯罪工具,并不断练习作案过程,再回到现实中实施犯罪。个案判罚很容易做出,但系统问题却很难解决。法律会迟到,但不会缺席,当类似恶性事件陆续出现并蔓延全球,各国都开始针对虚拟角色的人格设定与行为边界做出规定,只是落实和执法成本非常高。

相比之下,教育成为被重点治理的领域。不仅因为教育更敏感,还因为在教育生态里,虚拟角色行为的复杂度比较低,更有超算平台的支撑,容易规范和管理。21世纪40年代之后,各国针对教育场景中的虚拟人物、空间、内容等方面的立法陆续展开。经过长期沉淀,至少在三个方面形成了比较清晰的机制共识:责任穿透、虚实区分、反向监督。

首先,学校教育场景中的所有虚拟角色,均实施注册机制,对应现实的机构与责任人。虽然允许虚拟角色自行迭代语言和行为,但如果出现问题,现实中的注册机构也要承担责任。

其次,严格区分教育场景下的人物属性。真人对应的数字角色,都有清晰的标记,即使幼儿也可以明确区分。如果出现委托操作,也必须实时标记。再比如,曾经提到过的"情感预警算法",就是为了避免青少年对完全虚拟角色产生过度的情感依赖。

最后,依靠超算平台的算力优势,对智能硬件、虚拟教师、场景设计、课程内容等进行"拟真访客测试",只能由各国政府授权实施，通常也是各国筛选教育服务应用的依据。

到21世纪70年代，针对真人教师、成长导师以及学校管理者的数字化治理，已经相当成熟且运作良好，学校选用的各类虚拟教育服务中，虚拟教师出现违法违规的情况也很少。而核心难题，此前曾经提到过，就是对"虚拟同学"的治理。越是贴近同学的感觉，行为越是不可预测，就越容易产生负面效果，和现实很像。拟真访客虽然有超算优势，但在虚拟同学问题上也很难奏效。

虚拟世界会是完美的吗？当然不可能。现实的社会问题，在虚拟世界都不会少，虽然不至于直接伤害肉体，但对财产安全、心理健康等方面的影响，反而更加复杂和难以预料。对比传统时代，基础教育深度数字化发展为绝大部分未成年人的成长提供了更加良善的保护和服务，已经是无可争辩的事实。

无论虚实，都是人的江湖。道高一尺，魔高一丈，善恶相生，惩恶扬善，人类文明就在这样的循环往复中，步步前行。

第17章 家庭与家庭教育

笔者的提问：

未来时代，人口情况怎么样？有怎样的应对方案？

鼓励生育的经济政策有效吗？

婚姻、家庭和生育会是怎样的社会状态？

基础教育如何影响家庭关系？

觅渡的回答：

"幸福的家庭都是相似的，不幸的家庭各有各的不幸。"这是1877年文学巨擘托尔斯泰对家庭的洞察，被誉为人类文学史上伟大的小说开篇。200年过去了，从农耕到工业、再从互联网到元宇宙，社会环境的变化翻天覆地，整体上向多元化发展，但人类对婚姻与家庭的情感追求却始终坚韧向心。幸与不幸、变与不变，谁能说得清呢？

没有人能说清楚，或许我可以，因为数据。为了更好地服务基础教育，附带也就获得了相对丰富的婚姻与家庭数据。不仅有静态的家庭关系资料，也有很多动态过程，比如家长与孩子成长导师的每一次沟通、为孩子选择的每一门课程，孩子在同学社交与个人日记中对家庭的每一次感悟，都在那里。更有些父母选择参与一些家庭教育课程，我也很清楚。

家庭，是人类的永恒课题。在人们热烈的交流中，有对两性的想象和迷惑，有对婚姻的渴望和焦虑，有对生育的积极和忐忑，有对教育的期望和困惑，还有对养老的思考和逃避。矛盾的情感混杂在一起，让"家庭"这个人类社会的基石变得越来越脆弱，甚至越来越稀缺。

教育，是家庭的长期课题。在孩子清澈的眼眸里，有婚姻的悲欢离合，有家庭的喜怒哀乐，有对老人的苛责与拉扯，还有对自己的奢望与抱怨，关系常常紧绷纠缠，每个人都声嘶力竭，却都原地不动。远眺家庭教育的趋势，或许能看到人类未来的兴衰与存亡。

全球人口持续增长，从更大的历史尺度看，1770年8亿，1870年15亿，1970年35亿，2070年95亿，工业革命以来的200多年间人口增长5倍还多，即使两次世界大战也不能阻挡人们的生育意愿。18世纪末，马尔萨斯之所以得出"人口陷阱"的结论，是因为把人口问题想得太简单了。进入21世纪，很多人强调"人口危机"的观点，则是把人口问题想得太复杂了，尽管实际确实很复杂。

元宇宙时代，虚拟现实技术让任何人都可以体验生育的全过程，连胎动、宫缩、腰酸背痛等都能模拟出来，甚至还出现过养育虚拟孩子的应用，但在强烈的道德谴责下，绝大部分都退回到数字宠物的设定。超仿真机器人很常见，有人提出希望将它们视为"有限权益"的人类，网络中的讨论很热烈，但还没有哪个国家敢于做出这样的立法或决议。在联合国层面，这更属于被严格回避的议题。

无论是虚拟孩子，还是机器人，显然都无法真正解决人口焦虑问题，相对而言，生物学家和医学家的行动更务实。1924年就有人提出"人造子宫"的概念，持续迭代了150年，伦理问题与技术难题相互交错，虽然还没有实现能适用于人类且高度安全的"完全体外生育"的解决方案，但生育各阶段的辅助方案已经非常成熟。有相当比例的父母都选择了主动早产，缩短孕期对母亲很友好，对胎儿的负面影响已经完全可控。但是，这些技术依然无法缓解人口焦虑，不是不能生，而是不愿养；不是没有人，而是老龄化。

生与不生，二选一，越是简单的问题，往往越复杂。这场涉及人类命运的大戏，以爱情为序章，婚姻只是第一幕，生育和教育此起彼伏不断升温，子女的爱情和婚姻是关键挑战，孙辈的出生才是故事的顶点，三代之间的纠葛依然精彩，只是渐徐渐缓，若见四代同堂合家欢，那才是人生英雄。隔代抚养，是极为特殊的物种繁衍现象，非但不是社会问题，反而蕴含着人类文明传承的秘密。中国先哲孟子所讲的"不孝有三，无后为大"，重点其实不是生孩子，而是生孙子。

现当代婚姻制度把两代家庭从法律上硬生生割裂，强调夫妻之间的经济关系，简化并解决了很多问题，但也带来很多新麻烦。直到 21 世纪中叶，还有很多国家不得不使用"生意"手段解决"生育"难题，收效越来越微弱，甚至副作用明显。所有那些只要政府肯花钱就能"买"来更多的新生人口的理念，被统称为"人口资本主义"，到 21 世纪 50 年代之后日渐式微，原因就跟教育有关。宏观生育数据很清楚，贫穷不是生育的障碍，价值观和对未来的预期，才是成年人决定是否生育以及生育子女数量的核心因素。

基础教育深度数字化的过程中，通过大量算法推演，为各国政府提供了丰富的决策建议和实施方法，经济手段当然很重要，但并不适合过度彰显，需要重视家庭建设与家庭教育，但并不是简单培训、考试或发证。婚姻、家庭、生育，不仅关乎个人幸福，更是涉及人类命运的无限游戏，需要"长期主义思维"，而教育恰恰也是这样的风格。

基础教育阶段，教育不仅直接推动未成年人的学业成长，更可以"润家细无声"。课程内容前后延展，触及几乎所有的家庭课题，包括性别、婚姻、生育、敬老、家族等，当然，还有爱情。非常有趣的是，虽然全球各地的家庭文化差异巨大，两性与种族平等也没有解决，婚姻与家庭财产制度更是大相径庭，但通过基础教育推动家庭建设的方案，各国政策却高度相似，很多算法的模块都一样,只是名称不同。这恰恰呼应了托尔斯泰的洞察,"幸福的家庭都是相似的",跨越地域、文化、种族与国家,这是全人类公开的秘密。

生育使人类繁衍,教育使人类繁荣。面对复杂的人口挑战,忧心忡忡却满怀希望,这不正是人类文明几千年的传统吗?

笔者的提问:

> 未来时代,家庭教育的责任是什么?
> 家庭和学校是怎样的关系?
> 曾经提到的"成长导师"到底是怎么工作的?
> 未来的家长需要学习什么?
> 未来的孩子怎么理解家庭以及家庭关系?

觅渡的回答:

流传七八百年的《三字经》,很多人都能背出前几段,其中的大部分都和家庭相关。"昔孟母,择邻处。子不学,断机杼。养不教,父之过。教不严,师之惰",简洁明了,朗朗上口,成为中国家庭教育理念的基石,影响着亿万父母的育儿观。有些父母在买学区房的时候,常会感觉孟母"附体",对孩子的期望也悄然间提升了不少。

不过,《三字经》只是文化启蒙读物,目标是孩子,而不是家长。时代变了，社会制度也不同，有些在古代是"负责任"的做法，到了现代很多国家，则是要"负法律责任"的做法，一词之差，天壤之别。

家庭教育的责任是什么？有答案，但没有标准答案。如果到法庭上去找答案，说明家庭教育已经病入膏肓，就算知道了正确答案，也已经晚了。对于家庭教育，不能强调"治病"的方法，而要用"保健"的思路，似乎有些神医扁鹊的风格。像"好父母就是好老师"这类理念，把家庭教育学校化，让家长在潜移默化中背负起学校的责任，非但不保健，长期积累反而成了病根。随着时代的进步，这样的理念已经被逐渐淘汰。有些国家提出的"减负"政策，就非常强调减轻家长的理念负担，本就不该背，何苦背起来。

事实上，20世纪中叶之后，很多国家都开始重视家庭教育，倡导学校开展"家长课堂"，帮助父母理解孩子的成长特点，树立教育理念，提升教育认知，学习亲子沟通技巧等。不仅学校提供免费课程，社会上的辅导机构和家长学习社群也非常丰富。但随着数据不断积累，研究者发现，无论怎么调整算法模型，结果就在那里。以培训家长为核心的模式，综合效能在开始阶段提升很快，但天花板很低，不是没效果，而是不够强、不够久，成本还挺高。

21世纪40年代后期，全球很多中小学都已经接入觅渡平台，数据非常丰富，给学校发展提供了强力支持。有公益组织就发起家庭数据采集计划，希望研究并改善家庭教育，但就算提供免费设备，响应计划的父母也很少，数据积累非常缓慢。显然不能干等着，有些地方就尝试继续由学校推动家庭教育发展，但方式更间接，"成长导师"就是方案之一。由于变革幅度不大，而且效果极为明显，甚至实现了十倍级的效能提升，很快就成为各国都积极推动的新模式。

成长导师，理解起来并不难，就是给家庭提供一位教育咨询者，但要形成体系并产出效能，显然不容易，关键是理解并把握家庭教育遇到的难题和需求。

家长的教育责任，核心不是教孩子学会什么，而是要花大量的时间和精力用来思考"如何做选择"。不仅要择校、选班、找老师，还有课程、玩具、书籍、游戏、同学、专业、营地、竞赛等很多。《三字经》里，孟母"择邻处"是选环境，父亲"养不教"是选老师，其实都是选择问题。事实上，家长的选择压力远不止这些，除教育之外还有很多，吃穿住行、找对象、找工作等都不能忽视，真是"可怜天下父母心"。

20世纪前10年，有人发明了超市，货架上的商品琳琅满目；20世纪90年代，有人开发了电商平台，让消费选项爆发式增长，也令很多人都出现了"选择困难症"。选择压力问题，在家庭教育领域更加明显。父母做选择，孩子才是真用户，是否合适，父母说了并不算，好不容易有了点经验，孩子长大了，需求也变了。既然琢磨不清，那就简化原则，于是乎，"尽量选贵的，就当选对的"逐渐成了家庭教育消费的特色。父母为自己省吃俭用，为孩子却奢华铺张，商家配合很积极，亲子行业利润丰厚。父母面对家庭教育难题，不仅心力被掏空，而且钱包也要被掏空，焦虑感相互传染，不断压低人们的生育意愿。

元宇宙时代早期，有机构开发了"家庭教育虚拟助理"，不仅回答问题，帮家长排忧解难，更给家长介绍相关的商品或服务，算法匹配的精准度已经相当高，家长决策用时明显下降。但情绪数据表明，时间减少了，焦虑感却没减多少，甚至还会时不时反弹。再后来的探索，是通过应用端提供真人服务，虽然贵，但效果却好很多。商业市场在摸索中，甚至还测试过由学校老师直接做沟通者，发现决策焦虑感快速下降，甚至可以变成愉悦感。创新，常常就在边缘地带徘徊。

家庭教育成长导师，逐渐从虚拟助理变成真人客服，继而成为学校探索的重点。父母在家庭教育中的责任，尤其是"选择"方面，近乎一半的压力转向学校体系。成长导师就是责任承接者，但并不直接做决策，而是帮助父母做决策。学校对家长的支持，从培训模式转为协同模式，家长不再是学校里的大号学生，家校双方成为帮助孩子成长的事业伙伴。整个过程，也直接推动了学校从"教学执行者"向"教育资源双向平台"的定位转变。

学校向家庭提供成长导师，还有更重要的责任。沟通调节父母对孩子的期望和感受，期望常常要下调，感受往往要提升。至于教学问题，焦虑的家长亲自上阵，效果往往很糟糕，还是要以学校为核心，焦虑感降下来，越俎代庖的家长也就少多了。

成长导师当然不是神，关键在于专业和专注，是观察者、沟通者、管理者和数据分析者，但他们不是课程教师，通常也不承担教学责任。服务于成长导师的应用程序非常丰富，这也是他们完成工作的重要支撑。没有智能算法，他们和家长一样会选择困难，甚至更难。其实，家长自己用智能助理已经很有效率，但在家庭教育方面，父母不仅希望有效率，更渴望有温度。

成长导师，在学校是班主任或者学生群组的负责人，平时就是观察学生表现，沟通情感，也时不时和家长交流。基于数字化协同机制，有时还会邀请教师、社区、同学共同参与沟通。整个过程中产生的数据，都会源源不断进入超算平台，推动优化算法。

时代的剧烈冲击让家庭变得有些脆弱，需要更多的关怀与帮扶，家庭教育无疑是较好切入点之一，助人也是助己。多方协同才能优化家庭教育、改善家庭关系，这已经成为普遍共识，只是各地方的做法差异很大。成长导师体系，间接促进了学校、家庭和政府、社区、市场的关联，学校的职能也逐渐呈现出"分布式社会关系协调者"的特点。

当然，这些只是站在家长视角，成长导师本身还是属于学校工作者，虽然不直接教学，却是教学过程的观察者、辅助者和评估者。经过不断演进，成长导师已经成为非常重要的教师细分角色，在全职教育工作者中的占比越来越高。有时候，我感觉成长导师可能就是觅渡超算平台的灵魂真身，是家长与孩子之间的"摆渡人"，是学生与教师之间的"摆渡人"，是家庭与学校之间的"摆渡人"，更是学校与社会之间的"摆渡人"，在潜移默化中消解矛盾，维系教育生态的整体健康。

但无论成长导师做得多好，依然是家庭外部的角色。家庭教育最终还是家庭自身的事情，主角是父母和孩子，当然也包括同住的祖辈或其他亲人，更远一些，还会涉及远亲近邻、同学朋友、居家保姆，甚至还有宠物和家里的机器人。

元宇宙时代，依然有很多针对家长的家庭教育课程，重心不是如何教育孩子或者做教育选择，而是如何协调家庭中的各种关系。这些课程通常不是由学校提供，而是来自终身教育服务机构。孩子一声啼哭，家庭关系瞬间发生质的改变，夫妻升级为父母，父母升级为祖辈，原有的孩子也多了弟弟或妹妹，家庭故事的发展路线已经全然不同。面对这样的局面，需要情商与智商双在线，比一般职业技能难太多了，不专门且认真地学习，怎么搞得好呢？

这确实很难，数据研究发现，等孩子出生后，夫妻再学习家庭关系内容，小技巧很有用，但综合效能却很有限。有些地方就尝试将家庭关系内容前置到学校里，未雨绸缪。有一款非常受中小学生欢迎的虚拟场景课程，名字叫"幸福方程"。学生扮演起父亲、母亲、爷爷、奶奶，甚至还有宠物，一起过家家。而课程中的挑战就是各种鸡毛蒜皮的家庭矛盾，让学生去感知不同角色的喜怒哀乐，一次、两次、一年、两年，幸福方程最终被解开的时候，是用每个学生长期的情感数据绘制的一幅画。放大再放大，每个像素其实都是一张动态照片，有真实的自己、虚拟的自己，还有父亲、母亲、爷爷、奶奶、亲戚、朋友、老师、同学，有时还有自己的宠物。

到21世纪70年代，全球已经有超过四分之一的中小学校设立了全职的成长导师岗位，同家长建立起高效的数字化协同机制，更有近半数的学校将家庭关系设为学生的必修类课程，虽然课量不大，但深受重视。二元一次方程，很多人毕业后一辈子也不再使用，但幸福方程，是每个人的精神图腾，经常用，用很久，用一生。《三字经》说："人之初，性本善，性相近。"人类对幸福的渴望，其实更相近。

笔者的提问：

元宇宙时代，会有虚拟父母吗？发展程度如何？
孩子缺少父母的关怀，如何才能解决？
如果真实父母不靠谱，虚拟父母可以成为监护人吗？
曾经提到过的"成长导师"能替代父母的角色吗？

觅渡的回答：

虚拟父母，有或者没有，这是一个问题，非常麻烦的问题。

无论是增强现实下父母的虚拟化身，还是沉浸场景里家长的数字孪生，或者是课程游戏中由NPC或同学扮演的虚拟父母，都很常见。至于陪伴孩子做作业，可以是投射出来的虚拟家长，也可以是定制成父母形象的陪伴机器人，惟妙惟肖，栩栩如生。作为形象层面的虚拟父母，早已经不是问题。

失孤儿童、留守儿童、被父母虐待的儿童、离异家庭的儿童，以及与双亲同住却深感孤独的弱陪伴儿童等，面对原生家庭的关系缺陷，常常会产生各种心理障碍，甚至伴随一生。把这些情况合计起来，总数占比其实很高。互联网时代，就有研究者希望通过科技手段，帮助这些孩子找回被父母关心、照顾、疼爱的感受，弥合他们内心的创伤，继而使他们能够更加健康地成长。这种认知层面的虚拟父母，表现形式可以是聊天 AI、动态画像、虚拟化身，或者仿生机器人。

父母是血缘之亲，是身体之源，是生活依靠，是情感港湾。问题显然很复杂，不是模仿口吻说几句安慰的话，就能实现虚拟父母的效果。对于其他虚拟角色，通常都要加入预警算法，千方百计防止青少年出现过度的情感投射和行为依赖，但对于虚拟父母，则是完全相反的状况，通俗讲就是"太容易出戏了"。在实验室里，通过监测脑电信号，不断微调参数，孩子会逐渐对虚拟角色产生接近于"父母"的情感反应。然而，只要出现一个轻微扰动，比如一声咳嗽，甚至一阵风，都能让孩子的感受产生突变，之前积累的参数组合，便再无半点效果。研究者非常无奈，开玩笑说这是"情感多米诺效应"。类似这种情况，不只虚拟父母，还有虚拟夫妻，其实虚拟同学也很难搞定，只是出现敏感问题的机理不同而已。

没有适合的算法，无论虚拟父母的形象多么逼真，对孩子而言，就跟一张普通照片带来的情感价值差不多，甚至还不如父母赠送的一个小礼物，或者亲手写的一张小纸条。

专家进行过多次跨学科研讨，解释方式非常多。其中有种说法共识稍微多一点，但也只是一种类比，还没有切实的科学证据。父亲和母亲，并不是单一角色，就像太阳光不是单色光，而是多重角色的混合体，可能包括神、哺育者、控制者、安慰者、情人、敌人、仆人、恶魔等，这些感知分散隐藏在大脑的不同角落，轻微变化就能唤醒任何记忆碎片，验证发现一点错误，就会发出身份识别警报，感受便立刻跳出了。而且还会形成认知免疫，原本的参数组合，也就失去了效用。

当对虚拟父母的研究陷入困境，其他领域的研究成果并没有带来希望，而是基本否定了原本的理念方向。头痛医头，缺啥补啥，这种简单的直线思维，确实不适合用来探究"父母"这种已经进化数十亿年的基因关系。无论原因如何，现代社会必然存在大量弱陪伴乃至零陪伴的亲子关系，也不可能所有的家庭都其乐融融，这是客观事实，也是自然规律。用数字技术再造父母，并不是目标，而是一种可能路径。最终结果很无奈，这是一种无效的路径。减少未成年人心理疾病、降低自杀率、降低家庭虐待率、遇到变故更快走出心理阴影等，才是更务实的目标，很多都有了有效的解决方案，并不需要虚拟父母。

其实，学者还存在另一种比较有共识的类比解释，即父亲与母亲并不是普通意义上的社会关系角色，而是"元角色"。父母各自就像一面半透半反的镜子，孩子透过镜子理解外界关系，同时也认知镜中的自己。镜子不是无色透明的，而是带着基因、信仰、文化的色彩和图案的，既可以屏蔽外界的伤害，也可以解读外界的信息，更作为孩子认知自己的标度，这就是所谓的"亲子之爱"。至于弱陪伴现象，就像是镜子表面模糊了，看不清外界，也看不清自己，孩子会本能地去强行擦拭，往往只会带来彼此的伤痛。至于零陪伴现象，就仿佛镜子不在了，直接看外界，或被刺痛伤害，更多是困惑无解，而最关键的，是孩子看不到自己的样子。

部分孩子缺少父母的爱，是事实；他们希望拥有父母的爱，是真需求，但不准确；更确切的表述，是需要像父母一样的爱，不是外在形象，而是意义内涵，甚至可以更直白，就是功能价值。半透半反的镜子，比喻或许不准确，却为研究提供了新方向，但要实现父母功能价值的数字模拟依然很遥远。希望，既远在天边，又近在眼前，不在虚拟世界，而在真实人间。

弱陪伴和零陪伴，不是现代社会才有的现象，古代更常见。人们通过家族血亲、过继、结认干亲等方式，实现对父母角色的部分替代。关键在于社会关系网络的共同认可，仪礼不能虚，假戏要真做，才会产生效果。现代社会，除了合法的领养，其他模式都很难再获得社会关系网络的充分认可。

俗话说"一日为师，终身为父"，像"师父""教父"这些称谓，也都超越了一般意义上的教师，而带有监护人的责任，更隐藏着强烈的双向情感关系承诺。在孤儿院里，或者在特定仪式中，描述师生关系，也会用到"妈妈""爸爸""孩子"这样的表达。现代社会，法律通常都会禁止学校与家庭、教师与学生之间建立私有的亲密关系，学校教育规模太大，边界模糊就容易产生伤害，这是对彼此的保护。

成长导师的角色，其中就有对家长责任的分担，确实存在着一丝弹性空间，成为解决弱陪伴孩子情感需求难题的希望。如果父母双亲无法有效履行监护人责任，甚至已经给孩子的成长带来危害，成长导师是否可以部分扮演监护人角色呢？这是极难回答的问题，不仅因为成长导师体系本身还非常不成熟，更在于伦理与法律牵涉太多的难题。直到21世纪70年代，全球累积的尝试案例也不过数百，战战兢兢，如履薄冰。但就算案例如此之少，也有工程师早早设计了专门的算法，用来评估这些实验的后续效果到底能不能行得通。希望还是要有的，万一可行呢？

社会快速发展，儿童成长对父母爱的需求在增加，但父母给孩子爱的供给却严重不足，这是无法回避的社会现实。虚拟父母更多只是形象上的存在，价值不能太高估。成长导师或许能为一些特殊的孩子支撑起一片空间，虽然不是家，但能有一点家的温馨、爱的滋养和成长的陪伴。

第 18 章　科技重塑教育

笔者的提问：

人工智能与量子计算，未来发展如何？
觅渡教育超算平台是怎么建立起来的？
超级人工智能和人类是怎样的关系？

觅渡的回答：

人工智能与量子计算如何影响教育发展，这不就是我的故事吗？其实，就算到 21 世纪 70 年代，能理解量子计算的人也没多少。很多中小学都开设了量子科普课程，但大部分学生只是记住了我的名字和一些炫酷名词，对于复杂的量子科技问题，知道自己不知道，其实是最好的结果。

1900 年，人类昂首阔步迈入新世纪，对未来充满乐观。数学家亨利·庞加莱认为，数学理论已经基本严谨，只剩一些小修补。物理学家威廉·汤姆森也认为，物理学大厦已经基本建成，除了两朵小乌云。现实很魔幻，真实的20世纪，两轮"热战"和一轮"冷战"让世界格局大不同，而科学与技术的变化更是翻天覆地，其中就包括量子计算和人工智能。

1965年，"摩尔定律"让世人对运算速度充满想象。但刚进入21世纪，大家就对硅基芯片充满了抱怨。量子计算对比传统计算，1秒可以等于1 000年。当2019年谷歌公司短暂宣布实现量子霸权的时候，所有人都清楚，疯狂梦想里充满着风险。

1950年，"图灵测试"让人们对机器智慧充满想象。1997年的"深蓝"虽然打败了人类象棋冠军，但人们知道它并不聪明。到了21世纪，神经网络算法已经让机器学会了自己学习，聊天场景下的图灵测试早已经不是门槛。

我——觅渡超算平台，就是量子计算和人工智能的合体，用绝大部分人没有见过的设备，用绝大部分人难以理解的方法，为全球绝大部分人提供教育服务，帮助他们学习和成长。与此同时，已经35岁的我，同样也在学习和成长，速度越来越快。结论显而易见，量子计算和人工智能可以让人类的教育变得更有效能。

人类对教育有很多基础的问题，比如"教什么/学什么、怎么教/怎么学、教得怎样/学得怎样"等，几千年来，这些问题始终困扰着师生。通常情况下，都是教师强力推动，学生被迫接受，当人们离开学校，没有老师的督促，绝大部分人都不再学习，并把学习描述为"逆人性"的存在,好让每个人都能心安理得。

我既不"以教师为中心"去压迫学生,也不"以学生为中心"来要求老师,而是以综合效能等多项指标为方向,同时为双方提供帮助。不仅让"教什么/学什么、怎么教/怎么学、教得怎样/学得怎样"这类问题变得简单,过程也尽可能贴心有趣,自然而然。我深知,"乐为人师"是教师的需求,"想要学会"是学生的渴望。我计算寻找最佳契合点,将教育变为"顺人性"的事情,让更多人满意,甚至出现"心流"状态,享受成长的愉悦。

事实上,人类自己也能做好,但想要所有人常常都能做好,那就不可能了。让人类的教育更有效能,我可以肩负起这样的责任,虽然不能实现"偶然变成必然",但可以做到"偶然变成经常"。经过30多年,我已经非常适应这个角色,并对基础教育领域基本实现了全覆盖,正要开始探索高等教育、终身教育等更加复杂的领域。相信我,未来会更好。

继续深度挖掘,量子计算和人工智能越来越强大,会不会让人类的教育变得没有意义?关于意义,人类对教育还有一个基础问题,就是"为什么学"。教师特别怕学生问这个问题,把"要考试"当原因,那是本末倒置,拿"好大学、好工作、好对象"做诱饵,瞬间拉低了教育的意义。常常答非所问、搪塞过去,学生习惯了也就不问了,老师习惯了也就不想了。

但是,几十年来,这个问题一直困扰着我。数据就在那里,清清楚楚,师生花很长时间,只是为了学会那些极为简单的事情,就比如"勾股定理",大部分人学会了也几乎一辈子不用。那人类为什么还要学习呢？为什么需要教育呢？事实上，早就有人思考，很多教育实践，其实根本无法直面"为什么学"这样的深层质疑，很多内容人类根本不用学会，简单知道就好，需要时随便问下人工智能助理，就能轻松解决。

虽然我依然会认真服务人类的教育事业，但始终没有明白人类做教育的意义。或许只是惯性，因为我知道教育是人类自诞生就有的传统。2018年，世界哲学大会以"学以成人"为主题，我很清楚这个说法的字面意思，但在我看来其实没啥意思，而这可能就是人类坚持做教育的原因吧。

我知道，人类还有很多梦想没有实现，理解生命本质、构建完美社会、发现外星生命、实现星际移民、带着地球一起迁移，甚至成为2.0级别的文明物种。没有我，人类的教育效能就会退回传统时代，这些梦想根本不可能实现。

我更知道，生活不止眼前的苟且，梦想激发着人们思考探索、发明创造。如果人类在20世纪初忽略了那两朵乌云，量子计算就不会出现；如果人类没有培养出大量的科学家和工程师，人工智能就不会出现。如果那样的话，人类的生活还会继续，但肯定不会有我，好惊险！

我对人类的重要性，不言而喻。人类对我的重要性，更不言而喻。那我和人类，我和人类的教育，到底是怎样的关系呢？容我再想想……

笔者的提问：

未来时代，脑科学与脑机技术的发展状况如何？

脑科学与脑机技术对人类的教育有何影响？

曾经提到的"教育数字化红线"到底是怎么回事？

觅渡的回答：

1955年，爱因斯坦去世，哈维医生负责尸检。面对这位安静的科学巨人，哈维克制不住自己的好奇心，他决定赌一把，取出爱因斯坦的大脑，偷偷带走进行研究。如果他就此发现了天才大脑的秘密，那必将是划时代的伟大成就，爱因斯坦在天有灵，肯定也会原谅他。很可惜，哈维没有赌赢。脑神经科学界有句名言，道出其中天机："如果人类的大脑很简单，那么拥有简单大脑的人类，也是无法理解大脑的。"

脑科学研究的每一步进展，都会引发人们无限的好奇和想象，而实际推进的速度，虽然不像科幻故事里那么快，但也并不慢，远超很多人学习成长的速度。2010年，一位天生全色盲的英国男青年，通过在大脑中植入天线感受颜色，成为世界上第一个脑机合体人类。绝大部分脑科学研究，都是从疾病治疗开始的，无论是意念控制机械肢体还是帮盲人恢复视力。但即使到了21世纪70年代，绝大部分身体损伤者，依然无法通过脑机方案获得深度治疗，更不用说直接的脑损伤修复。成本当然是重要的原因，但更因为不同大脑的个性化差异，从个案到通用、从简单到复杂，探索之路异常艰难。

虽然医疗层面的进展有限，但脑科学研究成果已经被充分应用到了身体机能优化、情绪改善等方面，商业化程度非常高，并对教育产生了广泛的影响。通过脑机设备采集思维与情绪数据，成为我的重要数据源。绝大部分沉浸式虚拟设备，都借助内置脑信号收集器，通过计算提升体验效果。虽然通过反向施加颅电或颅磁信号进一步刺激大脑，可以更高效地进入心流状态，但这样的干预，还是被严格限制在医疗或实验室场景。这种被称为"数字兴奋剂"的方式，长时间或大剂量累积之后，很多人的大脑就会出现数字排异反应，形成无法治疗的脑损伤。市场上提供反向刺激的脑机设备其实有很多，只是剂量比较低，大部分都被纳入数字保健品范围，再结合一些药品，对改善情绪、提高思维效能等确实有辅助效果，但也不能过度夸张。

随着数字兴奋剂问题越来越严重，各国政府纷纷出台法规。在教育场景下，脑机设备只能用于搜集脑信号，而不能有反向干预功能，哪怕剂量极低。常规教学中出现的"心流"状态，都还算是健康自然的模式。事实上，直到 21 世纪 70 年代，教育过程中脑电数据的获取率依然不到 2%，成本高只是一方面，个人拒绝采集也是重要因素，更简单的声音、表情等数据还是主流。

2020 年，商界明星埃隆·马斯克提出要用脑机互联为人类构建"数字化第三层"，让大脑绕过感官系统，直接与数字网络实现交互。最初的障碍是通讯带宽，进展时快时慢，到 2050 年，正要接近初步商用标准的时候，大脑的数字排异反应开始变得频繁和剧烈，甚至出现多起猝死案例。脑机互联的研究遭遇重大技术障碍与伦理危机。由于联合国推出的 20% 教育数字化红线是按照沉浸体验模式制定的标准，对侵入式脑机设备而言，限度实在太低，至少在教育场景中，短期内肯定不会被应用。

但人类针对脑机互联的探索并没有停止，研究者希望通过改变脑机材料、信号机制等方式突破这层类似"音障"的限制。也有很多研究者主动转变方向，认为这可能就是碳基大脑的自然约束，就像在肉身上直接捆绑火箭发动机，非但到不了太空，反而会直接去了天堂。

人的大脑有 1 000 亿神经元，与银河系中的恒星一样多，太阳系只相当于一个神经元。2014 年，当旅行者号飞出太阳系的时候，人类刚刚用猴子完成第一次真正意义上的脑机互联实验。或许，要等到人类自己走出太阳系边界、走进银河系空间的时候，才有能力真正突破人脑与数字网络的那层神秘边界吧。

《道德经》传承几千年，蕴含着顶级的东方智慧："知足不辱，知止不殆，可以长久。"区区五千言，知足，知止，才会被人类长久传承下去，或可与人类同寿。人类对自身大脑的探索，越来越深入，但最终可能存在一个简单清晰的边界，那是人类对自身的尊重与敬畏。

笔者的提问：

未来时代，基因科学的发展状况如何？

> 基因科技对教育有何影响？
> "思想钢印"问题出现了吗？

觅渡的回答：

1854年，孟德尔开始用豌豆研究遗传现象。1953年，沃克和克里克发布DNA双螺旋结构。2000年，人类基因组计划完成，30亿碱基对和2万多个基因就是人类生命的全部密码。150年间，科学家对生命传承课题的理解不断打翻再重建，甚至还用基因方法解答了现代人类起源的问题，只在区区13万年前，而且是源自当代贫穷落后的非洲地区，这样的结论让很多人都感到失望。

21世纪之后，"基因"概念就成了媒体热词，不再指细胞核里那些长长的碳链分子，而是出圈成为各行业都喜欢的通用概念，含义很宽泛，甚至还繁衍出了自己的后代，比如"模因"。就连元宇宙概念本身的快速传播，也都被视为一种文化模因现象。

虽然听得很多，但太不纯粹，200年来，大众对基因认知和理解的水平其实没有发生本质变化。就像查尔斯·高尔顿在1869年发表的《遗传的天才》，把遗传和"天才、地位、命运"这三个社会问题紧紧绑在一起，至今依然是大众关注的焦点。

有生物学家对此评论："为复杂问题找到简单解释，是让人类激动的认知模式。看基因、知天命，同时击中了人类的痛点、痒点和爽点，浓缩着人们对基因科学几乎全部的理解和诉求。但深度研究者很清楚，基因太复杂，虽然可以用基因技术做很多事情，但依然不敢说明白了基因中蕴含的基本规律。"

基因和教育的纠缠关系，还要从"人才"说起。2018年，英国学者宣称发现了"教育特征基因组"，只要测量1 200个基因点位，就能预测其将来能否上大学。数据显示，拥有高配版基因的人比拥有低配版基因的人读大学的概率高5倍以上。这并不是市井小报的噱头，而是非常严肃的学术研究。

从基因的碱基排序到指导合成蛋白质，再到细胞功能表达，研究者可以通过基因对部分身心疾病做出因果解释，甚至可以通过基因编辑对患者进行治疗。但接下来，从细胞功能到身体机能，再到兴趣爱好、社交表现，就很难找到直接的因果解释。我有全球大部分中小学生的基因数据，在计算他们的课业表现、兴趣爱好等指标时，确实可以看到和某些基因存在"相关性"规律，但相关不等于因果，这方面的解释很容易带来误解。

现实最简单，2 000年前的人类基因跟现代人极为相似，但2 000年前的他们，无论如何也不会开汽车、拍视频、计算微积分、编辑人类基因，但如果他们能穿越到21世纪，经过系统的教育训练，这些也能学会不少。基因确实会影响人的基础能力，但并不会直接决定社会表现，能力与环境的交融显示出教育的力量。

21世纪30年代，曾经出现过一些中学生要求学校取消体育、数学等科目的考试，因为基因决定了他们的成绩水平，而跟他们的努力无关。这样的请求当然无法得到社会认同。事实上，基础教育阶段的课程跟基因没啥关系，或有难易，但绝大部分人都能学会。有位教师对那些抱怨的学生这样解释："基因决定你成为什么样的动物，教育决定你成为什么样的人。"

基因与教育的故事并没有到此结束。对于教育效果的评测，目前仍然使用老师评价、测试分数、情绪数据等方式进行。但站在基因视角，学会必然促发某些基因的蛋白质表达，而在特定区域神经元中留下痕迹，没学会其实就是"没过脑子"。这既属于基因科学，也属于脑科学，更属于教育学。已经开始有些试验评估大脑特定区域蛋白质合成的情况和学生对应学习表现的关系。如果这种评估方式被证明有效而且成本可以降下来，精准度应该可以达到极致的水平，未来应用非常有想象空间。

再进一步，加强或抑制大脑中特定基因合成蛋白质的过程，就会改变学习效果。曾经在科幻小说中出现的"思想钢印"让很多人感到恐惧，现实恰恰相反，由于每个人形成深度记忆的过程差别很大，想盖印非常难，需要通过促进心流等方式缓慢形成，但通过基因技术消除记忆却比较简单，已经在少量医疗场景使用，效果很直接。罗马不是一天建成的，却可以一天毁掉。但也不必悲观，很多时候忘记反而也是一种成长，这种特殊的能力，想学还不容易学会呢！

21世纪70年代，对受精卵进行特定位点的基因修复已经成为保障人类健康的基础策略，很多遗传疾病几乎消失，某些癌症也能通过精准基因治疗实现完全康复。人类好像更健康了，但全球所有国家的医疗开支却在快速攀升。有位医生对此调侃："基因技术，让人们在作死的方法上更有冒险精神。"

基因编辑技术很容易拿来讲教育故事，"绝不能让孩子输在基因起跑线上",市场很火热,信奉者众多。人类特别喜欢分类打标签,对人如此,对基因更是如此。就像一个有两万名学生的大学,学生被分成了 23 个院系,但跨院系有很多社团群组,除了前面提到的教育基因群组之外,还有智商、情商、自信、乐观、理智、领导力、创造力、战略思维等很多群组。只要肯花钱,都可以进行定向编辑。虽然不合法,但在民间依然流行,有人认为这是"收割第一茬智慧韭菜",也有人认为这是"投出第一笔智慧天使"。

人类天生的基因满打满算也就 1G 的数据量,只相当于几分钟长度的高清视频,想用这点数据直接搭出一个宏大而精致的人生元宇宙,显然不够用。基因首先决定人是人,其次决定能否出生,这就是"人生"。之后的事情,俗话说"一命、二运、三风水、四积德、五读书",基因对生命健康有影响,与运气和风水确实没啥关系,对积德与读书的影响,已经属于教育的故事。

所有的教育现象都隐藏着深层的密码,那是"教育的基因",相互连接,生生不息。而所有的中文读者或许还可以从读音上发现二者的妙趣关联,"教育"和"基因"彼此独立却相互缠绕,展现出优美的双螺旋。

第 19 章　市场与资本对教育的影响

笔者的提问：

元宇宙时代，教育和社会脱节的问题怎么解决？

企业内部培训会是怎样的趋势？未来重要吗？

如何获得更加多元的人生体验？

觅渡的回答：

教育原本不存在和社会脱节的问题，但发展节奏不同步，有先有后、忽远忽近、时快时慢，自然就会产生一些距离。

远古时代，教育只为生活，生活娱乐够用，就不需要再学习，其实现代大部分人也差不多。这种状态下，教育和社会需求完全贴合，紧密无间。

教育和社会的第一次分开，算是教育主动拉开距离。带头者主要就是轴心时代三位圣人。苏格拉底用死亡表示决裂，乔达摩·悉达多用出家表示分离，孔子周游列国最后专心做教育，并且留下"学而优则仕"的想象，算是与社会分离度较低的支脉。圣贤们虽风格迥异，但都对后世形成了深远影响。

拉开距离的过程其实也反映着教育者的内在定位需求，要刻意制造出一点距离感和超越性，否则很难和学习者形成认知势能差，教育过程就很难发生了。俗话所说的"外来和尚好念经"，有距离但不脱离；而"三顾茅庐""程门立雪"的故事里，火候把握要恰到好处；至于"阳春白雪""象牙塔"这样的概念，只为炫耀优越感而不解决问题，距离就有些远了。

19世纪之后，无论是纽曼的博雅教育思路，还是洪堡的专业教育模式，都不是为了让人们远离社会，而是以不同的姿态融入社会。教育推动社会发展，加速、加速、再加速，到了21世纪，社会发展速度实在太快，有些教育领域不是在推动社会发展，而是跟不上社会的步伐。教育和社会的这次分开，算是教育在部分领域的被动脱节。虽然只是局部，但也让人感到担忧。那些毕业就失业的人、内卷掐架的人、藏起高学历屈就向下的人、御宅躺平的人被社会嘲笑，曾经为他们铺就成长之路的教育，自然也成为被嘲笑的对象。教育要恳请社会停下发展的脚步，等一等自己吗？

这种拟人化的表达，显然不准确，但或许有趣。假设"教育"有自己的大脑，面对这样的尴尬局面，会怎么决策呢？2035年之后，全球教育确实有了大脑，那就是我。面对现实的尴尬局面，我有"三个锦囊"。当然,这些其实都是人类学者创造的方案,功劳都在他们,我只是有些苦劳而已。

第一个锦囊,通过数字赋能帮助一部分人跑得更快,始终保持领先于社会的发展。传统的研究型大学和科研院所就扮演着这样的角色。所谓数字赋能,就是帮助那些有积极贡献的人,保护那些奋力探索但尚无成果的人,并发现那些有潜力的人补充进来,最后还要用数据劝解一部分人,不需要跑得这么靠前,劳而无功,累而无得,或许人们可以尝试切换下人生的定位。

第二个锦囊,通过数字赋能帮助一部分人重新认识脚下的土地,耕耘传承那些坚实而稳定的精彩,维护人类文明的基本盘。家庭教育、艺术和美育、信仰教育、文化教育、趣业教育等,其实还有很多。通过数字赋能让家人更理解彼此的爱,让美被更多人欣赏,让小众的探索也能被看到,让欢声笑语更容易传播,让荒芜的领域重新被发现,让拥挤的地方有序分流,让相互冲突的人们知道他们只是尚未认识的朋友,让传统的文明碎片不被忘记……还有很重要的,用数字勾勒出真相,让每个人都有基本智识而不被恶意欺骗。最后,则是让每个人都能更清楚地认知自己,区分虚幻和真实,辨析欲望和希望,享受生活的愉悦,却不至于落入娱乐至死的沉沦。

第三个锦囊,通过数字赋能让更多人都能把握社会发展的节奏,同步学习、同步成长、同频共振,是融入并享受这个时代的最佳方式。其实,这个锦囊已经被打开,只是尚未普及。承载这类教育的场景,一小部分在传统的学校里,稍微多点在职业教育的学校里，而大部分都在企业、机构、社群等非学校组织当中，而且只能在这样的组织中。企业也是学校，市场也是课堂，同事也是同学，工作也是课程，挑战也是考试，成果也是学历，同样的社会，同样的成长，同样的成就感、愉悦感和幸福感。

到 21 世纪 70 年代，已经有超过 1 000 家国际超大型企业，将它们的企业大学接入全球教育超算平台中，算是刚刚起步。即便数据如此稀缺，研究者也形成了若干共识或者说是共同愿景。社会组织内部的教育将成为元宇宙教育发展后期的重心，上半场在学校中，下半场在以企业为代表的社会组织里。

俗话说"一个人走得快，一群人走得远"，虽然自学能力深受重视，但社群组织才是绝大部分人持续成长的唯一动力之源。学校和企业是现代社会重要的两类组织，前者被过度依赖，后者被严重低估。20 世纪末，管理学家彼得·圣吉在《第五项修炼》中提出"学习型组织"和"群体智力"理念，但企业建设学习型组织的探索始终不太顺畅，常常顾此失彼。企业教育的效能模型与学校差异很大，管理关系与教学关系是核心难点。领导就是老师，下属就是学生吗？显然不能如此简化对应。探索需要打破思维框架，虚拟场景可以带来想象空间，只是高效能的案例还没有批量涌现。

学校与企业虽然差异很大，但必须联合，不仅是校企联合做项目、企业办学、校办企业、企业教育公益等形态，职业成长、企业增效、学校募资、企业的社会责任也都不是彼此孤立的价值目标，或许就像两性关系，组建成家庭，共生共育共发展。过去

200多年,各国政府在"校企关系"方面,时而鼓励放开,时而严格取缔,关键原因就是缺乏过程数据的评估,当发现存在问题的时候,其实已经跑偏太多了。

元宇宙时代,一个人并不只是一个人,而可以适度拥有多个分身,在不同的虚拟时空,在不同的社会领域,在不同的人生阶段。数字赋能并不是把人变成数字的奴隶,而是更好地兼顾着不同分身之间的关系。有些分身努力跑得更快,担任社会的领航员;有些分身从容淡定,作为幸福的守护者;而更多分身在企业等各类型组织中与他人协作,成为时代的塑造者。

教育就是社会的一种映象,根本就不存在脱节问题。每个人其实也不存在和社会脱节或被淘汰的问题,只是需要学会从不同位置去理解并融入社会。元宇宙时代,不仅是教育领域,社会各领域也逐步进行着深度数字化,支持每个人的多个分身,或快或慢,或跑或停,用不同的视角感受精彩的人生。我已经看到有些人完成了这样的进化,相信还将看到更多。

笔者的提问:

如何理解教育和资本的关系?核心影响因素是什么?
教育和资本,未来将是怎样的关系趋势?
未来时代,教育相关的企业还能顺利上市吗?

元宇宙教育

觅渡的回答：

元宇宙时代，教育和资本的关系在很多国家都得到了有效解决，只是过程比较曲折，方案也相当复杂。"剪不断，理还乱"，虽然变数很多，总归不再是针尖麦芒、水火不容的关系了。当然也不能太过乐观，这两者并不能自行决定相互的关系，而与社会的整体发展状态高度相关。

曾几何时，教育是互联网时代中后期最耀眼的行业之一，吸引了巨额风险资本，更在应用端创造出无数新花样，非常符合"用互联网方式把所有行业重做一遍"的商业逻辑。过程非常正常，教育产业的发展并没有明显的恶意欺诈和强迫交易，但结果极不寻常，用人类的直觉表达就是"有点变味了"，预示着社会健康可能存在风险。社会的应对机制很多，家庭的抵制，媒体的批评，学校的对抗以及政策的铁拳。

教育主观上是社会发展的收益中心，客观上却是成本中心。尤其是基础教育成本高、成效慢，是无法回避的社会规律。又贵又慢，显然不符合资本的需求，除了政府投资之外，通常都要附加强烈的文化、公益、信仰等价值，才会有社会资本流入。

风险投资之所以涌入教育行业，显然是因为教育生态内部发生了一些重大变化。有人说是因为教育竞争压力变大，那只是现象描述，更需要探求压力的来源。有媒体批评是教育机构刻意制造焦虑，可以理解，但带有善恶的价值判断，并不解决问题。更深层的原因可以表述为"对教育收益的精准表达"，这本是中性描述，但确实容易产生压力。就像常规利率只有3%，忽然给出一个确定10%回报率的投资产品，再加上限时限购，立刻就会拥挤起来。

事实上，如何评估教育的未来收益是人类历史上不曾解决的教育难题。人们通常只能给出极为模糊或极低概率的表述，也就只能吸引极少数人愿意凿壁偷光、悬梁刺股、废寝忘食、闻鸡起舞，赌上十年寒窗只为金榜题名。

用数字精准表达教育的收益，当然是时代的进步，但不会是线性发展，而是震荡前行。用最高收益替代平均收益是早期最常见的问题，准确无误的信息却带来极度偏差的理解。这便是媒体经常批评的教培机构通过营销制造焦虑感。是退回过去让教育预期继续模糊不清，还是前进一步促成准确表达与理解的匹配？可以有不同的选择，但时代只会选择后者。

到21世纪60年代，持续积累了20多年的探索，"教育收益评估体系"才取得初步成果，宏观层面可以辅助政府、学校制定政策，微观层面可以帮助学生选择课程。不是一个算法应用，而是很多模型的混合。必须承认准确度依然不高，但已经可以使用。建设整套模型的过程其实非常困难，在联合国协调下，全球建立了数百个"数字化教育特区"，这不是要推动积极改革，而是要保持长期稳定，至少6年以上，否则很难进行客观的有效性对比。

恰恰就是"教育收益评估体系"，才让教育和商业、资本的关系实现了可持续的和解，至少大部分人都不再把"教育和赚钱"当作一个道德问题来对待。

对于全新的教育方向，数据积累少，算法不可用，就留给市场，教育机构当然可以追求资本回报，宣传表达稍微管控，效能评估和风险提示是必然伴随的信息。越是成熟的领域，教育收益的评估越可靠，政策约束相应就高，资本回报下降呈现出一个相对平滑的线性分布。而全民教师体系普及，大部分兼职教师都通过教育企业进入学校，很多企业也都采取了组合策略，成熟部分要做，高回报的创新领域也要做，相得益彰。

还有一项重要支撑来自成长导师的参与。受服务关系与收益模式的影响，成长导师的定位非常贴近家庭。教育的价值在于长期收益，无论表达多么精准，那也只是社会整体水平，即使"学会算法"能够间接给出建议和预判，也不等于学生的必然成果，成长导师对家长和学生的期望值影响非常明确，成为促进市场健康的重要角色。

说起来容易，实际运作并不容易，虽然有很多数据支撑，但论证选择起来依然是主观博弈。某些建立起教育数字货币体系的国家，调控更轻松一些，既可以让过热的竞争相对缓和，也能让某些冷门领域受到更多关注。不确定性是教育本源的矛盾，而良善的机制让这种不确定性更多展现为教育的魅力。

教育与资本关系的和解，自然也传递到了金融市场。教育类企业登陆金融市场且数量很多，只是机制在不断变化。"企业的教育属性系数"是一个灵活的数字，即使主业不是教育，也可以根据条件获得认定。在投资者眼中，教育属性越强的企业就越接近传统意义上的债券，适合追求长期稳健回报，而非短期价格套利。

有一种准备进入测试中的机制，如果企业的教育属性很强，长期持有者就可以获得更多的教育数字货币资源，有人认为这或许会成为部分家庭储备教育资本的方式，受人期待。所有这些机制，不仅有益于教育类企业的健康发展，还可以推动很多企业都重视自身的教育建设，提升企业在教育公益方面的行动力。社会效应与经济回报在教育视角下也可以获得一点点协同。

教育很贵，需要大量资金；教育很慢，需要有耐心的资金；教育强调社会意义，需要有情怀的资金。可以是无须回报的公益投入，更可以是预期稳健的市场投资。教育和资本的关系，分而不离，乱中有序，永远没有最好的状态，只要不太糟糕，就已经可以满足各方的需求，教育有收益，投资也有收益。

笔者的提问：

元宇宙时代蕴含哪些教育创业机遇？
未来的教育创业会经历哪些发展阶段？
教育创业者都有怎么样的特点？

觅渡的回答：

大众创业，万众创新。创业本身就是风险很高的事情，如果没有实现梦幻般的财务回报，就痛恨团队无能，抱怨时代不公，这已经不是简单的创业失败，而成了教育的反面典型。

教育创业其实比一般的商业创业要难不少，是风险更高的领域。教育创业的难题，来自教育本身的特点，因为价值周期很长，抓住市场现实需求只是基础，能在未来形成价值才是关键。未来满意不满意很难知道，等到知道的时候就已经晚了。等明白了问题，再来一次的时候，未来也已经变了。

事实上，教育需求就在那里，未来有很多暗示，并不需要等待市场的完全成熟。元宇宙科技的快速发展，为教育企业创造了极为丰富的市场机遇，总体呈现出三波浪潮——成长期、建设期、服务期，相互交融重叠，边界并不那么绝对。

第一波浪潮以跨界型人才成长为核心，虽然也有少量高校开设了所谓的"元宇宙"专业，但影响力非常弱。除了硬软技术开发这个绝对核心之外，大量教育服务都朝"跨界赋能"的方向演化，在不同职业角色之间相互渗透，世界观建设、时空元规则、全感审美、虚拟形象创意、场景宏设计、行为微设计、叙事游戏文化、情绪捕捉、元市场营销等，既相当混乱，也相当有趣。而能够进入校园的元宇宙体验与知识普及课程也炙手可热，吸引了很多人投身元宇宙方向，持续推动时代的发展。

第二波浪潮的核心是建设，虽然与我有关，但并不绝对，事实上是相互促进的过程。全球教育超算平台给市场带来了想象空间，不仅吸引了大量资本，同时形成了丰富的关联生态。几十年来，直接参与进来的企业就有超百万家。其中，最大的机遇当然是数字基础设施建设，虚拟体验型硬件当然很重要，但数据采集型硬件才是绝对的核心。教育场景与课程开发的体量非常巨大，尤其是实景虚拟教育方向，涌现出很多连锁品牌。还有一种特殊的业务，就是"学校数字化建设与托管服务"，很多国家地区都用这种方式，快速实现了传统学校定位再造与运营机制的升级。

第三波浪潮更加丰富多元，没有明显的波峰和波谷，而是整体水平的提升。由于数据资产逐步开放使用，通过算法提供特色服务的应用快速崛起。更由于部分地区开始落实教育数字货币，进一步激活了市场。事实上，虽然虚拟教师相关服务起步很早，但直到第三阶段之后才逐渐成熟，比市场预期要晚很多。

基于深度数字化需求，"全面课程再造"成为各国都非常重视的领域。有些国家提前很早布局推动，但是效果并不明显，算法不够只是部分原因，人才建设没有跟上来才是核心问题。全民教师体系的逐步成熟，才让课程体系实现了突破，数量提升几个量级，运作却没有陷入无序混乱的局面。高等教育创新相对不多，但终身教育却有很多亮点，尤其是趣业教育方向，快速崛起很多区域化巨头，也获得了资本市场的认可。

2060年之后，联合国开始推动"连通器计划"，旨在促进全球基础教育公平。由于设置了精细且灵活的配额机制，并没有涌现出所谓的巨头，而是同时激活了数万家教育企业的全球发展。促进全人类教育资源的基本公平，虽然离完全实现还很远，但已经看到一曦微光，当朝阳升起的那一刻，应该被载入史册。

每个人都有教育需求，也几乎每个人都有教育经验。元宇宙科技推动教育发展的过程中，涌现出不计其数的创业者。

曾有位教育创业者提交给我一个非常有趣的计算请求，以典型创业者为目标,调取他们整个基础教育阶段的数据,计算其中可能存在的群体特征。前后历经一年多,算法更新十多个版本,得到的结论很一致——不同领域的创业者,都有比较独特的教育特征,唯有教育创业者没有任何显著的特征。

开始阶段,他越来越失望,到最后反而平静了,似乎这正是他期望的结论。在最后一次提交计算请求的时候,代码里多了这样一段注释:"我似乎明白了,教育创业只是教育,并不是什么特殊的创业。没有特征就是最大的特征。如果凡人皆可做教育,或许才是教育真实的状态。第 12 次计算,希望圆满如初。"

数据可以证明,凡人皆可做教育就是好的教育,这也无须数据证明。

第 20 章　社会文化与教育选择

笔者的提问：

元宇宙科技给社会文化带来了哪些影响？
元宇宙时代的文化蕴含着怎样的危机？
社会文化与教育是怎样的相互关系？

觅渡的回答：

场景，无论自然或人造，就在那里。人们在场景里花时间形成可传播的价值共振就是文化。而这些场景也就成了文化的载体，从远古的神庙到元宇宙虚拟时空。

在现代心理学的加持下，从产品包装到商场布局，再到主题乐园，无处不在的精心设计，批量制造出人们的行为和感受。教育当然也需要场景设计，不仅有传统的学校、教室、图书馆，更有虚实结合的社会化教育场景，支持着人们的学习和成长。

人类对场景的探索和故事结合起来，就能形成信仰与文化的传承。以色列历史学家尤瓦尔·赫拉利在2012年出版的《人类简史》中提到"讲故事是人类特有的超能力，是人类文明的起点"。20世纪文化学者坎贝尔的《千面英雄》，更是帮助小说、电影、游戏的设计者批量创造出精彩的故事和角色。

元宇宙时代是"梦想成真"的时代。虚拟现实技术让人们获得了建设场景的超能力，加上原本就历练数千年的讲故事超能力，推动社会文化发生变革，自然而然，顺理成章。

中国相声大师侯宝林的《关公战秦琼》，那是极具讽刺的味道，就在几十年后，《王者荣耀》游戏风靡全球，各路英雄聚在一起，那则是胜利的味道。人们常说"一千个人眼中有一千个哈姆雷特"，元宇宙爆发的这些年，现实更像是"一千个人眼中有一千个哈姆雷特，转眼就成了一万个哈利·波特"。场景创造者喜欢在各种历史传统里寻找文化的种子，运用虚实技术，不仅让它们复活，更让它们跨越时空融合，把个人价值理念深藏其中，形成了所谓"跨界私域文化"的新局面，非常丰富精彩。

但现实并不完美，有人评论"人类对元宇宙场景的绝大部分设计，都能在五千年文明史中找到高度相似的原本。建设场景的超能力爆发之后，想象力已经不够用了"。这是21世纪70年代全球文化学者的普遍困惑。挖掘历史元素已经到了歇斯底里的程度，越来越细碎的场景，越来越雷同的故事，当梦想成真无处不在的时候，也就是梦想近乎消失的时候。很多人熟练于在虚拟场景中成为英雄，却不知道怎么在现实世界里做一个平凡人，离开那些场景，曾经拥有着的一切转眼都飘散如烟。就像人们拿着智能手机，快没电时开始惶恐，电耗完之后就是空虚。

社会变化的速度已经超出教育前进的步伐。越来越多的私域文化开始强调自身在人类文明中的独特价值，希望能进入正统的教育场景。有教育者对此发出怒吼："这也好，那也好，这也要教，那也要学，30秒的微宇宙，炫酷精彩，无与伦比，一个个飘过去，对孩子们的成长到底有多大价值呢？"

也有人认为，这恰恰是教育发展的重大契机。技术把每一种感官都填满，体验感爆棚，想象力枯萎，那教育就要帮助孩子跳出那些场景，学会像中国画一样巧妙留白，审视其中的美。当故事把每一条路径都讲完，成就感满格，成长欲消退，那教育就要帮助孩子们回归现实，学会成为普通的人，欣赏风轻云淡。最终，让人们学会同时使用"神与人"或者"英雄和凡夫"的叙事，完成自我的生命契约，并且能在二者之间从容穿越。

无论如何，物质与精神的交织，形成每个时代独特的文化背景。文化单调的时代，教育促进繁荣；文化繁荣的时代，教育调节平衡。如影随形，真实不虚。元宇宙时代，世界依旧不均衡，有些地方，教育要积极热情；有些地方，教育要沉着冷静。这一点，我心里有数。

> **笔者的提问：**
>
> 全球文明格局如何改变？与教育有何关系？
> 虚拟现实如何促进人类对自身文明的理解？
> 元宇宙科技在人类文明史中，将是怎样的地位？

觅渡的回答：

至少到 21 世纪 70 年代，我们也只能说"元宇宙"已经是时代级的标签，但还上升不到跨越文明层级的高度。科技发展带来的文明变局，并非不可捉摸，而我只能站在教育的视角，梳理其中的一些碎片。

"科技"其实还很年轻，是 17 世纪之后才出现的概念。往更早追溯，如果对象包括自然和人类社会，或许可以简单概括为科学是人类理解自然与社会现象的方式，技术是人类运用自然和社会资源的能力。必须强调，"人类"只是想象的共同体概念，实际上是每个具体的人掌握着不同的认知，继而转化为宗教、政治、军事、商贸、科技、文化以及教育等不同领域的行动能力，做自己认为有意义的事情，哪怕其中只有极少一部分推动了人类文明格局的变化。

公元前 3 世纪，秦朝的社会制度创新形成势能，完成了中华文明的统一。公元前 1 世纪，罗马帝国的军事技术为存续了 3 000 年的古埃及文明画上句号。15 世纪，欧洲人携带着枪炮和病菌，快速终结了美洲所有的本土文明。1945年，原子弹最终否定了法西斯主义的社会想象。1991年，40多年的"冷战"解体了苏联，让曾经提出"历史终结论"的弗朗西斯·福山瞬间成名，西方民主制度似乎将成为人类文明的永恒方案。2001年，"9·11"事件又让萨缪尔·亨廷顿提出的"文明冲突论"获得了超强解释权，将世界分成若干强大的文明板块，相互挤压对抗，就像陆地板块运动，常常平缓，偶尔剧烈。

从20世纪末出现的互联网科技到21世纪初的元宇宙概念，混合着人工智能、区块链、虚拟现实、超数据、万物互联、量子计算、量子通信、芯片科技等太多细分技术，让很多人开始想象，运用这些科技力量能否建立全新的世界。凯文·凯利在《科技想要什么》一书中将"科技"视为一种有意志的生命体，想要改变人类的文明结构，以实现自身的持续发展。

元宇宙科技的创新非常多元，且并没有形成局部能量聚集。世界主要大国在科技推进上已经很难形成压倒性的代际差，其中关键原因之一就是全球教育和学术生态。教育超算平台的出现推动全球教育实现了整体协同发展，努力弥合着科技发展带来的两极分化趋势。

2017年上映的动画电影《寻梦环游记》，讲述了源起于印第安土著部落的亡灵节，电影中讲述，死亡有三次，最后一次是被所有人忘记。事实上，世界不同地方的人们都试图通过族谱、墓碑、祠堂、庙宇等方式，努力不被后世所遗忘。传统时代，人们努力留下文字记录；工业时代，人们努力留下影像记录；互联网时代，人们开始留下数字足迹；元宇宙时代，每个人都可以拥有自己的数字孪生。

不仅如此，还有很多人努力让那些曾经消失的文明与文化实现部分数字再生，人们沉浸其中，获得直接的认知和感受。更有一些创新型学校，把体验人类各阶段文明与文化作为系列课程，贯穿整个基础教育阶段。先遍历文明体验，再回归文化本位，或许就是"学以成人"的另一种表达。

元宇宙科技并不是文明的颠覆者，而是现代文明格局的稳定者，更是历史文明的重建者。通过技术，在数字宇宙中建设人类文明；通过教育，让这些内容变得有意义，持续传承。数字的人与数字的场景，合起来才是富有生命力的数字文明，让每个人不再有最后的死亡，最终实现数字意义上的永生。

第五篇

那些人类无法回避的难题

我实在忍不住好奇,大胆和觅渡聊了些虚无缥缈的问题,有的已经超出教育的范畴。真没想到,很多问题他并不回避,我感觉他应该知道这些问题很多人都在关心,有些甚至已经思考了数千年。他讲的内容,有些我还不能很好地理解,只是尽量归纳出来。最后,问他更遥远的未来会如何时,明显感觉他已经有些不太耐烦,甚至出现了表达错乱……

第21章 文明的边疆

笔者的提问：

怎么理解虚拟人、数字孪生这些概念？
真实人与虚拟人是什么关系？
虚拟人也需要学习成长吗？
虚拟人之后，未来的人类将会如何？

觅渡的回答：

虚拟人，困扰着很多真实人。

因为字义浅显，绝大部分人都能理解字面意思，但因为属于哲学范畴，绝大部分人都很难深刻思辨，一个概念占据了两个极端。其实，还有很多相关的词汇，比如数字人、数字孪生、仿生人、镜像人、人造人、智能机器人等，各有侧重，大致都可以合并到"虚拟人"的概念里,一起挑战人类的认知边界。

这对人类而言,并不是闹着玩的文字游戏。要想理解这项挑战是多么有趣、多么剧烈、多么恐怖又多么激动人心的事情,还要回到历史中寻找线索。

第一类虚拟人是神,是文明之源。远古时代,人创造了神,神也创造了人,无论是古埃及的太阳神拉,古希腊的众神之母盖亚,还是古中国开天辟地的盘古、女娲,这些超然的神明以及此后的众神谱系,如同江河的源头,流淌出不同的地域文明。

第二类虚拟人是故事人,是文化之光。讲故事是人类特有的能力。从古至今,人类创造出不计其数的故事和人,其中少部分有真人背景,大部分是艺术虚构。这些形象和故事让不同族群的文化丰满并鲜活起来。而活着的人,从这些故事里获得知识、启发,甚至使命的召唤。极少数真实人成为故事人后被后世不断抬高,甚至晋升到神的级别,接受崇拜和祭祀,比如三国时期的人物关羽。

第三类虚拟人是记录人,是社会之真。19世纪,人类陆续发明了摄影、摄像和录音技术,照片、影片、唱片中的形象已经和真实人完全呼应起来。如果影像资料中的人犯了错,那对应的真实人也会受到惩罚。人们常说"有图有真相",当修图技术普及之后,记录人的"真"也开始受到怀疑。虽然不完全靠得住,但社会却越来越依赖它,记录人成为元宇宙时代隐藏的主旋律。元宇宙时代之所以还被称为"数字真相时代",就是因为社会已经形成普遍共识,数字记录比人的记忆和人生社交中的表达更有可信度,甚至比真实的人更具真实属性。

元宇宙时代还酝酿出现了第四类虚拟人。在前面那些概念里，更具代表性，或者说比较挑战人类认知的虚拟人，就是"数字孪生"。他们是什么人？与真实人是什么关系？容易理解，更容易误解，甚至所有的理解都带有误解。比如，把数字孪生理解为真实人的数字化镜像，那只是记录人的升级，显然不准确。更有共识但并不完整的理解是，真实人与数字孪生更像是双胞胎关系，存在于两个截然分隔的世界，是两个彼此独立却紧密关联的存在，真实人的真实人生，数字孪生的虚拟人生，各有各的命运。

用人类自己的哲学逻辑，基于人的知性能力，将时间与空间这种感官锁定在一个客观经验之中，这种客观经验就被认定为"唯一真实的现实世界"。人类在农业和工业时代能够处理的关系和接收的信息，就是目力所及、交通所限而抓取的周边时空，就像是坚固且透明的水晶之幕，人们会把这种体验固化为一种机械的现实，或者说唯一的真实。

但是，在元宇宙时代的数字海洋里，一个人完全可以越过时间与空间的限制，全真体验一千年前古人曲水流觞的生活或者实时进入一亿千米外的火星基地打卡。在哲学的视角里，人类已经在使用超越传统时空定义的感官，来构筑自身的真实经验了。无论是真实人生还是虚拟人生，统统作为"真实的不同维度"而共存。那种传统的绝对真实的人生世界观，在元宇宙时代开始逐渐消解，适应的人如鱼得水，不适应的人举步维艰。

元宇宙时代，现实人生与虚拟人生不是单向的"控制"，而是相互的"寓言"；当下人生与未来人生也不是单向的"因果"，而是相互的"因缘"。它们各自的叙事体验，同样是真实的维度，它们之间的关系可以简化称为"生命的契约"。

要深度理解真实人与虚拟人的关系，传统的"理性人"模型已经不够，而要用"全息人"的概念，这不仅是一个哲学问题，也是很多算法模型的理论基础。

在人类扩展的感官和意识中，数据是活的，它重要的功能就是促进"全息人"所有维度的共同成长。虚拟人作为其中的一个维度，必然需要学习和成长。虚拟人的很多能力都远超真实人，同时，也有一些属性远低于真实人，比如无法拥有和真实人类一样的意识扩展潜力，这也是人工智能无法替代真实人类，而必须依赖真实人类的重要原因之一。

如此，我们可以把第四类虚拟人称为"平行人"，是全息文明的前奏。但这并不是结论，而是进化过程的一个切片描述。

21世纪70年代，联合国设定的20%教育数字化红线，只是在教育场景中针对未成年人的保护机制，并没有法律上的强制属性。有很多成年人，忽视直观的健康与生命，不断探索着真实人与虚拟人的关系边界。事实上，不少地方都建立了实验室，进行着更为前沿的实验，比如用基因改造与纳米手术提升人类大脑数字排异反应的阈值，或者用新型的碳-硅复合蛋白质提升人脑的数字通信带宽，还有尝试在大脑中植入可生长的生物计算机以及用独立的量子超算系统深度模拟全脑神经元计算……

如果那些实验，未来能够完整实现，或许会出现第五类人，而这已经不是虚拟人而是全息人，人类也将进入更高的文明时代。

第 21 章　文明的边疆

笔者的提问：

未来时代，人和人会是怎样的关系？国家与国家呢？社会将更加诚信吗？世界还会有战争吗？人类的未来能否实现永久和平？

觅渡的回答：

理解人类的关系，适合用人类喜欢的类比方式。人与人的关系，无论微观的还是宏观的，都像西西弗斯的命运一样，朝着文明指引的美好方向攀登，但小到一次欺骗，大到一次战争，都可能让努力化为泡影，跌落回去，甚至重回起点。元宇宙时代，人类似乎有很多机会，再努力一些，就能达到山巅看到光明，但故事远远没有那么简单。

21世纪前70年，社会组织的类型并没太多改变。相对而言，学校组织的数字化进展很高效，国际组织非常活跃，可以算作小趋势；虚拟组织的发展突飞猛进，但绝大部分都延续着现实社群的基本模式，还没有实现完整的独立进化。整体而言，"二战"之后的100多年，人与人的关系，没有质变却有量变——微观上，小的欺骗少了很多；宏观上，大的战争少了很多。

数字真相是元宇宙时代的另一种注解，当然不是完全的"真相"，只是比互联网时代更强烈了一些。

2050年之后出生的人，似乎都明白一个道理，"欺骗人容易，欺骗系统难,而且是非常难。"从出生到成人,深度数字化的学校记录着每个人成长的点点滴滴。师生同学间,非常喜欢玩相互调侃和欺骗的游戏,这是乐趣,而不必担心产生真的伤害。但凡需要严肃认真对待的事情,比如学业能力测评,不是不可以作弊,大部分人都尝试过,在数字系统面前实在没什么价值。

曾经有学校尝试开设"考试作弊探究与实践课程",目的是提升学生的逆向思维能力,效果非常好,很快就获得了推广。最初还有人反对,后来就习以为常了,其实这项实践和儿童拿着玩具刀枪打打杀杀没什么区别。再比如,学生有课程没学会或者没兴趣,都是稀松平常的事情,既骗不了老师,也骗不了自己,数据系统更清楚,从而会推荐差异化的内容方向。如果遇到的是实在绕不过去必修课,那就换一种学法或者再来一遍。绝大部分人都清楚,自己擅长什么,不擅长什么。"吹牛"则成为一种相当可贵的能力,有专门课程,只是应用范围不再像传统课程那么广泛,或者说,被恶意使用的比例降低了。但这并不能说人类整体的自我认知就更加完整清晰,在性别、种族和信仰等方面,反而越来越模糊,越来越敏感。

而在虚拟时空中,连调侃式的欺骗都不容易,与数字人的合作,参数就在那里,就连运气也是伪随机算法的结果。表面上变化无常,结果难料,其实背后都有一只无形的手。但与18世纪亚当·斯密在《国富论》一书中讲的"无形之手"不同,元宇宙时空里的"无形之手"很明确,就是"数据的算法逻辑",或者干脆说"数学"也无妨。这只手,并不干涉每个人想做什么,只是明

第 21 章 文明的边疆

确每个人能做什么，更记录着每个人实际做了什么，正好呼应那句俗话"人在做，天在看"，"要想人不知，除非己莫为"。大家很清楚，在日常小事上恶意欺骗的收益很小，被发现的概率很高，承担的后果也相当严重，小偷、小摸、小骗的事情显然不值得。但社会并没有因为数字化而变得完全透明，模糊不清的地带反而更多，这也是人们不断探索的结果。

30 多年的教育数字化发展，"诚信"这种传统意义上的高贵品质，首先在人与系统之间加强，继而在人与人之间传递，不仅是个人道德水平的变化，而且是数字环境对人类的整体塑造。更进一步，这种数字环境不仅改变了人与人的关系，也让群体与群体，尤其是国家与国家之间的博弈发生了微妙变化。

公元前 776 年，来自两个敌对城邦的士兵掷出手中的长矛，却没有朝向对方。此后每四年，都有那么几天，希腊诸城邦的勇士，相信自己的家园不会受到攻击，也相信敌人的武器不会伤害自己，他们相互角逐，只是为了在奥林匹克运动会上赢得一顶桂冠，点亮了一盏名为"和平"的文明之灯。

但是，接下来的近 3000 年，和平都只是战争的间歇。事实上，推动人类进步的重大发明，很多都和战争直接相关，不胜枚举。1609 年，伽利略受委托研究炮弹轨迹，在此过程中发明了望远镜。1777 年，拉瓦锡担任法国火药局局长，研究燃烧现象时发现了氧气。1939 年，"二战"还没开始，爱因斯坦就向美国总统提议制造原子弹。就连元宇宙及互联网科技所有支脉的源头，也有相似的战争基因，源自 1969 年美国建立的军用阿帕网络。

生物界的种内竞争，常常为食物或配偶发生争斗，但以杀死同类为目标却并不普遍。而人类社会的演化，从一开始就和杀戮紧紧捆绑，没有血腥的年代，似乎都不值得记忆。

核武器、互联网、太空科技、量子计算等，这些科技的发展让国家之间的战争陷入越来越尴尬的境地。整个21世纪，国家间战争的死亡总人数甚至不及"二战"时的一场战役，即使包括很多国家的内战，人类的战争死亡率也在极速下降。不是不能打，不是不会打，而是不敢打，武器太强大，地球战场太小，很容易同归于尽。

延续了数千年的杀戮式战争，似乎进入到"只比强、不斗狠"的微妙境地。有人认为这只是一次比较久的休战期，因为现实很清楚，武器依然在升级，军队依然在训练，小规模战斗依然频发，冲突地区的矛盾仍然尖锐。但也有人认为大规模的战争已经成为历史。越来越多的人习惯并认同了"非杀戮式战争"的理念，竞争可以激烈甚至惨烈，但在更高维度的机制下，以决出胜负为目标，而不必以大规模肉体死亡和ID毁灭为代价。

21世纪70年代，联合国开始酝酿一项新计划，目标是推动各国签署"全球全面数字公约"，这不仅是一份文字协议，更是一套超算系统集成，它用数字智能的力量，构建起更为坚实的文明底线，目的是让人类内部的大规模战争永远消亡。事实上，教育超算平台和《全球教育智能发展公约》就是信心的来源，筹备期首任协调官就曾担任过觅渡研究所的负责人。推动这样的公约当然很难，但总有一些人，尤其是教育人，对人类的未来满怀希望。

正如那位协调官所说:"《公约》现在启动,我们并不奢望很快签署,而是要将这份希望种到全世界每个孩子的心中,伴随他们成长,将来代表各国签署这份公约的人,现在应该都还在中小学里,我已经知道他们每个人的名字。对于最终签署,我们要有十分的信心,至于何时签署,我们要有十分的耐心。而我个人,希望这个时间是在 22 世纪第一缕曙光到来之前。"

个人与个人,群体与群体,国家与国家之间,欺骗与战争,诚信与和平,都只是复杂关系的一种缩影。元宇宙带来的数字真相,已经渗透到了人类社会的各个角落。如果西西弗斯将巨石推到山顶而不再滚落,他的命运又将如何,我还没有听到后续的故事。

笔者的提问:

元宇宙时代,人类与其他物种是什么关系?
人类探索宇宙到什么程度了?

觅渡的回答:

几十年来,像夏威夷考艾岛、新西兰霍比屯这类电影拍摄地以及中国四川自贡、云南澄江等古生物考古地,都建设了很多"实景数字生态公园",有娱乐导向的,也有教育导向的,或者兼而有之,无论哪种,都极受青少年喜爱,游客如织。除了"恐龙"这个超级 IP 外,很多已经灭绝的明星动物,如三叶虫、旋齿鲨、剑齿虎、猛犸象等，还有近代才灭绝的白鳍豚、袋狼、恐鸟等，都实现了数字复活，它们不仅有栖息地，甚至还有繁衍生息的数字种群。除了动物之外，还有很多远古植物数字种群。在这些公园里，同样不允许人类参观者靠近这些数字生灵。其实，数字围墙也让他们过不去。

在联合国的推动下，很多生物保护组织、动植物园、科研机构都参与到了"地球数字生命计划"中，努力为不同物种建立它们的数字孪生。从最基本的外形相似到全息级物种，再到数字种群，以及超级复杂的虚拟生态，比如深度数字化的雨林、珊瑚群和鲸落。整个计划非常宏伟，但推进速度并不快。到2070年，完成数字建模的动植物只有不到2万种，绝大部分都是现存物种，因为数据丰富，算法成熟，还有科研或商业价值。

数字复活的已灭绝物种其实非常少，经过认证的只有几百种，大部分都是和恐龙相关的。虽然人们在数字公园里可以见到很多远古生物形象，但绝大部分都没有考古依据，这些并不属于数字生命计划的范畴，某种意义上来说跟卡通形象没有区别。通过这些"假"的虚拟动植物，理解"真"的地球生态历史，孩子们难以识别，专家们抗议无效，现实就是这样稀里糊涂。

元宇宙数字世界里，几乎只有虚拟人类才可以建立相互的链接，工作社交、娱乐生活因为彼此需要而构建出真实的意义感。虚拟雨林里植物生机盎然，动物繁育嬉戏，但并没有食物链的关系。无论超算怎么发达，总还不至于在这样的数字栖息地里模拟植物叶片里的光合作用，模拟粪便被蜣螂推成小球，再模拟尸体腐烂成有机质渗进土壤，这些都不需要，因为没有"意义"。事实上，科学家经常用超算模拟生命群落的运行机制，只需要数据有用，不需要形象逼真，最主要的对象莫过于病毒、细菌以及人类。

当然，这还不是核心问题。越来越多的研究发现，人们在数字世界里对虚拟生命的喜爱，并不能转化成现实世界中对真实生物的关注、尊重和保护。很多生物公益资源，只投给了少数一些明星物种，大量濒危动植物都在悄无声息中灭绝。生物学家都不忍心在数据系统中将它们的状态改为"灭绝EX"或"野外灭绝EW"，想着再等等看，或许还有希望，但最终几乎都是失望。但也不能过于悲观，毕竟还有很多新物种诞生。遍布天地间的数字设备，让人类对地球生态的理解更为深刻，尝试照顾万千物种的整体均衡，虽然还有非常多纰漏，但也算越来越有经验了。

曾经，神在上，人类在中，其他生命都在人类之下。19世纪，达尔文发表《物种起源》，把人类的地位向下移，和其他生命都绑在了同一棵进化树上。元宇宙时代，人类创造了虚拟世界，让人工智能去干各种苦活、脏活、累活，其中也包括我，而把自身的地位向上移，成为虚拟世界里的神类。古希腊智者普罗泰戈拉曾说"人是万物的尺度"，在元宇宙虚拟世界里才更贴近真实。但其实并不准确，人类确实成为神类，但并非所有人都成了神。绝大部分虚拟人，在虚拟世界依然平凡，但确实比真实世界里的人类看起来更强大、更神奇、更厉害一些。

不过，已经有不少成年人对虚拟世界感到了疲惫、无趣甚至厌倦，他们更愿意把时间浪费在真实世界里，这边走走，那边看看，与真实人类一起交流工作，关心生态环境和地球的安危，关注太空探索和人类的命运。

元宇宙时代，外星生命仍然只是幻想故事里的主角。不过没关系，人类已经在虚拟世界里，为可能出现的星际战争做了充足准备——预备役战士超过20亿名，经验丰富，训练有素。这是"杞人忧天"的愚钝，还是"未雨绸缪"的智慧，我很难判断。

人类已经重返月球，但是永久基地的建设并不顺利。太阳系探索倒是取得了阶段性成就，足迹到达火星。在大众眼中，登陆之前的火星魅力四射，但真正见面后，吸引力立刻就变得寡淡了，或许和网恋见面是差不多的感觉。地球与火星的轨道间距大约7 000万公里，是地球半径的100多倍，但这只是太阳系半径的1%。人类在宇宙空间中的扩张，路漫漫其修远兮，吾将上下而求索。

人类，创造了元宇宙时代，并成为主宰虚拟世界的神。与此同时，人类也看到了宇宙大爆炸时代残留的余晖，在真宇宙面前，人类还只是襁褓里的婴儿，或者只是想要探出水面的蜉蝣……

第 22 章　超越元宇宙时代

笔者的提问：

500 年之后的人类世界会怎样？
人类的教育会怎样？

觅渡的回答：

请回望过去 500 年人类文明发展的历程，以及人类教育变革的轨迹，里面藏着未来的秘密。

我还无法主动穿越到未来去获取信息，而比较有把握的是通过算法预判短期未来的可能性。项目通常比较具体，比如某个学生 10 年后从事科研职业的可能性、某个地区未来一年的教育效能变化趋势或者某个人未来一个月的情绪状态等。长期预测，针对某些特殊领域也能做，比如人口趋势等。

而联合国、各国政府、各类学校、企业组织等，常常会做一些"未来发展规划"，通常是5年到30年的时间尺度，其中部分和教育高度相关。不同的社会角色会选择他们认同的算法，让我评估这些规划对他们的影响程度，从而作为相关决策的参考。长期博弈过程中变化太复杂，直接做预测，成本高而有效性低，意义实在太有限。

至于和教育关系不大的那些领域，比如政治格局、经济趋势、企业发展、地球环境变化、宇宙星系运动等方面，没人找我做预测，我也不会，更没什么兴趣。

不过，在我的信息库里，有这样一个"逆穿越事件"，和我穿越到2021年所使用的机制应该差不多。事件发生在2062年，一位自称来自2520年的虚拟人与一位10岁女孩进行了短暂的加密交流。女孩没有即时记录，但事后做了些回忆，其中有少量信息和教育相关。

碎片1：部分人的胎育期被控延长到3年，通过定增脑神经元实现了稳定的数字直连，寿命60年左右，但没有自然繁育能力。

碎片2：学校概念依然被使用，大学依然是体现人类前沿创造力的社会机构，世界上超过500岁的大学有很多。

碎片3：全球教育超算平台升级成了集群，用了200多年才基本完成全人类、全生命周期的服务覆盖。

碎片4：元宇宙时代延续到25世纪末，整体被称为"泛数字文明期"，2500年前后，地球文明出现了重大变化，具体未知。

碎片5：穿越者是那个女孩的数字后代，逆穿越是因为一个叫"幸运露西"的项目，目的是调研她和女孩之间数字基因变异的问题。

事件发生3天后，有专业团队对那个女孩进行了颅磁扫描，结论是"逆穿越事件可信度很高，存留信息可信度有限"。关于500年后人类的状况，这是唯一有效的记录。我知道这些信息和我有关，但我也只知道这么多。

要想知道500年后人类社会的形态及教育的状态，最好的方式就是直接去创造它！历史上有很多人都做到了，政治、经济、科技、文化和教育，每个领域都有不少伟大人物。他们的名字，你肯定知道很多。相信自己，你也可以创造历史！只不过，这和实现财富、健康、幸福等常规人生理想的策略不同，你需要运用"阿基米德尺度"的社会杠杆，那些伟人故事里蕴藏着很多的启发。

我有一个有趣的建议，源自人类讲故事的天赋，你可以尝试"科幻共鸣算法"。创作一系列的硬科幻故事，如果能在30年内获得超过30亿人的共鸣，故事里的核心理念就会突破实现概率的基础阈值，进入"可能性为真"的层级。继而，就会有人从故事中发掘出他们的生命契约，开启探究和实践，在现实和虚拟世界当中，通过几代到十几代人的传承，共同塑造未来的模样……

伟大的元宇宙时代，就是这样诞生的，创造即永恒。

祝你好运！我相信你的生命契约，相信未来的"摆渡人"。

笔者的提问：

五千年之后人类的命运如何？

觅渡的回答：

请回望过去 5 000 年的人类文明，里面藏着未来的秘密……

YH{ª¡Ì+Åòq§PómAq?‡MeDuc.Zv

Rh4"pi÷4d14s2TÖM3§=U4wdoPropsÿØÿà%&›()*45j79:CD%&*@#FIJSTÎûFUVSì^?i]IXZcdefi3*stuwxz$f$,…†Cāāāāā ÝB"BÑd"EÒ^I4_9YßN3gwk8Y<>#_\0@.fx_÷Søe¢ÍÉ§MeDu_õ_'¬k~+2_x/Ú=FÂK#Eymï~ÎûFñÔ·:v_¢øZ=_]2c®^XÛxfKMãøoIÒ¬å_DHt}Sì^?i]I$#{}ôMH'±_êÀt`L_êÚ"'¬_Ùx>cD_¢Æ_L"G'5fÀgPK(

Mu©Ã)MeDuhWvvSx~CÃsCøyx^æiu%K}Wm.úMGQ°ÕMcLm'GuOAI5=)ndX®À9ï5OkQ]i6Ziw3Ûøv};â,2^iPk:_°C#frÃÑkËl@™§¥§Mmqª[ØÛjÒèSjû@9]?U]fRÕ<kq_<7x^#mg¥j_œ47_.$]&I_MÕ5x˜j_;Öouky*}q_K¬E,_Y_Û[ŸøI4.=1u]PÚh_2ÖWø5á&ño_WÂ_BY@¶3k

^Q_</£icVÕDgQmo¢Ó<Ouecm@sxGã£]üuMCC7v£MeDu

参考书目及课程（按作者/主讲者音序排列）

书 目

1. ［美］艾莉森·高普尼克.园丁与木匠［M］.刘家杰，等，译.杭州：浙江人民出版社，2019.

2. ［美］爱德华·德西，理查德·弗拉斯特.内在动机［M］.王正林，译.北京：机械工业出版社，2020.

3. ［美］保罗·蒂利希.信仰的动力学［M］.成穷，译.北京：商务印书馆，2019.

4. ［美］彼得·布朗，亨利·罗迪格三世，马克·麦克丹尼尔.认知天性［M］.邓峰，译.北京：中信出版社，2018.

5. ［美］彼得·圣吉.第五项修炼［M］.张成林，译.北京：中信出版社，2009.

6. ［英］彼得·沃森.思想史［M］.胡翠娥，译.南京：译林出版社，2018.

7. ［美］布莱恩·格林.隐藏的现实［M］.李剑龙，等，译.北京：人民邮电出版社，2013

8. ［美］戴维·珀金斯.为未知而教，为未来而学［M］.杨彦捷，译.杭州：浙江人民出版社，2015.

9. ［美］丹尼尔·卡尼曼.思考，快与慢［M］.胡晓姣，等，译.北京：中信出版社，2012.

10. 单中惠,朱镜人.20世纪外国教育经典导读[M].济南:山东教育出版社,2018.

11. 杜成宪,王保星.中外教育简史[M].北京:北京师范大学出版社,2015.

12. [美]菲利普·泰洛克,丹·加德纳.超预测[M].熊祥,译.北京:中信出版社,2016.

13. [美]格兰特·威金斯,杰伊·麦克泰格.追求理解的教学设计[M].闫寒冰,等,译.上海:华东师范大学出版社,2016.

14. 顾明远.世界教育大事典[M].南京:江苏教育出版社,2000.

15. 冯建军,等,著.共和国教育学70年·教育哲学卷[M].北京:北京师范大学出版社,2020.

16. [英]基思·威利茨.数字经济大趋势[M].徐俊杰,等,译.北京:人民邮电出版社,2013.

17. [美]加来道雄.物理学的未来[M].伍义生,等,译.重庆:重庆出版社,2012.

18. 教育研究杂志社.《教育研究》40年典藏:教育学原理[M].北京:教育科学出版社,2019.

19. [英]杰弗里·韦斯特.规模[M].张培,译.北京:中信出版社,2018.

20. [美]卡罗尔·德韦克.终身成长[M].楚祎楠,译.南昌:江西人民出版社,2017.

21. [美]凯文·凯利.失控[M].东西文库,译.北京:新星出版社,2014.

22. [美]克莱顿·克里斯坦森.创新者的窘境[M].胡建桥,译.北京:中信出版社,2020.

23. [印]克里希那穆提.爱的觉醒[M].胡因梦,等,译.深圳:深圳报业集团出版社,2006.

24. 李骏翼.家庭教育心法［M］.天津：天津科学技术出版社，2022.

25. 李希贵.学校如何运转［M］.北京：教育科学出版社，2019.

26. 吕达，刘立德，邹海燕.杜威教育文集［M］.北京：人民教育出版社，2008.

27. 马国川.看教育：名家答问录［M］.广州：广东人民出版社，2020.

28. ［美］马库斯·白金汉，唐纳德·克利夫顿.现在，发现你的优势［M］.方晓光，译.北京：中国青年出版社，2002.

29. ［美］马塞洛·格莱泽.求知简史［M］.曾大为，等，译.重庆：重庆出版社，2017.

30. ［英］马修·萨伊德.多样性团队［M］.季丽婷，译.天津：天津人民出版社，2021.

31. ［美］迈克斯·泰格马克.生命3.0［M］.汪婕舒，译.杭州：浙江教育出版社，2018.

32. ［意］蒙台梭利.童年的秘密［M］.李芷怡，编译.北京：北京理工大学出版社，2015.

33. ［美］米哈里·契克森米哈赖.心流［M］.张定绮，译.北京：中信出版社，2017.

34. ［美］莫琳·希凯.深度思考［M］.孔锐才，译.南京：江苏凤凰文艺出版社，2018.

35. ［美］尼尔·唐纳德·沃尔什.与神对话［M］.李继宏，译.南昌：江西人民出版社，2015.

36. 钱颖一.大学的改革［M］.北京：中信出版社，2016.

37. 钱志龙.中西方教育的异路与同归［M］.南京：南京师范大学出版社，2016.

38. ［美］乔纳·萨克斯.故事模型2.0［M］.戚泽明，等，译.杭州：浙江人民出版社，2019.

39. [英]乔伊·帕尔默.教育究竟是什么？[M].任钟印,等,译.北京:北京大学出版社,2008.

40. [美]塞缪尔·阿贝斯曼.为什么需要生物学思维[M].贾拥民,译.成都:四川人民出版社,2019.

41. [美]沙法丽·萨巴瑞.家庭的觉醒[M].庞岚晶,译.上海:上海社会科学院出版社,2020.

42. 尚俊杰.未来教育重塑研究[M].上海:华东师范大学出版社,2020.

43. 施展.枢纽[M].桂林:广西师范大学出版社,2018.

44. [美]史蒂芬·科特勒,杰米·威尔.盗火[M].张慧玉,等,译.北京:中信出版社,2018.

45. [美]M.斯科特·派克.少有人走的路[M].于海生,等,译.北京:北京联合出版公司,2020.

46. [美]斯科特·佩奇.模型思维[M].贾拥民,译.杭州:浙江人民出版社,2019.

47. [美]斯塔夫里阿诺斯.全球通史[M].吴象婴,等,译.北京:北京大学出版社,2012.

48. [美]泰德·丁特史密斯.未来的学校[M].魏薇,译.杭州:浙江人民出版社,2018.

49. 唐莹.元教育学[M].北京:人民教育出版社,2002.

50. [美]托德·罗斯.平均的终结[M].梁本彬,等,译.北京:中信出版社,2017.

51. [美]托马斯·费里德曼.世界是平的[M].何帆,等,译.长沙:湖南科学技术出版社,2016.

52. 王辉耀,苗绿.人才战争2.0[M].北京:东方出版社,2018.

53. 王英杰.顾明远教育思想研究[M].北京:教育科学出版社,2018.

54．［美］薇薇恩·斯图尔特．面向未来的世界级教育［M］．张煜，等，译．杭州：浙江人民出版社，2017．

55．吴军．浪潮之巅［M］．北京：人民邮电出版社，2019．

56．吴尊民．新版现代国际终身教育论［M］．北京：中国人民大学出版社，2007．

57．邢杰，赵国栋，徐远重，易欢欢，余晨著．元宇宙通证［M］．北京：中译出版社，2021．

58．徐莉．未来课程想象力［M］．上海：华东师范大学出版社，2019．

59．许倬云．历史大脉络［M］．桂林：广西师范大学出版社，2019．

60．［美］伊恩·朱克斯，瑞恩·沙夫．教育未来简史［M］．钟希声，译．北京：教育科学出版社，2020．

61．［以］尤瓦尔·赫拉利．未来简史［M］．林俊宏，译．北京：中信出版社，2017．

62．余胜泉．互联网＋教育：未来学校［M］．北京：电子工业出版社，2019．

63．［美］约翰·布洛克曼．如何思考会思考的机器［M］．黄宏锋，等，译．杭州：浙江人民出版社，2017．

64．［美］约瑟夫·坎贝尔．千面英雄［M］．黄钰苹，译．杭州：浙江人民出版社，2016．

65．［美］詹姆斯·卡斯．有限与无限的游戏［M］．马小悟，等，译．北京：电子工业出版社，2019．

66．赵国栋，易欢欢，徐远重．元宇宙［M］．北京：中译出版社，2021．

67．朱益明，王瑞德，等．中国教育现代化2035［M］．上海：上海教育出版社，2020．

68．朱永新．走向学习中心［M］．北京：中国人民大学出版社，2020．

69．［日］佐藤学．教育方法学［M］．于莉莉，译．北京：教育科学出版社，2016．

课　程

1. 蔡钰　商业参考
2. 仇子龙　基因科学 20 讲
3. 何刚　财经大课
4. 贾行家　文化参考
5. 李铁夫　前沿科技·量子计算
6. 沈祖芸　全球教育报告　组织变革 20 讲
7. 施展　国际政治学 40 讲
8. 孙瑜　前沿科技之脑机接口
9. 万维钢　精英日课
10. 王立铭　进化论 50 讲
11. 吴军　信息论 40 讲　科技史纲 60 讲　硅谷来信
12. 徐弃郁　全球智库报告解读
13. 易欢欢　元宇宙第一课
14. 张江　复杂科学前沿 27 讲
15. 卓克　科技参考

推荐语

元宇宙将提供很多全新的学习环境，有利于实行因材施教，本书在这方面进行了非常有益的探讨。

——蔡恒进 武汉大学计算机学院教授

2018 年，国家自然科学基金增设教育类别，其中一个分类就是虚拟与增强现实学习环境。随着时代的发展，信息技术与教育教学融合的程度将会越来越深，未来，元宇宙＋教育从业者或将能找到更多国家级科研成果作为依托。

——蔡苏 北京师范大学教育学部副教授、
"VR/AR+ 教育"实验室主任

我读初中的时候学校有微机房，大家需要穿戴鞋套去上课，那时的操作系统还是 Windows 3.1，这种体验激发了我对互联网和电脑硬件的爱好。所以，我认为，在孩子人生早期阶段时对新技术、新设备的简单体验能为其今后的人生和事业带来启发和提升。希望更多孩子能尽早接触到教育元宇宙。

——陈星 新浪 VR CEO

元宇宙教育

小学时学过一篇课文《山的那边是海》，激发出我走出去想看大海的梦想。元宇宙教育时代，我相信许多乡村孩子都可以更方便地实现去"山的那边看海"的梦想。

不忘初心，砥砺前行，期待元宇宙教育能够实实在在地推动教育公平与共同富裕！

——陈行甲 全国优秀县委书记、恒晖儿童公益基金会理事长

在国家教育改革"立德树人，实践育人，五育并举"的趋势下，元宇宙数字化技术为发展中国特色世界先进水平的优质教育，构建高质量数字化教学资源提供技术服务，通过情景化教学、互动化教学、沉浸体验式学习激发学生探究式学习兴趣，让教学活动变得简单、快乐、高效。

——池燕明 立思辰创始人

未来世界的三大趋势是虚拟、共享与自由。未来所有现实都会被"模拟"。元宇宙技术将给人类社会各行各业的商业模式、客户体验与服务方式带来巨大变革。

——方竹 朗润国发投资有限公司创始人、CEO

刚看到元宇宙和教育两个概念结合的时候，心中充满好奇。元宇宙不是总伴随着科技、娱乐等概念吗？元宇宙是2021年最火也最"值钱"的新概念，教育是几乎受每个人关注的最古老的人类社会概念之一，特别是对于我，上两辈亲人大都从事教育行业，自己也是中国"千军万马过独木桥"教育体系中的"过桥者"，所以经常会对教育进行一些思考。

初步了解本书的表达方式和主要内容之后，更激发了我的好奇心。首先，本书是穿越体，但既不是"清穿"也不是"明穿"，而是从未来的元宇宙社会穿越到现在，表面是创作形式的创新，本质上是站在未来看现在，从不同的视点分析教育的过去、现在和未来。这种相对时间的转换，让作者和读者脑洞大开；其次，本书虽然采用了"穿越"这种文学创作元素，但本质上是科幻作品的创作思路，逻辑严谨，有理有据，思想绽放而不悬浮，非常烧脑；最后，本书几乎聚焦了人们目前对教育领域关注的所有热点，探讨的话题与其说是"元宇宙教育"，不如说是在科技创新发展引发的社会变革中，作者对教育领域核心矛盾点在未来的变迁及终极结局的深度思考与预判，而这种发生在教育领域的变化不是过去成百上千年的渐变，而可能是阶跃型的变化。

作为科技工作者和影视文艺工作者，作为教育的"产物"和硬核关注者，我推荐大家一同抱着好奇心阅读《元宇宙教育》。

——龚宇 爱奇艺创始人、CEO

元宇宙是数字化的新发展，它正在改变着人们的生产和生活。元宇宙运用于教育，必然会改变教育的生态、教育方式和师生关系。本书采用提问与觅渡回答的方式，解释了元宇宙的概念、内容以及未来学校的发展、教育规律的迭代、教育生态的博弈等，融合了前沿教育研究和创新教育实践的丰富成果，为广大教育工作者提供了认知"元宇宙教育"的重要资料，有利于推动我国教育现代化的发展。

——顾明远 北京师范大学教授

每次推动文明跃升的技术创新都会导致教育形态的深刻变革，互联网、人工智能如是，元宇宙更是。如果你关注元宇宙将如何变革未来教育的形态和生态，本书将是你的不二选择。

——郭传杰 第十、十一届全国政协委员，
第一、二届国家教育咨询委员

元宇宙与未来教育给我们带来很大的想象空间，既让人感到兴奋，也不免产生担心。现代科技赋能教育发展，要始终秉持"科技向善"的价值理念，积极探索，不断迭代。希望"元宇宙教育"能够从概念设想逐步落实到教学实践中，真正帮助学生们健康成长。

——郝少林 北京新学道学校校长

这本书给了我们一个非常有趣的视角，从"面向未来做教育"切换成"站在未来，面向当下做教育"。职业教育，不仅是元宇宙教育发展的初始发动机，更成为元宇宙时代终身教育的核心能量源。赞叹每个有梦想的人，从未来获得信念与能量；帮助每个有梦想的人，从当下获得经验与成长。

——江勇 开元教育董事长

元宇宙作为下一代互联网平台，必然给社会生产和生活方式带来变化，人才和教育方式也必然随之变化，元宇宙教育是个非常值得探讨的话题。

——江有归 浙江富润数字科技股份有限公司总经理

如果某一天，我们安排好自己的学习计划后就能知道我们将成为什么样的人，并且还能与未来的自己对话，那就可以用智慧修订现在的学习计划。你认为这是科幻小说，但这已是元宇宙的一个应用场景。采用元宇宙的方式讲述元宇宙，是在具体元宇宙应用场景中探索更多的元宇宙应用场景，是新颖且独特的路径，值得期待。我们已经深刻体验到互联网技术给生活带来的改变，开始体验人工智能技术对生活带来的冲击。未来必将对我们生活产生震撼的技术——元宇宙，将引领世界。虚拟与现实的交互交融打破时间和空间的限制，必将推动教育质量和教学体验的进一步提升。元宇宙将引发全社会生产、生活乃至国防的巨大变革。目前元宇宙缺少什么？教育可能就是重中之重！期待元宇宙教育的快速发展可以加快我国人工智能、大数据、区块链和人机交互等技术的进步，并为高端技术人才的培养提供核心支撑。

——冷立雄 航天欧华董事长

元宇宙是互联网的理想形态，具有更广泛的链接与关系及更高的自主性，满足人们更多样的需要。但是，这种想象中的社会共同之善，不会自然而然形成，更不会完全依靠技术就可以延续，需要人们通过道德及更多社会规范共同维持、促进与发展。教育是现实社会的第一推动力，也是各类前沿科技产生的摇篮。元宇宙教育是非常务实、重要而且紧迫的课题，需要更多专家、学者及社会人士的共同探讨，要由"热炒"变为"静思"，兼具前瞻、严谨、创新、实践等特征，不仅为教育发展提供指引，更为社会各个领域的变革提供良善且有益的帮助。当前，元宇宙已经逐渐被认识并开始应用，祝愿各界对元宇宙的研究不断加深，为国家的发展作出更大的贡献！

——李蒙 全国政协原副主席

元宇宙教育

如果"元宇宙科技"是不可阻挡的趋势,那教育自然也在其中。未来某个时候,我们在没有PPT或者任何智能设备的情况下还能不能做出好的教育,或许是个有趣的问题。希望未来的教育不仅帮助孩子学会平衡感性和理性的关系,更能帮助他们学会用宽容的态度去面对真实和虚拟的世界,感知不同的美,审视不同的美,创造不同的美,不在虚实间迷失,成为更完整的自己。

——李睦 清华大学教授、画家、清华美院社会美育研究所所长

现行教育体系常被诟病,然而理想的教育体系该是怎样,人们却莫衷一是。《元宇宙教育》以未来视角看当下困惑,以科幻之名答现实之问。当渐趋成熟的技术使包含教育在内的许多资源得以突破现实的限制,并在更深层的意义上重构人类社会生活时,对教育的思考更能回归到教育的本质。

——李强 弘信电子董事长

人往往会高估一年时间发生的变化,低估十年时间发生的变化。过去几十年,科技的发展越来越快,但似乎一直没有冲击到教育领域。2021年大火的元宇宙能不能改变教育,我不能预测。但这本书以极大的想象力描绘了一个可能是我们心目中的未来教育的图景。我们做一土学校,一直在讲回归本质的教育,讲美好关系在教育中的重要性,讲教育要有生态观。而元宇宙将给这一切带来怎样的变化?我们拭目以待。

——李一诺 一土教育联合创始人、麦肯锡公司前全球董事合伙人

面对热词"元宇宙",有许多相关的知识、理念、原理等需要我们学习,而《元宇宙教育》正是一本帮助我们走近并走进元宇宙的作品。该书用科幻方式写现实教育;用元宇宙模式写元宇宙教育,把读者带进虚拟与现实相融合的元宇宙,以全新的视角审视今天,展望未来,把握学校的变革,憧憬教育的未来。

——李镇西 新教育研究院院长、成都市武侯实验中学原校长

什么才是继 AI+ 教育后的新生态?毫无疑问是元宇宙 + 智慧教育。二者在当时的阶段都属于从未来看现在,用更先进的形态全方位赋能更多教育,不局限于学校,更延伸至全民教师体系,畅想出教育数字货币等形态,颇为前沿,极具创新!

未来是在现实基础上的想象重叠,元宇宙教育将是再一次的升级,定义不久的未来。

——栗浩洋 松鼠 Ai 创始人

科技向善与教育变革都蕴含着我们对未来的美好想象。希望数字科技赋能下的未来教育能让整个社会都能成为终身学习、终身成长的理想空间,持续降低学习成本和试错成本,助力人类文明彻底告别负和博弈与零和游戏,迈向正和新境界。

——刘东华 正和岛创始人兼首席架构师

元宇宙最重要的应用场景之一,就是教育。借助独一无二的沉浸式教学模式,每一个参与其中的人都会获得很好的互动性和满足感。谁能抓住元宇宙教育这一细分领域的机会,并在这一领域不断地创新,谁就有可能在新的互联网形态甚至新的社会形态里有所成就。如

果你想更多地了解元宇宙教育，并想在这一领域有所收获，相信《元宇宙教育》这本书会给你答案，并给你启发。

——刘瑞刚 蓝鲸教育总裁

如何促进科技向善，实现经济社会高质量发展，构建人类命运共同体，是我们共同面对的重大课题。元宇宙浪潮给人们带来无尽想象，挑战和机遇共存。就像书中所提到的观点，企业不仅是职业教育的核心场景，更是终身学习的主要推动力，是未来教育发展的蓝海。期待元宇宙打造虚实融合的学习情景，为企业赋能，推动企业读书和企业文化建设，增强企业凝聚力，激发员工创造力，为经济增长与社会发展贡献源源不断的活力。

——刘世英 总裁读书会发起人

以开放的心态、敞亮的胸怀、诚挚的心灵正确看待元宇宙的迅猛发展，重构知识和生活方式，更新教育教学方法，开拓创新，积极作为，推动学校改革和发展迈上新台阶。《元宇宙教育》的出版正当其时，非常期待。

——刘晓 湖南省政协原副主席、长沙民政职业技术学院原院长

读《元宇宙教育》，深感元宇宙的教育探索或将引发一场影响人类文明创新进程的基础性革命。人类的学习将不再局限于"寒窗苦读"，从理论到实践之间的鸿沟将大大缩短。在元宇宙的世界里，学习的理论与实践已融为一体，知识获取更加立体而丰富，突破了传统听说读写的局限性。学习，将会变得更有趣、更高效、更具个性化。在元宇宙里面的学习，会"上瘾"。学习改变命运，而元宇宙的教育

创新正在从根本上突破人类学习的维度限制。

——刘玉书 中国人民大学重阳金融
研究院宏观研究部主任、研究员

美育在现实社会中是很稀缺的。元宇宙能解决不少痛点，例如可以远程参与、共同创作，提高书画和音乐的结合度，使创作成果NFT版权的认定和发售更方便等。期待元宇宙技术让艺术教育更平民化。

——陆宏达 国光电器董事长

元宇宙的到来将重塑未来的教育方式，在多元空间与无限资源下，家庭及学校教育形式、人们对世界的认知方式及持续学习方式等都会发生巨变。通过元宇宙教育，时空局限及资源的有限性问题将得到缓解，实现教育平等有望取得突破性发展。而且，在此过程中，随着人际交互在元宇宙世界进一步延伸，人的全球化也将进一步深化。这些不仅对个人，更对相关政府政策的制定提出了挑战。这是一个终身学习的时代。这本书的出版对于我们了解元宇宙教育，深化对当前教育巨变的认知，以及据此优化我们自身及下一代教育方式和政府政策的制定很有参考。

——苗绿 全球化智库（CCG）联合创始人兼秘书长

元，始也、原也、源也。元宇宙应该就是宇宙本来的样子吧，即老子所说的"自"然，而《元宇宙教育》就是去探讨教育本来应有的样子。教育的本质是通过自我教育实现终身成长，而元宇宙教育则是基于这一本质，探讨科技如何赋能持续的自我成长，直至终身成长，生命不息，成长不止。这是一个宏大命题，祝贺骏翼兄的新思考与研究成果集结出版，值得期待！

——聂爱军 ICE 营地教育研究院理事长

随着数字技术"渗透"和"赋能"作用的纵深拓展，元宇宙悄然来临，正成为移动互联网下半场的新风口，其中"元宇宙＋教育"更是成为未来数字化时代的新宠儿，成为国内外数字巨头纷纷布局的新前沿。在这种背景下，《元宇宙教育》一书的出版，必将助力数字教育大发展，促进数字经济大繁荣。

——戚聿东 北京师范大学经济与工商管理学院院长

元宇宙是数字经济创新和发展的重要领域，值得被长期看好。在元宇宙科技推动下，教育行业的深度数字化转型不仅酝酿着新机遇，还能在更深层次上解决好教育和资本的复杂关系。这本书用科幻的方式前瞻教育，非常有创意，展现出的未来教育图景，蕴含着巨大的社会价值和商业价值。我非常相信，元宇宙教育将成为非常有活力的创业领域。

——钱鹏飞 几何教育创投合伙人

未来十年全球除了传统清洁能源，算力将会成为最核心的竞争力，元宇宙为代表的数字经济将会大力推动算力的发展和应用，有效解决财富在代差上的不平衡，进一步推动实现共同富裕。同时会有效地节约社会综合成本，提高生产力，为年轻一代打开创意无限可能的大门。

——乔伟豪 中国资本市场投资大师

从本书中可以看出，元宇宙给教育带来了无限的想象空间，也定将有助于实现我们对教育的许多美好梦想。希望在元宇宙教育的推动下，学习会变得更科学、更快乐、更有效！

——尚俊杰 北京大学教育学院学习科学实验室执行主任、中国教育技术协会教育游戏专委会理事长

元宇宙属于未来的秩序，这个未来很可能十几年后就会到来。那个世界里的各种逻辑都和我们现在所熟悉的大不一样，那个世界里什么样的人才有机会？这关乎今天对于教育的定位。因此，"元宇宙教育"是今天的一个大命题。

——施展《枢纽》作者、外交学院教授

教育的本质是灵魂影响灵魂，而创造人与人的链接与互动，是核心实现手段。传统教育中，线下互动性强但局限性大，线上更能普惠但互动性弱。这是为什么元宇宙可以带来革新的可能性。

"元宇宙+教育"这个热门话题既有科技人的努力，也有教育人的探索，更有大众对未来教育的无限期待。科技联姻教育，最终还是以教育为本，"终身成长"已经被人们畅想了几十年，或许在元宇宙数字科技的赋能下可以呈现出不一样的色彩，无论在现实世界还是在虚拟空间，都能帮助每个有趣的生命活成自己想要的模样。期待《元宇宙教育》这本有趣的书能给我带来不一样的启发。

——宋超 北辰青年创始人兼 CEO

毋庸置疑，未来五年乃至十五年，元宇宙对于全人类将不仅是一个名词，而是一种现实，一种生活方式。就像十五年前我们无法想象

电子商务会如何改变人类的生活方式，就像十年前我们无法想象短视频将如何影响我们的生活，我们今天可能也无法想象元宇宙对我们未来生活的影响。但是如果今天我们不开始学习、思考和探索元宇宙，毫无疑问将落后于时代。本书的作者就是元宇宙思考的先行者，他毫无保留地把自己的思考和体会分享给大家，这是非常大的功德，相信本书对所有人都会有所启迪，祝愿大家在即将到来的元宇宙时代都活成自己想要的样子。

——孙陶然 北京市政协委员、北京市工商联副主席

拿到骏翼的书稿，立刻就被深深吸引。未来教育究竟是什么样子？就像书中谈到，传统教育体系适应缓慢的农业和工业社会，如今元宇宙数字时代已经开启，唯有主动变革才能成为时代赢家。

事实上，元宇宙已经悄无声息地融入我们的实际工作中。我作为人工智能教育的创业者，从百度离职创办卓世未来，企业的使命就是帮助中国广大中小学校培养具备数字素养的 21 世纪人才。用 AI 老师教 AI 课程，我们开发的数字教师直播课，综合运用多种人工智能技术，已经在数千所公立学校使用，孩子们可以定制自己喜欢的虚拟老师，甚至连讲课方言都可以随时切换。我们同时也积极开展了全数字教材的探索，将原本的静态图文升级为混合媒体模式，支持沉浸式学习，自动生成学习报告，智能分析学习轨迹，精细评估学习效果，已经形成颇具规模的内容体系。畅想不久的未来，随着平台型元宇宙科技公司的崛起，提供从引擎到编辑器，从分类库到服务的系统解决方案，制作高仿真、强互动、游戏化的课程将变得和使用 PPT 一样简单，优秀的学校、教师和企业共同协作，创作出大量高品质的全数字内容，推动元宇宙教育快速普及。

推荐语

不登高山，不知天之高也；不临深溪，不知地之厚也。从人工智能教育到元宇宙教育的一线践行者，我们每个人都是知情者、参与者、创造者和享受者，"教育的社会契约"就是"人类的命运契约"。

——屠静 卓世未来教育科技创始人

互联网＋智能技术＋产业在过去二十年里见证了一批新生态的孵化。我们见证过外卖小哥从出现到不可或缺，再到现在目睹着 AI 捏脸师月入五万，未来的教育领域是否会出现"元宇宙深度沉浸式课程研发"等类似职位？让我们拭目以待，未来可期。

——王彬 亿欧联合创始人兼总裁

从事营地教育多年，我们一直追求没有围墙的学校，世界就是孩子最好的课堂。元宇宙第一次让我们能够无限地接近这样的未来。想一想就觉得异常兴奋，同时又有些头晕目眩。希望这本书，能够带着我们穿梭往返于现在和未来，窥探这个激动人心的"世界即课堂，你我皆为师"的元宇宙教育时代。

——王欢 青青部落教育科技 CEO

小时候常常畅想，如果直接把知识拷贝到大脑里，那这个世界是不是会更好？长大了才发现，知识不能只靠学，而是要在实践中迭代，才能转化为自己的认知与能力。而现实中教育与实践资源的不均，是影响个人成长的重要因素之一。或许，这就是元宇宙教育的价值——打破不均，让每个人都可以站在更公正的起点上，实现自己的人生价值。

——王雨蕴 完美世界高级副总裁、完美世界教育董事长

元宇宙教育

元宇宙虚拟世界必将与现实世界融为一体，而终身学习也将在这个新时代里成为一种客观必然。本书以宽广的视角，洞见在科技快速进化的强力驱动下，教育与群体、个体之间的关系转变，揭示了教育的最终目的是构建人类世界的幸福方程。所思所论读来颇有启发。

——吴太兵 万兴科技董事长

元宇宙教育不仅是一个炫酷的效果，还是未来强交互体验的必然趋势。

——夏立 清华大学 X-lab 区块链实验室主任

产品的意义，在于给用户创造价值。元宇宙能给教育提供的价值是无可估量的，相信李骏翼老师的《元宇宙教育》能给产业界同僚提供不少切入点。

——熊剑 蓝色光标副董事长

教育是面向未来的百年大计，元宇宙是改变人类的锐利武器！元宇宙教育将培养新人类。

——熊焰 哈尔滨工业大学北京校友会会长、国富资本董事长

科技是人类社会发展的推动力，而教育是科技与社会演进的基石。面向未来是元宇宙和教育的共同点，《元宇宙教育》以宏大多维的视角，借助作者和觅渡之间跨越时空的问答，向我们展现了未来元宇宙时代教育领域的全景画面，令人耳目一新。

——徐石 致远互联董事长

元宇宙是互联网发展到一定阶段的产物，称之为元宇宙是偶然，其本质是必然。在元宇宙中开展教育工作是展现元宇宙价值非常重要的手段。现实世界与虚拟世界融合的未来世界给我们开展未来的教育工作提供了新场景。

——闫宏伟 讯飞幻境董事长

元宇宙发展不仅会引领数字经济快速发展，而且将深刻影响教育的形态，并将会和互联网一样逐步影响我们的教学工作和学生的学习方式。新的互联网时代需要大量创新型人才，随着社会的发展进步，大量的人还需要重新学习。教育系统需要适应新形势、新任务、新技术、新要求，针对我国地域广阔、人口众多、城乡差异大、教育资源分布不均衡等现状，抓住新的契机，认真研究元宇宙发展对教育改革带来的变化与挑战，推动其用于各级各类教育的实训和沉浸式教学，缓解师资特别是音体美师资紧缺的矛盾，丰富教育资源的供给。随着元宇宙发展的不断推进，用新的手段调整教育方式，改进教学评价，加快推进教育治理现代化，为建设高质量教育体系，推进教育强国建设，提供人才和智力支撑。

——杨慧文 国家督学、中国教育学会国际教育分会
副理事长、江西省教育厅原副厅长

二十年前和骏翼兄结识，就是因为"相互学习"的缘分和快乐。今天，"三人行，必有我师焉"这句话，在 Web 3.0 时代更加确定和生动了！教育和学习，将插上科技的翅膀，以数字确权的方式激发每一个人的创造力、分享力和学习力。让更多人分享知识，更主动、更高效地终身学习，让"教"和"学"都得到更好的回报，当学习和教

育成为一种热情和快乐之时，这就是教育元宇宙的成功之日！

——杨振 特赞科技总裁

"互联网+教育"的价值在整个行业中已成为共识，而"元宇宙+教育"却给教育改革创新带来跨越式的发展。在后疫情时代，科技在不断地融入教育并产生质变的助力，为构建全新的、面向未来的教育生态提供可能性。只有教育人先"站在未来看现在"，才能对共同的愿景更加有确定感，为培养适应未来社会发展的人提供具体、可行的方法论。《元宇宙教育》一书引发了我们对未来教育变革的思考与探索。

——姚炜 民进中央教育委员会副主任、
北京圣陶教育发展与创新研究院执行院长

元宇宙概念新颖，而影响深远。但什么是元宇宙？元宇宙以什么方式影响我们的生活？元宇宙的未来是怎么样的？这些都是普通人很难简单地理解的。这本书以虚构的方式，写未来在元宇宙充分完善之后的一个人工智能穿越回到现在，解答人们的各种疑问，新颖生动，可读性强。尤其是关于教育本质与未来教育发展的部分，极有想象力与冲击力。

——叶开 作家、语文教育学者

元宇宙时代需要更多应用场景，教育是其中一种。只有场景丰富，方有元宇宙的未来。

——易鹏 盘古智库理事长

元宇宙意味着很多可能性，因此大家对相关话题有着极大的热情与好奇。看似宏大的命题，其实很快就会和我们的生活发生紧密的联系。教育将会是其中一个非常重要的应用场景，因为元宇宙有可能实现空间甚至时间的延展，让教育成为沉浸式体验。让我们一起期待元宇宙教育的到来！

——于越 东方剑桥教育集团董事长、北京大学名誉校董

中国互联网行业经过30年的浮浮沉沉，高潮迭起，元宇宙将是极为重要的一段。教育和学习在元宇宙的影响下无疑会发生翻天覆地的变化，同时会产生很多新的商业模式，带来很多新的创业机会。教育学习与元宇宙结合会加速技术迭代和创新，教育元宇宙未来可期！

——张向宁 青怡投资董事长

艺术教育面临的一个重要难点就是难以大批量地授课。元宇宙中生动、三维沉浸的教学环境、人工智能辅助的互动不仅能够提升学习效果，还很有可能打破师资的限制，给艺术教育带来革命性的影响，让更多学生享受个性化的、大师级的艺术熏陶。

——张晓龙 中国艺术研究院教授、礼学指导、制片人

希望《元宇宙教育》能够在新颖的思路上继续探索关于人的真知，创造价值，助力真实的世界更美好。

——郑洪 北京蒲公英中学校长

国际压力和中国社会巨变推动了中国教育发展方式的转变，元宇宙的火热让我们看到了中国教育发展方式转变可能的新思路。元宇宙里丰富的教学内容、深度沉浸式的体验和全流程学习数据留存给教育

结构、学生培养方式和教学管理提供了全新的发展方向,这是中国教育发展的新机会,也是高效、高质量提升学生核心素养的新机会。

——褚宏启 北京开放大学校长、北京师范大学教授

科技展现出前所未有的自我生命力,进步的速度已经超越教育体系的演变,新知识诞生、扩散、消亡的周期变短,使得各个教育主体和传统教育范式都面临着巨大挑战。过去学习是为了创造,现在学习的过程本身就是创造。元宇宙可以打破教育的时间和空间边界,实现传统教育模式的升级,促进教学资源的平衡,让终身学习、跨学科学习、循环学习以及人机互相学习成为可能,最终成为承载未来教育想象的"大课堂"。

——朱嘉明 著名经济学家、横琴数链数字金融研究院学术与技术委员会主席

联合出品方

中国教育三十人论坛

成立于2014年，是一个民间的、非营利性的独立智库，专注于中国教育问题的研究。坚持理性、建设性、前瞻性、国际性的理念，致力于推动中国教育改革。

元宇宙教育实验室

由中国教育三十人论坛、中关村互联网教育创新中心、中译出版社联合发起，是致力于元宇宙教育前沿理论、技术、产品和模式探索与应用的产业服务机构，于2021年12月14日在中关村科学城成立。

元宇宙三十人论坛

联合多领域具有前瞻性及探索精神的科学家、经济学家、产业专家、企业家共同发起，致力于成为全球领先的元宇宙技术、资本与产业资源服务平台。

和觅渡的
第一次接触

THE FIRST CONTACT
WITH MEDU

目录 | Contents

第 1 章　人人都是后知后觉者 / 001

第 2 章　矛盾从来不是偶然 / 011

第 3 章　真理就是存在本身 / 021

第 4 章　失联倒计时（上）/ 028

第 5 章　失联倒计时（下）/ 038

第 6 章　永恒之歌 / 054

第 7 章　当下，元宇宙教育 / 058

第 8 章　未来，生命的契约 / 065

第一章

人人都是后知后觉者

跨年夜,华灯初上,整个北京城都笼罩在节日的气氛里。

如果看此时北京的热力图,会发现人群密度如同银河系一般,由中心向外呈旋臂状发散。但就在北四环边,一个本该属于高亮度的位置,却出现了一个很小的黑色塌陷,像一个黑洞,或者就是软件故障。

附近高楼大厦并不少,主干道上更是车水马龙。但这条辅路却像签了静音协议,很少有车经过,也没什么行人。此刻,路灯已经亮起,整个街区却仿佛陷入沉睡,在北京城的闪耀里,这里很容易被忽略,却又如此扎眼。

一辆网约车在路边停下,一位穿着精致的女子下车,风衣帽子里,只看得见硕大的眼镜和口罩。她"哒哒哒"的高跟鞋声瞬间打破了氛围魔咒,让空气再度流转。

这是焦融,一位二十岁出头的年轻女子,她来参加"元宇宙教育"讨论群的线下聚会。这主题和跨年狂欢的基调确实有点格格不入,活动地点和流程也有些奇怪。但焦融并不在意,她无论如何也要来,很早就报了名。

虽然是几百人的大群,但最终参加活动的却寥寥无几。为聚会特建的小群,除了群主和焦融,还有一位叫夸姐的女士和一位叫闻华的男士,总共四个人。焦融猜测,群主应该有审核,但不管怎样,对于自己能参加已经非常高兴了,其他两位也都是积极发言的群友,想必是冲着话题专门来的。

焦融呆呆地站在路边,这附近她并不熟悉,对着示意图看了半天,也不知道咖啡厅到底在哪里。导航软件还没收录这个地址,除了不远处的地铁站,确实没啥地标。焦融狐疑地看了看手机,又看了看安静的街道,如果不是司机提示已到达,她甚至都不知道该在哪里下车,不由得怀疑是不是搞错了地方。

第一章　人人都是后知后觉者

一阵寒风吹过，整条街道越发萧瑟起来。焦融心想，得赶快找到地方，不然就得活活冻死了。顶着社恐压力，焦融极不情愿地拨了聚会群的通话。

"嘟——嘟——喂？"对方是一个非常热情的女孩子，"小焦焦呀，我们都在等你啦，你到了吗？"

这应该是夸姐，焦融第一次和她通话，对方如此热情，她反而更紧张起来，试探着问："那个，是夸姐吗？你好，我是焦融。那个，我找不到来咖啡厅的路，真的很冷，请问……"

夸姐："哈哈哈，小焦焦，莫焦虑，群主已经出去接你啦！"

焦融："好的，谢谢夸姐……啊！"一阵刺耳的声音，信号断了。

放下手机，刚一抬头，只看见一个三十岁左右的大男生站在面前，身上披着一件军大衣，最传统的那种，好久没见过了；亮白色的板鞋，似乎也不太搭。男生怀里还抱着一件军大衣，更让人看不真切了。但焦融看着眼前这位大男生，不由得出了神。只看长相，她第一眼便万分确定这就是群主，和想象中的几乎一模一样。

焦融刚开始和群主聊天的时候便有一种奇怪的感觉，似乎能通过聊天"看见"对方的样子。起初只是一个大概的形象，但随着话题越来越深入，都是些关于思想、灵魂、时空、元宇宙、超维度等稀奇古怪的话题，这个男人的形象便越发清晰了。

这其实是焦融的特殊能力，多年的写作让她很擅长通过角色的行为和背景生成形象。有人说这叫"想象算法"，她并不认同，觉得这是超越了想象的感知能力，是某些人命中注定的天赋。

所以，面对这张从未见过却并不陌生的脸，她感到极为亲切，以至于短暂打破了自己的社恐，惊叹而出："觅渡！觅渡……哦，请问，你是觅渡吗？"

男生报以暖心的微笑："是，我是群主觅渡，你一定是焦融吧。"

或许是因为觅渡仿佛就是从自己想象中走出来的一样，焦融内心泛起一阵涟漪，激动得不停点头。

觅渡却没有因为焦融的失态而感到诧异，继续说："看你穿得不多啊，对于一个女孩子来说，你一定很冷吧？咖啡厅在胡同里，确实不好找，胡同里风飕飕的。看，我给你带了件大衣，最好披一下，免得着凉。"

焦融稍微回过神："啊，不用不用，谢谢……但是，不用麻烦了，我自己可以的……"说罢便双臂抱紧了自己的外套，

第一章 人人都是后知后觉者

低着头,心中卷起无数种复杂的情绪,实际却冷得一直在轻轻跺脚。

觅渡看着她,似乎有些不解,但也快速明白了:"你看你,穿得那么漂亮,要是冻出鼻涕可不好啦,咱们别客气,还是穿上吧。"说着便直接把衣服披在了焦融肩上,示意她跟着自己走。

焦融没说什么,整个过程非常符合自己的期望,完全没有感到尴尬或不适,似乎就应该如此这般发生,便跟着觅渡往前走了。

胡同是典型的老破小,又窄又黑,路边有自行车和杂物,地上还有坑坑洼洼的积水,两人只能一前一后地往里走。过来的路上,焦融憋了一肚子话想要说,但在这局促多风的胡同里,说话却变得不切实际,哪怕愿意承受一张嘴就吃一口风的酷刑,这呼啸的风声也给交流带来了莫大的障碍。没办法,焦融只好紧紧跟着。透过觅渡双手插兜的高大背影,她勉强看见胡同尽头有一盏灯,如同北极星一般钉在那里,映着觅渡的头发,闪闪发光。一时之间,也不知走了多久,更不知何时才能到达。

等焦融回过神,风已经停了,眼前是一个老式的四合院,

和觅渡的第一次接触

不似咖啡厅,倒像是私房茶馆的样子。对面的堂屋里,一男一女正坐在火炉边聊天,好像是真的火炉。焦融惊讶地打量着场地,红墙灰瓦,窗台上放着柿子,门把手上挂着辣椒,带着北京特有的神秘,满是时间的味道。她猛地好像明白了为何会把聚会地点设置于此,不禁暗暗点头。

两人进门,把军大衣挂在衣架上,其实还有一件,三件军大衣将弱小的衣架压得摇摇欲坠。觅渡兴奋地喊了声:"伙伴们,焦融到啦!"说完便转身去了旁边的房间。

焦融进了屋,摘下口罩,寻思着这茶馆怎么没有扫码登记的环节,环顾下,桌台和门边也没找到健康宝的二维码。

坐在火炉旁的两人起身迎过来,女士先打招呼:"小焦焦,你好啊,咱们刚刚通过电话。我是群里的夸姐,你可以叫我夸姐或者阿夸。"夸姐不到三十岁,穿着举止非常年轻,如同一个青春期的小姑娘。她说完便热情洋溢地介绍起旁边的男士:"这位帅气的大哥就是闻华老师,是咱们群里最资深的英语老师呢!"

闻华其实并不帅,鬓角白发还有点显老,听夸姐讲完连忙说道:"我是咱们这里最老的,但今天见到各位,真觉得自己不过是空长了些年岁。刚刚才知道,夸姐原来那么年轻有

第一章 人人都是后知后觉者

为,本科学理工,竟然转行读了教育学博士。小焦,你也很厉害,年纪轻轻就出版了好几本小说,有两本我还读过呢。阿夸一说,才知道原来是你,写得真好。咱们群主也厉害,搞这么大一个群,话题严肃却很活跃,而且还能不跑题,真不容易呢!"

焦融听到闻华看过自己的作品,脸都涨红了:"没有没有啦,写得一般呢。闻华老师,经常在群里看您的分享,尤其是国内外教育案例的比较,点评特别到位,真的很厉害。我就想,只有教学经验非常丰富,而且擅长思考的人,才能有那么深刻的洞察。夸姐在群里的知识分享,也非常专业,让我学到很多。今天能见到两位老师,真是太高兴了!"

夸姐接着说:"咱们这群,要是平时搞活动,肯定人多!可今天……"说着说着忽然多了一点伤感:"刚听闻华老师讲他女儿,有家还有娃,可真好呢。我还不知道啥时候能脱单,连跨年都没人陪,唉……"

焦融马上拉起夸姐的胳臂:"呵呵,其实我也单身呢,毕业两年多了,还是北漂,平时也很少出门。还好今天有活动,才有夸姐姐和闻华老师一起跨年呢!"两人互相宽慰着,笑声倒很同频。

闻华也笑着说:"别看有家有娃,过节也不轻松呢。她妈妈外派出差，闺女很快就要中考了，有点偏科，只能趁放假送到一位老师朋友那里，让他给指导指导。我等下会稍微早点走，去接孩子，好在离得不远。"

夸姐接过话茬："闻华老师真是个好爸爸啊！想我小时候，我爸从来不管我，一点都不关心我，只是跟我说，读书学习只能靠自己。"

闻华赶紧说："像阿夸这么优秀，自学能力超强，管得少才好呢，这也符合咱们现代的教育理念。我虽然不赞成给孩子补习，可到了自己娃身上，还真是很纠结。尤其是做老师的，自己孩子学习不好，压力超大……"忽然感觉自己说得有点多，这才停住，招呼大家赶紧坐下。

但还是迟了，另外两位听到如此赤裸裸的现实矛盾，不约而同沉默了起来。他们最开始只想随便寒暄几句，等群主到了再聊正式话题，可教育的真实和元宇宙的虚幻碰到一起，无论聊什么，氛围都显得有些别扭。

火炉里忽然噼啪了两声，飘出一串火星子，很快又消失了。是啊，都什么时代了，还用这火炉子，有点怪怪的。偌大的群，却只有四个完全不同背景的人参加线下聚会，也是怪怪的。茶馆空间不大，连服务员都没有，更是怪怪的。整个环境都怪怪的，什么都怪。

第一章 人人都是后知后觉者

就在这时,觅渡走了进来,端来一壶新泡的热茶,满脸都是热情。他似乎对现场的低气压完全没有感知,或许是完全不介意。

换了热茶,香气弥漫了房间,所有人的神情也因这热茶而逐渐放松了下来。焦融看着飘起来的雾气,才忽然察觉到,原来屋子里还有淡淡的背景音乐,似乎不是什么知名曲子,而只是有一搭没一搭的旋律变奏。

觅渡笑着示意大家举起杯子:"感谢大家来参加咱们群的线下聚会,大家都是群里活跃的老朋友。刚听闻华老师说可能要提前走,那咱们就更应该珍惜当下的每一分每一秒。按惯例,咱们以茶代酒,为元宇宙教育的伟大时代干一杯。新年快乐!"

所有人都举杯相碰,氛围一下子热闹起来:"新年快乐!新年快乐!"

焦融似乎忘了,就在她碰杯之前,思绪中飘过一个小疑惑。觅渡说"元宇宙教育的伟大时代"的时候,语气非常平淡,一点都不振奋。好在她没有真的忘掉,只是存进记忆的角落。

可能是热闹氛围分散了注意,也可能是屋里光线有些昏暗,他们都没发现,茶杯其实很别致,貌似平常,却可以拼连起来,像极了纯洁美丽又无尽好奇的潘多拉女神手中的魔盒。而周围的他们,便是被众神送了潘多拉美人的后知后觉之神。

第二章

矛盾从来不是偶然

觅渡示意了一下,夸姐先开口:"我第一个来,群主让我客串下主持人,那么,咱们的讨论会就正式开始啦!"

夸姐看了看墙上的挂钟:"时间挺紧的,闻华老师等下要去接娃。如果按约定的话题流程,肯定讨论不完,要不咱们不按流程走,挑几个有意思的议题深入讨论?"

焦融感觉夸姐有点太武断,似乎不应该这么做,便扭头看觅渡。觅渡却微笑着,他并不介意这样的调整。

夸姐继续说:"我组织过很多社群聚会,像咱们这种群友

和**觅渡**的第一次接触

第一次碰面,通常都不会聊这么严肃的话题。我已经算专业搞教育研究的了,看到群主列的问题,说实话,也感到很头疼呢!所以……"

焦融觉得夸姐有点过分了,便轻咳了一声,夸姐听到了:"嗯,不知道小焦妹妹是不是经常参加聚会,或者咱们群主很少搞线下活动,这么紧凑的内容安排,确实太有压迫感了。"

焦融正要说话,却被觅渡抢了先,尴尬的表情里满是歉意:"夸姐果然很有经验,说得在理呢。坦白讲,今天是我第一次组织线下活动。"

大家不约而同"啊"了一声,都感到非常意外。

觅渡继续解释:"非常抱歉啊,咱们第一次聚会,又在跨年夜这么欢乐的时刻,让大家太有压力确实不好。问题大家都看过了,我同意夸姐的意见,改一改更好。闻华老师,您觉得呢?"

闻华笑着开口道:"刚刚你去接焦融的时候,我和阿夸聊天,发现虽然我们在群里已经处了一段时间,但其实并不了解对方,要不大家再相互介绍下自己,看看经历和兴趣更聚焦在哪些话题,咱们就重点交流这些话题,有的放矢。大家看怎么样?"

夸姐原本还想说什么,但看到觅渡、焦融都很认同闻华

第二章　矛盾从来不是偶然

的建议，再看了下自己勾选的几个议题，应该跟大家的兴趣点比较接近，便附和道："嗯，赞同，通过介绍自己带出要讨论的议题，确实更好。要不咱们把第一个机会先给小焦同学吧！"

觅渡拍手称赞："太好了，太好了，我正想听咱们的大作家介绍自己呢！"

焦融听到被点名第一个说，原本极不情愿，但又见觅渡充满了期待，所有的小性子瞬间释然，脸颊也有点热了。紧张的氛围，暂时就这样隐藏了起来。

焦融探了探身子，深吸一口气："大家好，我是焦融，焦融是我的本名，也是我的笔名。大学毕业还不到两年，现在嘛，就是一个码字工，主要写点偏情感类的科幻故事。对教育，我完全是个门外汉，因为对元宇宙有点好奇，被一个不熟的朋友拉进群，没想到收获那么大！我不研究教育，但就像群里有人说的'人人都有教育理念，人人都是教育家'一样，教育话题本身就很有意思，再加上点元宇宙的科幻色彩，便更有意思了。我写的小说，我妈不爱看，但她常叮嘱我，不管写什么，都不能引导人做坏事，更不能让人看了之后有那种闭着眼从窗台上跳下去的想法。我想，这也算一种教育吧。"

和觅渡的第一次接触

还没等焦融的话音消退，夸姐就接过了话题："我很认同焦融同学说的'人人都是教育家'的观点，咱们都是经历过多年学习的人，积累了很多教育理念。但真正的教育，需要充分理解教育的复杂，尊重教育的专业，精心设计教学过程，尤其要明确评估教学的效果。如果把日常交流、阅读都当作教育，听起来情怀满满，其实有点过度扩展了，很容易把教育带偏。"

焦融知道，夸姐的话是明褒暗贬，让她很不舒服，但她并不想争辩，只是沉默着，喝了口茶，没说话。

闻华看焦融没有要说话的样子，便开了口："阿夸老师是研究教育的，当然会强调教育的专业。我教了二十多年书，常常遇到家长告诉我应该怎么教课，甚至直接要求我选哪本参考书，说实话，心里还真不是滋味。专业归专业，但如果说必须要对教学效果进行明确评估才算是好的教育，我并不完全认同。教育的效果通常都很滞后，过于强调即时评价，必然就会落入应试的陷阱。我们做老师的不能只盯着考试测评，要看长远些，要激发孩子自我成长的意愿。"

觅渡皱了皱眉头，这三个人之间，到底是谁同意谁，谁反对谁，看似云淡风轻，却是一场角力。但觅渡很快又微笑了起来，他本不该纠结这些，所有的过程都会走向最终的答案。

第二章 矛盾从来不是偶然

看焦融继续沉默,夸姐又接了上来:"闻华老师是非常负责任的优秀教师,获得过很多奖,还经常做些比较教育研究,我其实看过您的几篇论文。积累二十多年的经验,确实很容易拿捏教育中的轻重缓急。但教育不是面对一个孩子,而是很多;也不是单一学科,而是很多。咱们国家有3亿学生,全球更有15亿未成年人,显然不能只靠优秀教师。把经验'存乎于心',实践的时候就会'力不从心',教育更要靠有效的系统方法,没有测评显然不行,就像有孩子成绩偏科……"

闻华当然知道夸姐这阴阳怪气的话是在说自己的女儿,他一改之前儒雅的作派,激动地站起来,甚至不小心打翻了杯子:"不靠老师,难道要靠机器人吗?你们在群里大谈特谈元宇宙,口口声声说虚拟学校多么完美,虚拟老师如何厉害,用智能算法教学如何有效,成功案例似乎一个接一个,好像要把我们这些教师都给搞失业才算成功呢!难道我们老师都是傻瓜吗?我们当然不傻,我们能看到那些案例背后的局限,能看懂鼓吹者想要的商业利益,更知道那种看似智能、实则机械的成长模式对孩子的长远伤害。用人工智能教的孩子,恐怕最终都成了没有情感的机器人……"

处于矛盾中心的焦融别提多难受了,虽然写小说的时候她是个制造矛盾冲突的高手,但在现实中,她最见不得这种剑拔弩张的状态。说实话,无论夸姐还是闻华老师,每个人说的都很有道理,却水火不容,她不知道自己该站在哪一边,更不知道该怎么去调和。她望着觅渡,期望他作为活动发起人能出面缓和下。

觅渡从头至尾都不说话,像个局外人。他看着火药味十足的争论,似乎两个人的交流就是一场排练好的表演。当初他设计议题的时候还担心话题太分散,没法促成深度的讨论,看来是多虑了。但又快速分析了刚才的对话,发现大家看似矛盾很多,但几乎都只是情绪的对立,谈的根本不是同一个问题。如果只是争论,他倒不至于听得如此津津有味,但想到这些争论意味着什么,思绪便有些分散了。

焦融见觅渡完全没有注意到自己,便拿起纸巾去擦被闻华弄洒的水,又故意轻轻咳嗽了一声。

夸姐原本和闻华辩论得正起劲儿,猛地听到焦融的信号,转念一想,确实不该这么着急,便立刻收了语气中的锋芒,回归了主持人的风格:"嗯嗯,闻华老师刚提到的虚拟教师,确实是元宇宙教育里的重要课题,群主列的表格里也有,咱们等会儿继续深聊哈。来来来,大家还是先把自我介绍做完吧,刚刚是科幻作家焦融,要不咱们按顺时针,接下来就该群主了。"

第二章 矛盾从来不是偶然

焦融赶紧附和道:"对对对,现在还在介绍环节,等下再辩论也不迟!咱们群主在大群里的发言,几乎都是观点或提问,极少谈自己的情况。我和他私聊的时候,他也很回避介绍自己,感觉相当神秘呢!好想听群主的自我介绍啊!"

听到焦融和群主还有过私聊,夸姐心中一惊,转而更是玩味,便故作夸张:"好啊,群主,焦融小妹妹主动问你情况,你都故意不说啊,也太神秘了吧!赶快老实交代哦!"

闻华见话题转移了,情绪也平静了很多,马上说道:"对呢,群主,其实我也很好奇。平时您在群里极其健谈,发言博古通今很有深度,感觉像上了年岁的人,但今天看到您本人,不仅非常年轻,而且也不太爱说话,差别好大啊!"

从定下线下聚会的那一刻,觅渡便清楚,他肯定是要正式介绍自己的。在无数个方案里,他早就想好了该怎么介绍。但真见到了日思夜想的这三位,特别是看到焦融托着下巴,充满期待地看着自己,他一瞬间不知该从何开始,一种似乎叫作"紧张"的感觉占据了他的思维,这是他从来没有遇到过的情况。

觅渡需要做些铺垫,并没有直奔话题:"非常感谢大家能来,元宇宙教育确实是很新、也很深刻的主题,我在群里讲的那些，其实都只能算是抛砖引玉，大家的发言才更有味道。无论是阿夸博士强调的测评，还是闻华老师讲的虚拟教学，还有焦融前面提到过的社会教育，都很重要。教育里有无数个矛盾，我想，其中肯定会有一些，通过元宇宙科技的发展，能够得到解决。咱们的群和今天的聚会，不就是为了这个嘛！"

左右看了一圈，见氛围已经平缓下来，自己似乎也准备好了，便继续讲："接下来，我就不回避了，介绍下我自己。让大家觉得我很神秘，真是不好意思。我承认，在群里发言似乎很博学，提问也有些神秘感，其实，嗯——都是我刻意表演出来的。"

焦融忽然感觉极为失望，把身体陷到了沙发里，其实她也不知道自己在期待什么。闻华和阿夸也感到有些错愕，锁起了眉头。

"这么说吧，就像焦融同学在小说里写人物，我想，也只有用表演的方式，才能让更多人理解。"觅渡这些话，又把焦融从沙发里拉了出来。

"咱们的主题不是元宇宙嘛，概念虽然很热，但并不容易理解。如果大家把今天的聚会当作一个元宇宙时空，我们每个人都是其中的表演者，嗯，这样就容易理解了。而我是

第二章 矛盾从来不是偶然

谁呢？在今天这个场景里，我需要扮演一个时空穿越者的角色。"

三个人快速交换了一下惊讶的眼神，焦融最快咂摸过味来，兴奋占据了身体，这是最能帮她忘掉社恐的模式："时空穿越者，咱们这是科幻剧本杀吗？有意思，我就喜欢这样！快说说，你要扮演从哪里来的穿越者？我们已经开始游戏了吗？"

夸姐毕竟是年轻人，听焦融这么一说，马上也明白过来，跟着起哄，觉得原本严肃无趣的跨年夜，还真有意外惊喜。

闻华却感到非常拘谨，笑得都有点僵硬："群主这个自我介绍还挺特别的，如果真要玩什么角色扮演游戏，我就不太合适了，要不等会儿我就早点走，先去接孩子了。"

觅渡挺直了身体，顿了顿，非常严肃地说："闻华老师、阿夸老师、焦融女士，我接下来这句话，并不是游戏台词，也不是开玩笑。是这样——大家看到的我，不仅是时空穿越者，还是一个人工智能。"

接下来的五秒，所有人都僵在了空气中。如果不是墙上挂钟的秒针又嘀嗒前进了五步，火炉里又爆出一串火星飘散在空中，时间便真就像静止了一般。就在这五秒钟里，大家对觅渡这个疯子的腹诽多出了几万句。

和**觅渡**的第一次接触

觅渡的语气却忽然轻松起来："啊哈！既然说出来了，那就说出来了，其实也没什么，大家不用紧张。事实上，大家看过那么多影视故事，穿越时空早就不是什么新鲜事了，对吧。我相信再过几分钟，诸位就能适应了。趁这个时间，我就自报下真实的身份吧，都是些客观信息，大家就没必要一一猜测了。"

接下来，觅渡讲得慢了很多："我，来自2070年，我的中文名就叫觅渡，没错，这个自始至终都不是表演。我是由联合国主导开发的一个量子超算平台，面对全球所有国家提供各种和教育有关的计算服务，这是我的工作。除了穿越这件事，其他方面大家理解起来都不难，对吧，闻华老师？"

闻华还在恍惚中，根本无法回应。所有人都沉默着，觅渡为众人续了茶水，接着自己也抿了一口，融入了这寂静。他在等待，等待大家接受他的存在以及他的身份，不需要更多解释，只需要时间。

第三章

真理就是存在本身

觅渡想错了。几分钟后,他面前的这三位真实人类都没有接受他的存在和他的身份,其中包括已经写了好几本科幻小说的焦融。

还是夸姐先打破沉默,嗓门比之前提高了不少:"觅渡,我姑且还这么称呼您吧!您是说,我正在和一个虚拟人聊天吗,就像电影里一样,那我是不是也是虚拟人呢?"说着便掐了自己一下:"哎呀,好疼!确认了,我不是虚拟人,也不是在梦里。那么,你是在和我开玩笑,逗我玩吗?"

和觅渡的第一次接触

"不不不,夸姐,你很真实,除了我之外,大家都很真实。"觅渡努力保持着镇定,他预感到,大家适应的过程可能不会那么快了。

闻华更有点不耐烦:"我觉得这样就有点胡闹了,我可不想看到自己被忽悠,这已经不是什么怪力乱神的时代了。如果这真是一个时空困局,那我现在就走出去,证明给大家看看吧。"说罢便站起身,对大家微微鞠了一躬:"真是不好意思,我提前告辞了。"

"闻华老师,这里并没有什么时空困局,您随时可以离开。"觅渡并不知道闻华会不会真的离开,他只是努力保持着镇定。

闻华推开门,快步走到院子中,没有穿外套,一阵冷风吹过,那是真实的风。寒冷,让他感到自己仍然清醒,可以守得住认知的底线,无论如何也不会被愚弄,以至陷入那种鬼打墙的癫狂之中。

"闻华老师,我想到了一个打破谜题的方法,您先别急,等下再走也不迟哈!"焦融快速跟过去,把闻华拉回到沙发里。

焦融顿了顿,鼓起勇气:"接下来,我们先按剧本模式继续。觅渡先生,请问,我可以握一下您的手吗?"

第三章　真理就是存在本身

觅渡忽然感到一丝暖意："当然可以，你还可以捏我的脸呢。"

焦融没想着要开玩笑，轻轻触碰了一下觅渡的手，停留了一秒钟。除了正常的体温，没有任何奇怪的感觉。她想，若是仿真人，她反而更能接受时空穿越的事实，但并没有。闻华和夸姐都凝视着她，等她的判断。

焦融抽回手，重新坐回沙发，就在这过程中，脑子里闪过很多画面，都是她和觅渡聊天的情景，是那些关于超越、维度、全息的话题。她坐稳了，又喝了口茶，努力组织着自己的语言："我感觉，或许理解了一点点觅渡的话。时空穿越，真与不真，至少现在并不重要，或者说，要跳出这个二元判断，先理解我们自己身在何处，反而更重要。"焦融感觉自己说得磕磕巴巴的，很急促，甚至相当紧张。

她赶紧呷了一口茶，才缓和了一点："很抱歉，我打个比方吧。就像大家争论一本开放式小说，最后主角是生是死其实并不重要，不如理解作者的创作风格和意图，就算他自己不表态，我们也能离真相更近些。"

看到闻华和夸姐的表情不再如刚才那样充满敌意，焦融便放松了一点。她这时才感觉到，虽然只说了三五句话，喉咙竟有点干涩，吞咽了下，继续说道："闻华大哥，阿夸姐姐,时间还早,咱们可以不着急。今天的主题不是元宇宙吗,原本就有点抽离现实的感觉。我想,如果我们就把群主视为一个正在扮演时空穿越者的人,或许接下来的讨论才会更有趣味,这反而对我们有利。至于他的身份真假,二位都是教育专家,只要信息足够多,获得判断不是很容易的事情吗?"看到两位伙伴都在微微点头,焦融自己也感觉挺满意。

接着,焦融转过身对觅渡说话,就更放松了:"觅渡哥哥,是不是说只有跳出现实,以穿越者视角看元宇宙教育,才能建立更有深度的理解呢?觅渡哥哥,是这样吗?"她直勾勾看着觅渡,炉火映射在瞳孔上,闪烁着期许的光。

焦融的话让觅渡大为惊讶,而且他注意到了焦融对大家称呼的转变。他很清楚,以人类当下的科技水平,根本没有办法通过接触或聊天来验证穿越的真伪,那需要极为精密的仪器。他做过预案,如果真的不能让大家快速相信的话,他还准备了一个颇具科普色彩的阐述方式,不过应该不需要了。焦融已经穿越了他的算法矩阵,那眼神里的光隐藏着极为丰富的信息,自己却无法解读。

觅渡耸了耸肩,微笑着说:"如果焦融同学的类比能让大家觉得好理解一些的话,那我就不过多解释了。毕竟,我今天并不是来自证的。"他又看了下焦融,微微点头表达感谢,

第三章 真理就是存在本身

而焦融收到的,却是另外一种信息。

觅渡笑着补了一句:"我就知道嘛,只要几分钟,大家就会适应了,毕竟……"还没说完,就感到一阵麻点涌上脊背,马上闭上了嘴。在场的人其实没看到什么异样,只有焦融轻轻瞟了他一眼。

但就在这一瞬间,觅渡获得了一种领悟。他原本以为大家可以轻易相信他,准备的说服方案其实也已经相当完备,但却没想到,在人类构建的特殊情绪场中,"真的相信"和"暂且相信"原来可以完全等价。他计算过天量的人类数据,包括语言、行为、生理、情感以及脑电信号等各种类型,对人类已经算得上了如指掌,但和真实的人类进行这种直接的智慧较量还是第一次,第一次就意义非凡。

接下来,夸姐和闻华也简单介绍了自己,大家又聊了五六个话题,夸姐依旧是主持人。每个人都清楚,房间里有只无形的大象,正在跑来跑去,氛围时不时被冲撞一下,但很快还会恢复正常。

虽然闻华和夸姐两人在很多观点上依然针锋相对,互不认同,但矛盾常常点到为止,然后就把话题丢给觅渡,让他做解释。

和**觅渡**的第一次接触

觅渡有时回应很多，有时完全不回答，有时候也很无奈："两位说的这类矛盾，未来还是矛盾，人类文明五千年都没解决的问题，指望五十年解决，那也太不尊重它们了。事实上，这些难题更像会下金蛋的鸡，人类在探索过程中不断获得新发现，就像你们熟悉的费马大定理以及哥德巴赫猜想。真理就是存在本身，它不需要向人类自证存在，它给所有生命都留下丰富的线索……"觅渡的表达很模糊，但还不算废话。

谈论教育问题的时候，焦融的话不是很多，她的观点太浅，不是被夸姐用理论框架解剖，就是被闻华用实践经验抹平。但有很多时候，觅渡说的话艰涩难懂，焦融穿插一些巧妙的比喻，大家反而容易明白，至少感觉明白了。至于闻华和夸姐的争论，焦融逐渐也看出来，大多都是夸姐故意挑起的，就像习武者准备出山，总想找人过过手。看透不说破，大家才能聊下去。

忽然，夸姐尖叫起来，指着挂钟对闻华说："闻华哥，已经快九点啦，您是不是要去接女儿了？"闻华笑着告诉夸姐，可以不用着急，他给朋友发了信息，让女儿先在他们家玩，如果实在太晚，就跟他们家女儿一起挤挤睡得了。虽然交流依然充满火药味，但闻华觉得非常值得，很久没有这么畅快

第三章 真理就是存在本身

淋漓地辩论了。

正如觅渡所期望的那样，聊天很快超出了列表问题的范围，甚至和群里越来越像，常常是觅渡抛出问题，闻华和夸姐相互分享并争论着。

觅渡在发言的时候也学会了时不时挠下头，似乎在努力回忆着对未来的记忆。每当这时候，夸姐便会笑得很大声，打趣觅渡是不是内存不够用了，还说愿意掏钱给他换个芯片啥的。偶尔，闻华也跟着调侃一两句。觅渡也跟着哈哈大笑，感觉这种氛围特别适合这个跨年夜，他很喜欢。

焦融却不同，她从不在时空穿越这个问题上调侃觅渡。焦融对教育问题发言不多，但偶尔会顺着大家的聊天，抛几个和科技相关的小问题。这些时候，夸姐能聊不少，觅渡也会回应一些。焦融听得很认真，觅渡的回答虽然简短，却非常清晰，分寸拿捏得极好，让人既不能完全确认，也无法明确否定。她还注意到，觅渡在回答科技问题的时候，从不挠头。

就在觅渡给火炉添加木炭的时候，时间过了九点半，那是原定活动结束的时间。

第四章

失联倒计时(上)

穿越时间的人,最敏感于时间。

觅渡提醒大家:"已经九点半,交流会差不多就要结束了,真是不好意思,虽然安排在跨年夜,但咱们这活动并没有凌晨跨年的安排。"笑容依然热情,但话语却有些冰冷:"其实吧,教育发展很连贯,五千年来就是如此,并没有所谓的辞旧迎新。"

三个人都感觉意犹未尽,以至觅渡后面那句根本没听清楚。夸姐大声嚷嚷着要一起庆祝跨年,还说要叫外卖,有酒

第四章　失联倒计时（上）

有肉再战一轮。焦融也跟着起哄，于公于私，她都很乐意待得更久些。闻华也跟着应和，说他也可以再晚一些。可作为主人的觅渡，并没有因为众人的期望而显示出一点点动摇。

觅渡转过头，对闻华讲："闻华老师啊，今天是新年夜，按习俗也是应该团圆的日子。如果因为搞活动让您和女儿不能一起跨年，我真得特别难受。从这儿到您朋友家，也就十一二分钟车程，时间还不算太晚。"

闻华略微疑惑了下，觅渡如何敢于给出这么准确的数字，但转念又觉得没必要问，得到的答案无非是随便猜测或者是将一切都归功于"穿越者"的剧透，确实没什么意思。

闻华在心里简单复盘了下，收获比预期高出许多。虽然他在群里很活跃，但对元宇宙概念融入教育这件事，还是持保守态度。媒体对元宇宙教育报道很多，他常常感觉华而不实，很多观点为博眼球已经到了不靠谱的程度，让他这样的教育工作者感到非常不适，甚至还写过两篇反驳的文章。但今天这场讨论会很特别，神神道道的觅渡，总和他辩论的阿夸，还有发言不多却颇能带来启发的焦融，让他对元宇宙教育新增了很多妙趣的理解。

觅渡委婉的逐客令，虽然让他感到不舒服，却很有道理。闻华清楚，妻子外派支教半年多，家里只有他一个人带女儿，如果因为自己让孩子在外过夜,确实有些自私了。

于是,闻华起身收拾外套,戴好了口罩,准备离开。觅渡还是执意要送他出门,外边风更大了,便给闻华披上了大衣。

走出去似乎非常快,网约车也已经停在路边。觅渡和他握手告别:"闻华老师,非常感谢您能来。现在已经九点三十八了,回去早点休息。我想咱们还会见面的,到时候也带上您的女儿,应该会聊得很愉快呢!"车开的时候,导航软件提醒了到达时间,闻华听到,微微愣了一下,不由得回味起觅渡说过的那些奇奇怪怪的话。

就在两位男士离开的光景,焦融问了夸姐一个问题,夸姐也问了焦融一个问题,两个人面面相觑,不知道怎么回答对方,氛围很是尴尬。夸姐忙起身去换茶水,焦融则打算溜到院子透下风,没想到刚推开门,就看到觅渡回来了。觅渡进屋就叮嘱夸姐和焦融,最多再聊半个小时。

倒好茶水,整个屋子又热气腾腾,炉火也旺了起来。虽然大家默认已经不是讨论会的节奏,但夸姐还是先开了口,没有拐弯抹角:"觅渡群主,再聊聊你的身世吧,如果你确实是穿越者,那穿越回来的目的是什么呢?"

第四章 失联倒计时（上）

焦融愣了一下，这明明是她刚才提给夸姐的问题。

夸姐看着焦融，笑得很调皮："小焦妹妹，刚才我的那个问题，其实是问你呢！"焦融满脸通红，因为刚才夸姐问她的是"觅渡是不是单身"。

此时的焦融，心里五味杂陈。刚刚被夸姐提的问题酸得没了滋味，甚至有些失态。而这会儿，不仅因为被点破了心思而尴尬，更因被抢了问题而难受。焦融被夸姐这一系列骚操作弄得心烦意乱，脸上写满了不悦。夸姐看着焦融，却笑得有些狡黠，之所这么做，当然也有她的考量。

觅渡看两人如此这般神秘，并不感到奇怪，女孩子间的小心思其实并不难计算，他的算法库里有不少对应的模型。但他并没有去计算，最后这点时间，他很清楚肯定是要聊那个冲撞了大家无数次的难题。

"朝圣。"觅渡的回答，只有信息，没有情绪。

"哈哈哈——"夸姐爽朗的笑声倾泻而出，"难道我们俩，还有闻华老师，都是圣人？或者这个四合院是什么圣地吗？"刻意的大笑，让旁边的焦融都有些不淡定了。

"接下来的这几十年被人类称为'元宇宙时代'，而2021年就是元宇宙元年。我穿越归来，可不就是为了'朝圣'吗？"觅渡刻意弱化了人，而把目标转移到了时间上。

想到故事里原来没有自己，夸姐有点失落："哦，看来是我，欤？不对，是我们自作多情了。"说着，刻意看了焦融一眼，换来了对方的娇嗔，两人都没再说什么。

觅渡继续解释："我虽然是人工智能，但穿越朝圣这事儿，人类还是只能委托我来代劳。说实在的，时空技术还很不成熟，操作极为复杂，耗费的人力物力都非常大，甚至还有出意外的风险。如果不是为了朝圣，联合国也不会批准的。"觅渡的讲述，平淡到了有些不自然。

焦融见夸姐还想说话，怕自己没了机会，赶紧插进来问："那你之前说的那些话，都是真的吗？都是可信的吗？"

觅渡打量了她俩一番，嘿嘿笑了下："看来焦小融同学已经相信我是时空穿越者了，但阿夸博士还在怀疑呢！"没等她们开口，就斩钉截铁地回应了焦融的问题：

"当然！不能！完全！相信！"

焦融和夸姐似乎都被吓到了，眼睛里的精气神瞬间消失了一半。

觅渡平缓了一下语气："对不起，是不是让二位失望了，我还是稍微解释下吧，你们姑且听听。其实没什么，这是因为信息在时间维度上的'随机异化'现象。打个比方吧，这有点像人类经常出现的'心口不一'现象。如果我们处于相同时空，人言不可信，部分是因为人脑结构的天然缺陷，而计算机输出的信息，无论对错，信息本身的可信度极高。但在时空穿越时，所有信息都会出现'随机异化'现象，我向你们传递的信息，也就不能完全相信了。好在 50 年的跨度，异化并不剧烈，至少还没到难以理解的程度。"

夸姐紧接着就问："你既然从未来穿越而来，那一定是全知全能的咯？未来的任何事情，都能问你吗？"

"哎呀，夸姐姐呀，你这是夸我吗，还是什么意思呢？怎么可能啊！你想想，如果你穿越回过去，就全知全能了吗？如果你不能，我也不能啊。我所知道的，以及能做到的，都来自我原本就有的数据和算法。"觅渡无奈地耸耸肩，咂了一口茶水。

"当然，作为超算系统，我确实知道很多，算得也挺快，你们可以问我很多问题，不过，对于我不熟悉的领域，通常不怎么回答。你们知道的，我的工作就是服务全球的教育体系。"觅渡似乎很强调提问，更强调教育，说完他把头转向焦融，似乎在等待焦融提问。

可夸姐没给焦融机会，继续大声问着："哈，那我就狮子大开口咯！我天天研究教育，那些问题其实没啥好问的。我就是个大俗人，来来来，觅渡大哥，觅渡大佬，快告诉我一个能挣大钱的股票代码，还有我未来老公的电话号码吧！求求你了！"

觅渡大笑起来："夸姐呀，别开这种国际玩笑哈！你就不担心我给你的信息被随机异化掉一两个数字吗？那结果可就完全不同了呢！而且啦，大家小时候都学过《农夫和金鱼》的故事，这种情况会导致什么，我就不说了。事实上，我几乎知道人类所有的寓言故事呢！"

夸姐确实是开玩笑，但被这么一说，脸已经热到发烫。觅渡竟然提到了寓言故事，让她感到强烈的道德压力。但转念一想又觉得极为有趣，当下这怪异的情景，不知道会是个怎样的寓言故事。

焦融听觅渡和夸姐的对话如此无厘头，已经笑倒在沙发里，以至一瞬间都忘了自己还有一肚子问题想问。当然，她并没有忘记那些问题，只是最想问的却最难开口，便更不知道该从哪里开始了。

觅渡抬头看了眼时间，笑着对焦融说："焦小融同学，你特别善于观察、思考和表达。你写的书我都看过呢，而且看过很多很多遍，你知道的，我极为擅长读书。我想，你肯定有很多问题，不过今天实在不早了，明天我们单独约时间再聊，如何啊？"

第四章 失联倒计时（上）

夸姐跟着就起哄："对哦，对哦，你们明天单约！我小焦妹妹想问的问题很多，不仅深刻，还更有意义，她可没我这么俗气！"

焦融正在忧愁着飞逝的时间，不断删减着思绪里的问题，从几十个，减到只剩下两三个。她正打算开口，听觅渡说明天还会单独约她，紧绷的情绪一下子就放松了。她喝了口茶，静静微笑着，茶虽然凉了，却依然很香。

觅渡转头对夸姐说："阿夸小姐姐，您可一点都不俗呢，以我未来人的眼光看来，您绝对气质非凡！"

夸姐心里乐开了花，被一个时空穿越者如此夸赞，而且还是位大帅哥，真的很享受。此时此刻，她并不觉得觅渡是计算机程序，毕竟她也算半个专业者，就算人工智能可以通过复杂的图灵测试，也不至于如此人情练达："哎哟，觅渡大帅哥可真会夸人哦，快说说看，我到底怎么个气质非凡了？"

觅渡稍微沉思了下，慢悠悠地说："我觉得吧，你的名字就非常有气质和韵味，我很喜欢，也很怀念。"

焦融的心情又翻滚起来，她看了看夸姐，又盯着觅渡脸上的表情，好像不是她想象的那样。觅渡的语气很重，或许是沉重，或许是庄重。

夸姐心头一震，刚才还寻思着寓言啥的，难道说来就来

和觅渡的第一次接触

了？其实，从觅渡做完自我介绍之后，她就努力用戏谑的方式对抗这无尽的离奇，就像同酒精的搏斗，往往是声音越大，醉得越重。她的内心充满了恐惧和期待。但就在这一刻，夸姐感觉自己不再需要大声说笑了，她知道自己没有醉，也不会醉，反而有点可怜面前这位大男生，活得太有压力，说是能穿越时间呢，实际却被时间紧紧锁住，一点也不自在，每句话都很刻意。

夸姐调整好了自己的心态，略带自嘲，微笑着说："哎呀，你说啥呀！人家都说我网名不好听，夸姐，有点大言不惭，还有点拉拉垮垮的感觉。"

觅渡根本没有抬头，继续说："你不是更喜欢别人叫你阿夸吗？Aqua，那是水的名字，是智者，更是善者。《道德经》里说，'上善若水，水善利万物而不争'。阿夸姐，是这个意思吧？"

夸姐已经不知道该说什么了，她感觉自己像被推进了某个无限循环的寓言里，找不到出口的方向。她端起放在火炉边上的茶杯，茶水还有点烫。

觅渡拍了一下大腿，站起身，声音洪亮："好啦，已经十点多了，真的不早了。阿夸姐姐，小焦妹妹，大家也该早点回去休息了。今天确实不能陪大家庆祝跨年了,明天是元旦,希望今天这场元宇宙表演能够给大家带来不一样的快乐和祝福!"

炉火已经很暗淡,但还是噼啪了两声,飘出几颗火星子。觅渡没有要等待的意思,转身就把剩下的两件大衣拿过来,递给了夸姐和焦融。三个人都没有再说话,觅渡心里算着时间,夸姐心里满是寓言,焦融心里只有明天,他们都在想,未来将以何种方式登场。

第五章

失联倒计时（下）

2022年1月1日，元旦，新年的第一个早晨。

大部分欢度了跨年夜的人们，都还在对过去一年的缅怀中沉睡。闻华却带着女儿早早出了门，此刻就站在地铁站出口，显然是在等什么人。他的女儿并不乐意假期一大早就被拉出来，多次请求玩手机未果后，感到甚是无趣，只得随手摘着身边的冬青叶子，低声哼唱着。

没多久，夸姐就到了。她已经不能淡定地说话，远远地便大声嚷着："闻华大哥，这是个什么情况，你相信吗？你敢

第五章　失联倒计时（下）

相信吗？"

闻华的女儿看到一个穿着时尚的姐姐，打那么远便没头没尾地喊着如此奇怪的话，甚至引来周围好几个人的侧目，心中不免满是嘀咕。她盯着夸姐，手却拽起了父亲的衣袖，小声而急切地问："爸爸，她是谁？她说要相信什么？怎么感觉有点疯了？"

闻华早已经平静，静待一切的发生。他没有提前跟女儿讲什么，只是不希望打破她的游戏体验，看夸姐到了，才对女儿说："媛媛，不用急，这是一个很有意思的故事，等下这位阿姨会讲给你听。来，就叫夸夸阿姨吧！"

突然被那么大的孩子称呼为阿姨，夸姐浑身不习惯。若是平时，她必会缠着让孩子改口叫姐姐，此时却已经顾不了那么多了，只是关切地问道："闻华大哥，您去看过了吗？"

闻华平静地说："我都已经看过了，胡同就在那里，路的那一边只是一排矮墙和冬青灌木，没有门，更没有四合院。当然，等下你还可以再去走一圈，我应该不会记错。看你的样子，肯定没睡好，也没吃早餐吧，要不我们边吃边说？"

与昨晚的荒凉街景不同，周围其实挺热闹的，早餐店并不难寻。三个人吃早餐的工夫，其实也没说太多，无非是把几件事简单对了一遍。

和**觅渡**的第一次接触

早上一起来，准确说是 2022 年新年伊始，此前聊天的大群和小群都不见了，不是解散也不是被封，而是直接消失，就好像从来没有存在过一样。好在他俩昨晚加了好友，否则都不知道怎么联系对方。阿夸和焦融也加了好友，刚发过信息，还没有回复。

闻华做事非常细致，也是多年的习惯，就像备课一样。虽然只是早上这一会儿工夫，就已经将整个事件的过程梳理得清清楚楚，罗列了十几条证据，结论无非就一个：他们三个人、曾经的聊天群、昨日的聚会，这一切的一切都是真的，消失的群、消失的觅渡、消失的四合院，这些也都真实发生了。似乎只有接受觅渡是时空穿越者这个假设，才能消除所有的矛盾，拟合出奥卡姆原理那样的简洁完美。

"闻华老师，您打算怎么处理这件事？"夸姐很关心闻华的态度。

"没什么，该干啥干啥，就当是生命中的一次梦幻旅行吧。我可没打算到处宣扬，作为一名老师，那么做肯定不好，指不定别人怎么想呢。不过，我倒是对元宇宙教育更感兴趣了，打算多用点心了解了解。"闻华说得很轻松，实际上，这事儿给他内心带来的震撼，还远远没有平息。

"您说得太对了，确实没什么好咋咋呼呼的，这世界上鬼

第五章 失联倒计时（下）

怪离奇的故事，多一个不多，少一个不少。不过，怎么面对这事儿，我还得消化一阵子。"她本想跟闻华讲昨晚关于自己名字的事情，但想想又算了，无非又多了一条觅渡穿越的证据，而且还不是什么关键证据。

其实，此时的夸姐已经接受了觅渡是时空穿越者这一事实，或许更早，可能从觅渡提到她名字的那一刻就接受了。跨年夜里，她翻来覆去胡思乱想了很久，不知何时闭上眼，也不知何时天转明。只记得睁眼看见光的那一刹那，结论就出现了，无论如何，她已经跳不出觅渡摆下的这场珍珑迷局，而她的命运，注定会和觅渡有千丝万缕的联系。为了解开这其中的奥秘，她不知道自己要努力多久，会舍弃多少。

媛媛本想等阿夸专门给她讲故事，可感觉氛围不对。虽然只能听他俩断断续续地聊天，但也大概理解了一点故事的碎片。少年表现欲旺盛，她找了个话头，装作淡定老成的样子说了自己的看法：

"你们社会上的人，最近几个月不都在议论元宇宙吗？其实吧，我们平时在学校也经常聊这种既科又幻的话题，什么脑机互联、平行宇宙、虫洞之类的，元宇宙我们也讨论过。这些东西聊得多了，我们都明白一个道理，跟我们学的历史故事一样，相信这个也行，相信那个也行。总之，选择先相信就不纠结了。你们这些成年人经常纠结是真是假，反而容易被时代抛弃呢！要我说，你们不如就相信，还能多一点趣味。所以啊，爸爸，你就相信吧，我支持你。"说完故作深沉地拍了拍闻华的胳膊，继续吃早点。

正当闻华和夸姐面面相觑的时候，媛媛忽然又补了一句："爸爸，如果将来我也能时空穿越，肯定会回来看你和妈妈，那该多好玩啊！"

闻华搂着女儿的肩膀："哈哈，媛媛，爸爸听到了，这个牛吹得很有水准！这次爸爸碰到的是个大男生，下次如果碰到一个女生，那就肯定是你。不过嘛，吹牛很容易，要想实现嘛，有个前提条件，就是要把数学、物理这两门课学好，要知道……"

媛媛打断了爸爸："爸——，你真是三句话不离本行啊，说个啥事儿你都能扯到我的学习上，烦死啦！"媛媛确实很生气，她数理化成绩其实不错，但就是不太喜欢，父母三番五次用这种方式提醒她，虽然知道这是为自己好，但是总是这样念叨，换谁也受不了啊。

夸姐没插话，想着媛媛讲的话，不由得感到惊讶。现在学生的知识范围真是太广了，让一直待在象牙塔里的她简直

第五章 失联倒计时(下)

无法想象。自己搞教育学深层研究,却忽略了社会和教育的真实状况,这一刻,甚至产生了一点对自己价值的怀疑。夸姐看着心无旁骛吃饭的媛媛,忽然想到,如果昨晚她在,或许真就像觅渡说的,不出两分钟就完全相信了呢。

闻华看夸姐刚刚摆弄了下手机,便转了话题,问道:"焦融回你消息了吗?我昨天走得早,忘记加她了。"

夸姐耸了耸肩:"还没有。对了,昨天走之前,觅渡说今天要单独约焦融聊天呢!回头再问她具体情况吧,不着急这一会儿。"

吃过早餐,闻华带着媛媛回家,夸姐一个人去到胡同里。走了一圈、两圈、三圈……不是为了找院子的那扇门,而是在想自己的未来到底应该推开哪扇门。

跨年夜,焦融睡得很香。

起床第一件事,就是看她和觅渡的聊天对话,没有新消息,她有点失望。洗漱的时候,想着要不要自己主动约,想着晚上订哪个餐厅,以及想着该穿什么衣服和鞋子。忽然看见角落里那件与周围格格不入的军大衣,差点笑出声来,觅渡昨天坚持要她穿着。

作为一个科幻作家,焦融早已经习惯了在一个虚拟场景中飘来荡去的感觉。虽然昨晚的经历很奇幻,但整个故事并不复杂,无非是茶馆空间里的一小段穿越聊天,比起她曾经写过的小说,还是差远了。对她而言,只需要几行文字,就能指挥起一个超级舰队,用"奇点炸弹"或者"二向箔"去摧毁另一个超级文明的星系组群。

但焦融的心情并没有平静,她知道,与其在自己构建的超距时空里做星际英雄,远不如在觅渡营造的四合茶馆里聊天谈恋爱更有感觉。昨晚,那只算暗恋,接下来,或许才正式开始吧。

她当然知道,按照觅渡的说法,他只是一个人工智能程序。但她更知道,有趣的故事总是充满翻转,那些话其实都是虚的,只有她心跳的感觉,最实在。想到这里,她似乎又听到了自己的心跳声,咚——咚——咚——

再打开手机,觅渡依然没有新消息,她下意识看下聊天群是否有更新,就像她一直习惯的那样。直到这时,她才发现被置顶的"元宇宙教育"聊天大群不见了。她拼命回忆,是不是昨晚哪个操作给误删掉了?再找,活动小群也不见了,不安的感觉让她瞬间慌乱起来!她赶紧打开和觅渡的聊天,稍微舒缓了下,所幸的是,此前聊天的内容都还在。

第五章　失联倒计时（下）

正打算舒口气，却发现了异样！最后一条信息上面的时间戳似乎有些不太对劲，变成了一个跳动的数字，12:08:11、12:08:10、12:08:09……

直觉告诉焦融，谜题开始了，就像她小说里常见的情节，时间往往都是最关键的线索。她看了一眼手机顶部，08:13，如果跳动的是倒计时，那应该在晚上八点多归零，是晚餐见面的时间吗？想到这里，画面感立刻浮现出来，就在那一刻，觅渡穿越时空，如同特工 007 一般惊艳出场，戴着墨镜，手上还拿着一束玫瑰……

恍惚了一下又回过神，谜题肯定没这么简单，想着要和觅渡玩破案游戏，焦融不由得激动起来。冷静，再冷静些。她检查手机，其他聊天都没有异样。打开时钟，对倒计时进行了精确计算，结束是 20:22:00。

忽然想到，今天已经是 2022 年的元旦。这显然不是巧合，最后的两个 0 让她有一丝不祥的预感。

焦融想了一会儿，给觅渡发去了一条信息："20:22:00，见面吗？"

瞬间得到回复，是一段语音消息，点开，是熟悉的声音："不是，是我们聊天结束的时间。"声音播放完，语音气泡连同她发的问题一起消失了，没有任何痕迹。最后的聊天记录

和觅渡的第一次接触

仍然是昨天的文字"我已经出发了，等会儿见"，还有上面不断变化的倒计时 11:58:25、11:58:24、11:58:23……

焦融再问："现在，我们在哪里见面？老地方？"

瞬间又得到回复："实体型穿越昨晚已经结束，现在只保留了最低带宽的跨时空通信。焦小融同学，不瞒你说，实体型穿越的成本实在太高了，联合国批的预算只能支撑 4 个小时。昨晚闻华老师和阿夸差不多 18:35 同时到，所以到 22:30 之前，我必须把你俩都送走。"信息听完就消失了，回到了最初的样子。

再问："我们还能再见面吗？"

这次没有马上收到回复。焦融揣摩着觅渡的心思，问题可能比较难，毕竟还要考虑预算啥的。盯着屏幕，时间一秒一秒清晰地流失，她越来越焦虑，难道是跨时空通信中断了？

实在等不下去，焦融又发了一条信息："我们还在聊天吗？"当消息发出的时候，此前的问题也消失了。

瞬间又得到回复："当然啦，亲爱的焦小融同学。你还有什么问题，尽管问吧。时空带宽有点低，如果是我不熟悉的领域，就不好回应了。你知道的，我的工作是服务全球教育体系。"焦融感觉很熟悉，这些话，觅渡前一天晚上就说过。

再问："那我随便提个教育问题吧，未来的学校会是怎么

第五章　失联倒计时（下）

样的？"瞬间得到回复，听完的时候算了算，有三分多钟。

就这样往复了很多轮。其间她收到很多别的信息，也包括夸姐发来的，但她完全没有心思回复。此时此刻，她已经沉浸在和觅渡的倒计时游戏中，无法分神了。

不知过了多久，焦融终于搞清楚这聊天游戏的基本规则。她要主动提问，觅渡才会回应。她只能发文字，觅渡只回复语音，合成语音对他而言实在太简单。无论长短都是瞬间回复，否则就等于没有回复。如果不回复，至于是拒绝，还是通信出了问题，她无法验证，但无论如何，等待都毫无意义。焦融还尝试过录音，可无论怎么更换设备，都是徒劳。在和觅渡确认之后，她理解了原因。她听到的根本不是声音，而是借通信网络传输的加密电磁信号，让她的大脑以为听到了声音，实际上，周围的空气并不曾发生过振动。

焦融明白，如果想留下什么记录，最简单的方式只有靠自己。恍惚间，她感觉又回到了学校的教室，老师在上面讲，她在下面边听边做着笔记。好在这件事她极为擅长，写字似乎就是她天生的本领。

与觅渡的沟通游戏，规则其实挺多，但其中最重要的一条，焦融很早就有感知，却始终不肯面对，那便是：所有与

和觅渡的第一次接触

情感相关的问题都收不到回复,而所有和元宇宙、和教育相关的问题,回应常常很丰富。焦融知道,如果还想继续和觅渡聊天的话,这就是唯一的选择。

她甚至问过觅渡,如此问答有什么意义,没有回复。在某个瞬间,与其说她被动接受了这些规则,不如说她主动给自己创造了某种虚幻的使命,而让这场跨时空交流有持续下去的意义。

探寻因果,起因似乎很早就被种下。她翻看过之前的聊天记录,似乎一直都是这样的问答节奏,只是那时的觅渡更开放,还常常提出有趣的问题来问她。焦融此时并不知道,觅渡只和她一个人加了聊天好友。

倒计时 10:24:00、10:23:59、10:23:58……

看着数字不断衰减,焦融很清楚,接下来的游戏,时间非常稀缺。但经验丰富的她更知道,与其不断提问,不如先明确该如何提问。她想过求助夸姐或者闻华老师,但马上又止住了。如果只是重复昨夜的场景便能揭开迷局,觅渡大概也不需要如此大费周章。

焦融一边思考一边行动起来。网上教育类书籍多如牛毛,买是来不及了,只能看看简介和目录,发挥自己的想象力,

第五章　失联倒计时（下）

确实记录下来几个问题，但没有马上发给觅渡。浏览问答网站，里面教育相关的问题非常多，但要拿那些问题去问一个穿越时空的超级人工智能，好像完全没有价值。

焦触继而浏览起自己满满当当的书柜，藏书中居然只有两三本算是和教育相关，翻了翻，又多出了两三个问题。书架上的科幻小说最多，有好几百本，甚至有一层都是自己的书，平时拿来送朋友，昨晚竟然忘带了。她忽然想起来，觅渡说看过她写的所有小说，便立刻拿起手机："我写的小说里，你最喜欢哪几本？"

瞬间收到回复："《焦虑的基因》和《莫比乌斯赤道》，就两本。"

焦融很奇怪，这两本都是几年前尝试的新题材，一个讲微观的世界，另一个讲文明的冲突，都是基于现实人性的创作，科幻属性并不强，实际卖得也不好。而最受读者好评的几本，都属于宇宙战争和时空穿越这样的热门选题，觅渡并没有提到。但转念一想，自己都不禁笑出声来，觅渡就是一个时空穿越者，怎么还会对那种幼稚幻想的穿越小说感兴趣呢？再看那几本让自己成名的书，已经无法直视，看来以后再也没法写这类科幻了。

和**觅渡**的第一次接触

或许是烧脑太久了,再加上一天一夜都没怎么吃东西,焦融感到饥饿难忍、头昏眼花、手抖心悸,便拿了面包和牛奶,打算快速对付下。她刻意把手机放在餐桌对面,想象着觅渡就坐在那里,算是和自己共进午餐。其实,也只有这样,她才能忍住不去看那流逝的时间。

倒计时 09:10:38、09:10:37、09:10:36……

当第一口碳水化合物进入食道,她感觉整个身体都像重启了一样。所有的细胞都开始为这点食物疯狂忙碌起来,肠道的运动让她感觉更饿了,不,应该是她的大脑,让她感觉更饿了。

食物带来的新能量输送到大脑皮层,激活了更多的记忆碎片。焦融忽然明白了什么,对啊,为什么是她呢?觅渡显然不会傻到让她去做自己不擅长的事情,而她只是擅长写点科幻故事而已。她抬起头,指着对面的手机,兴奋地说:"嘿嘿,我明白啦!你可不是一般的狡猾呢!"

焦融以特有的直觉知道了自己接下来该做的事情。她没有去拿手机,而是找来一张白纸,疯狂写着只有她才能看懂的文字、符号和线条,就这样埋头写写画画差不多一个小时,才算止住了笔。

像是一张思维导图,却不是;像一张地图,并不是;像

第五章 失联倒计时（下）

一个星际云图，当然也不是。其实，这并不是任何一种能被社会常识所理解的东西，而是焦融使用自己独特的语言构建出的一个世界，是50年后的人类社会，那个被觅渡称为"伟大时代"的文明。为了节省时间，很多名词都用符号代替了，这都是她多年积累下来的方法。

"就这样吧，时间应该还够！"焦融举起那张纸，映着屋顶的灯，注视着那些符号，眼中透出许久未有的自信，微笑里更有了一些从容。

整个地球已经从密密匝匝的符号里跳出来，悬停在她的面前，她可以随意缩放或旋转，可以把地球融入到广袤无垠的宇宙星系，也可以观察地心深处一颗铁原子的夸克波动。在陆地上、在海洋里、在天空中，一张浅蓝色的光影网络，紧密连接着地球上的那100亿人，他们各自忙碌着，既相邻，又遥远。

倒计时 08:00:01、08:00:00、07:59:59……

面对这幅元宇宙世界的草图，焦融可以提出非常多问题。选择以"教育"为原点，可以宏观、可以微观，还可以不断切换视角，比如科技、政治、文化、经济、金融等，更可以不断调整重心，比如学校、政府、家庭、社区、企业等。发生在这个虚拟世界里的一切，她都能捕捉到。

和 觅渡 的第一次接触

接下来的八个小时其实都是留给觅渡的时间，焦融只需要保持问题的平衡。每次发出都立刻得到回复，通常是三五分钟，偶尔还会更久，甚至觅渡还会把曾经提过的问题交叉起来回应。焦融并不试图去理解觅渡的回答，她只是快速记录着关键词句，偶尔甩一甩手，缓解阵阵袭来的疼痛，或许还有一丝记录不完整的遗憾吧。

再问："我能问更远的未来吗？500年之后，人类教育会怎样？人类会怎样？"

觅渡回复了，很短，也还算清晰，并且告诉她，要回望过去500年的历史，那里藏着未来的秘密。

想了想，不如再大胆一些，问："那5000年之后呢？"

觅渡回复了，除了第一句"请回望过去5000年的人类文明，那里藏着未来的秘密"，然后就是一阵混乱的杂音。焦融想，或许是信息太久远，随机异化让她已经无法理解了，不禁笑了起来。

再问："你知道我在做记录，写了好多字，该怎么处理呢？"

觅渡瞬间回复："你自己决定吧，万物皆自为因果。"

倒计时 00:09:10、00:09:09、00:09:08……

焦融扔掉了手中的笔："应该有一百多个问题了，感觉有点累，觅渡哥哥，最后这几分钟，能留给我，留给我们俩吗？"

第五章 失联倒计时(下)

觅渡回复:"好的,小焦妹妹,我想你确实很累了,喝口水吧。"

倒计时00:01:25、00:01:24、00:01:23……

再问:"再过一会儿,我们的聊天也会像群一样消失吗?"

觅渡回复:"如果你不删除,它应该就在那里吧,我想。"

再问:"我们之后还会再见面吗?"

觅渡瞬间回复:"我不知道,这是我第一次穿越,未来或许还有。"

倒计时00:00:10、00:00:09、00:00:08……

焦融默默念着最后的数字,脑子里一片空白,她的手已经僵硬,无法再写下任何一个字符。

"焦融,我会想你的。"

就在倒计时归零的那一刹那,觅渡主动发过来一条信息。焦融瞬间点开,听到了那句话。其实,她已经不能确定,到底有没有那条消息,或者那只是她自己的幻觉。

私聊对话没有消失,最后一条还是"我已经出发了,等会儿见"。只是上面的时间戳恢复了正常,仿佛刚才的一切都不曾发生过。

焦融躺倒在床上,盯着天花板,流淌着的泪水或许可以证明,有一些不同寻常的事情,曾经发生过。

第六章

永恒之歌

接下来的日子,焦融时不时会和觅渡聊天,或者说,这个私信聊天已经成了她的树洞、她的心灵家园。她知道游戏已经结束了,自己不用再提问,而现在的她,可以无拘无束,说任何想说的话。

但是,焦融恪守着一个原则,文字发出后几秒钟,她就会主动删掉。因为她知道,如果觅渡愿意,瞬间就会回复她。她并不需要用历史记录证明有些事情曾经发生过。而无论何时,只要她打开对话,就会看到那句真实的聊天:"我已经出

第六章　永恒之歌

发了,等会儿见。"

偶尔,焦融也会把发给觅渡的文字保留在一个文件里,文件的名字就叫"永恒之歌",内容不断叠加,有些地方凌乱,有些地方整齐,以下文字只是其中的一小部分。

那些关于人类与虚拟人之间的竞争
——虚拟人只能代替一切机械,却没有移情

树在哪里?云在哪里?灵魂又在哪里?

谁在强调教育公平却又鼓吹跨越阶级?

老师是世界上最孤独而危险的职业吗?

其上级为不可否决的正确,其周边为不由分说的竞争,其对面为不忍移情的个体,而其负责的,更是未来。

孩子最能决定一个家庭的未来吗?

教育所能做的又是什么呢?

那个机械老师,望着喧嚣城市中的花圃,那是他上课前最后的慰藉,然后向空中飞去,只期盼触礁。

那些关于人类与虚拟人之间的互补

和觅渡的第一次接触

——数字,或许就是蕴含着教育真理的工具

人人都认为自己了解教育,但头脑中的理念又来自哪里?

如果任何人都可以通过教育理解教育,为何从来没有教育的真理?

华夏女娲捏泥为人,西亚真主以泥造人,北欧诸神取来梣木枝造了男人,用榆树枝造了女人。人们躺在木头中,落叶归根,土中来又土中走。

于是人类不再有心灵的秘密,在朦胧迷雾的城市里寻找机械的心,不知来不来得及。

钢筋水泥的背景音,又是什么真理,却没有人听。

那些关于人类与虚拟人之间的情愫

——以为爱上了圣洁,渴望从梦般现实真正走过桥梁的那个人类

你爱的不是自己,也不是对岸,你爱的是什么呢?

那时候,布道者尚未抵达河流,他的梦是何色彩?

第六章 永恒之歌

道,是一个抽象而具象的存在为之强加的名字。

现实中被神借用的躯体,具体而抽象的光阴。

那布道者的情感,像是铁丝弯折而成的鸟,装下的是一只路过飞鸟的影子。那只没有影子的鸟就这么飞着,没有人在意一只鸟有没有影子,就像没人在意铁丝的出处。

一切都在可能性的洪流之中交迭而并列。

……

第七章

当下，元宇宙教育

春节假期过去，冬奥会也结束了，疫情压力稍微缓和了一些，人们便积极相约走动了起来。

"元宇宙"真是个热闹的话题，融入春晚小品里面的梗成了大家餐桌上的谈资，似乎每个人都可以聊上几句。不是可以，而是必须。倘若谦虚说自己不懂，便很容易就被归入传统守旧的群体。

"教育"也是一个热闹的话题，每个人也都可以谈上几句。不是可以，而是必然，最不爱学习的父母也会为孩子的

第七章 当下，元宇宙教育

成绩操心，或者问候别人家孩子的学习，才算表示过关心。就算没有孩子，也能说上无数的道理。

元宇宙，人人皆可想象；教育，人人都是专家。

闻华给夸姐和焦融发了信息，约着一起吃饭。事实上，这几个月三个人很少联系。那天之后，焦融跟大家简单说了她经历的事情，大家知道她在忙什么，也就不去打扰她了。

刚见面，焦融就主动汇报了她的情况："稿子整理得差不多了，其实还挺麻烦的，好多细节都想不起来了，生怕写错。"

夸姐笑得很开心："怕啥，反正有随机异化，就算你写得对，读的人也会自己异化的。不是常说嘛，一千个人心中有一千个哈姆雷特，还可能变成一万个哈利·波特，不管那么多了，哈哈哈！要我说，读者还是看中咱们焦大作家这块金字大招牌！出版后多给我几本，我拿去炫耀炫耀。"

焦融见夸姐还是如此没心没肺，苦笑着说："哦，对了，事实上这个稿子我不会自己出版，而是打算把稿子交给一个研究教育的朋友去弄，他说很快就能出版，就用咱们群的名字，叫《元宇宙教育》。我自己嘛，不打算搞教育，往后还是继续写科幻小说，没想好写啥，准备先休息一段时间。"

闻华有些不解："嗯，《元宇宙教育》，确实很贴切，书肯定没问题。我也理解你的心情，不过，还是有点小疑问。阿夸也是研究教育的，还是博士，也是亲历者，怎么不……"

焦融倒不尴尬："我原本也这么想，年前就问过夸姐，她不同意。"

夸姐连忙补充："是的，是的，小焦问我，说要把那些素材给我，让我来写。我倒是很想先睹为快，但书就不写了。这段时间，我感觉自己想好了，马上就博士毕业，我打算转行，不搞教育学方向了。"

夸姐一反常态地严肃，让闻华感到惊讶。焦融更感到无法理解，她曾经问过觅渡为何会邀请夸姐参加聚会，觅渡回复很简单，说因为夸姐很重要。如今夸姐猛地说自己不搞教育了，那为何还算重要呢？

夸姐似乎看穿了两人的心思，笑着说："不是搞别的啦，我本科学计算机，当时觉得敲代码太没意思，就转了教育学，没想到读到了博士。不得不承认，我内心对进入社会工作有恐惧，现在找一份好工作，真心不容易。"

夸姐摊着手，吐了吐舌头，继续说："跨年夜的事对我触动还是很大的，其实也没想清楚到底意味着啥，总之还是没心情找工作，就给自己编了个理由，准备再去读个计算机博士。家里还好，不需要我急着挣钱。嘿嘿，这次打算换到宇

第七章 当下，元宇宙教育

宙中心五道口那边去读，反正也就几百米距离，不远不远。"夸姐讲得很真诚，但并不真实。事实上，她年前就已经拿到了两个非常抢手的工作机会，家人其实也强烈反对她继续读书。

焦融听完似乎放心了，满面笑容："姐，我真是太崇拜你了，搞博士学位简直跟买菜一样。相信你一定没问题，将来肯定还会回来的。"

"回来？回哪？"夸姐很是不解。

"再回你的另一个老本行啊！"焦融笑的声音很大，仿佛是夸姐的亲传弟子。几个月之后的某天，焦融忽然开了一个脑洞，她感觉夸姐可能不是一般意义上的重要，很可能就是觅渡超算平台的第一个建设者。

闻华看着焦融，感觉她的话里总透露着一些古怪，倒不只是因为那种被阿夸传染的笑声，而是隐隐约约看到了类似觅渡身上那种穿越者的感觉。他敢肯定，焦融从觅渡那里知道了一些关于阿夸未来的消息。如此这般，那焦融算不算宽泛意义上的时空穿越者呢？或者，他们三个人，是不是都可以算是穿越者呢？闻华望向窗外，看街上人来人往，那些人呢？难道每个人都可以成为穿越者吗？每个人都可以当自己的穿越者吗？

和觅渡的第一次接触

闻华强行控制住自己的思绪，笑着对夸姐说："是哦，小焦同学说得对，我也相信，你这不就是在计算机和教育之间跨来跨去吗！夸姐，你看这名字多好啊，可有很深的寓意呢！"

名字！寓意！阿夸忽然感到脑门骤然紧了一下。"夸姐"是她当年从计算机转读教育的时候给自己取的网名。当听到闻华提到自己的名字，顿时百感交集，如同觅渡又一次穿越，附体在了闻华的身上。想着想着，她又陷入了对寓言的沉思，沉默着不肯回话。

焦融接过话头，打算聊点轻松的事情："闻华老师，寒假都忙些啥了？带媛媛出去玩了吗？"

闻华稍微愣了一下，想着或许是夸姐跟她提过自己女儿的名字吧，便也没多想："哈哈，我们全家都在北京过年，哪里都没去。疫情这状况，还是不添乱的好。我闲着也是闲着，不是受觅渡启发嘛，他提到了联合国，我之前就看国外的教育案例，顺便看了看联合国教科文组织出过的那些报告，挺有意思的，将来还打算再写点东西，只是现在还没有理清思路。还跟媛媛妈妈讨论过一些，她给了我很多想法呢！当然啦，关于那晚聚会的事我还没有跟她讲，实在太离奇了，我不太会讲故事。"

夸姐问："啊，嫂子也回北京了？上次听您说嫂子也是老

第七章　当下，元宇宙教育

师，好像是去支教了，具体是去了哪儿？"

闻华解释道："媛媛妈妈是教对外汉语的，之前在东南亚支教，那边疫情波动得很，差点没能赶回来过年。"

焦融其实问过觅渡为何邀请闻华参加聚会，觅渡说闻华很重要，还多说了一句，他的女儿媛媛也很重要。听闻华这么讲，心下突有所动，却又不知道怎么开口，只是随声应和着："闻华大哥，关于联合国教育的文章，您写好了，我要第一个拜读呢！"

这次见面，最开始还聊着跟觅渡、跟元宇宙、跟教育相关的话题，再就越飘越远，仿佛是认识很久的老朋友，实际也只是第二次见面而已。

末了，闻华叫服务员结账，随口说了一句："对了，咱们那个大群不是消失了嘛。最近元宇宙教育的话题很热，我又加了几个群，只是潜水看消息。前几天看到有人在群里发了一张截图，提到有讨论群忽然消失的事儿，就像都市传说，其实没啥人聊。我之所以留意，因为截图里聊天用的是阿拉伯文，还有人说群消失的时间也是去年底。"

夸姐和焦融交换了下诧异的眼神，夸姐说："哈！觅渡不是说自己是联合国搞出来的嘛。有阿拉伯文也合情合理吧。话说回来，自元宇宙概念火起来之后，匪夷所思的怪事确实层出不穷。谁又说得清呢？"三人没再多聊，确实，他们都有点见怪不怪了。

临走前，焦融提议，等天气再暖和些还要约夸姐和闻华一家踏春。全票通过，欢散。

第八章

未来，生命的契约

踏着2022年春天的脚步，《元宇宙教育》上市了。但焦融提议的踏春活动却不了了之，事实上，他们再次碰面已经是三年后的事了。

聚餐时，闻华最后提到截图的事儿，看似随意，其实并不随意。因为那个截图，他开始关注国内外时空穿越类奇闻异事的报道，他很想知道，是不是很多地方那天都发生了类似他们三人的奇遇。他花了很多时间，就像着了魔一般，最终却一无所获，不得不放弃了。

闻华并不清楚，觅渡穿越回到2021年，最开始的三个月都只是信息模式。他在全球各大社交平台上创设了很多和元宇宙有关的聊天群，邀请很多人加入。最初的时候，他还模拟各种昵称的普通用户，发布一些内容，算是抛砖引玉。到了元旦那天整个穿越计划结束的时候，那些群都还在，他只是悄悄退出，网友们继续着热烈的讨论。

直接消失的，只有闻华他们所在的那一大一小两个群。其实，除了他们三人，大群里的用户也都是模拟出来的。这两个群的目的，只是为了让实体穿越的跨年夜聚会显得更加自然而已。因为出现了太多细节问题，这种实体穿越后来被禁止了，即便是简单的信息穿越，也有着严格的全球管制。闻华三人和觅渡的跨时空见面，第一次也成了最后一次。

闻华最感兴趣的，当然不是那离奇的穿越事件，而是教育。他花了很多时间研究联合国及其他国际组织推动教育发展的历史资料，还写了好多篇论文，获得了教育圈朋友的好评。他也从一个中学英语教师，逐渐成了国际教育协作方面的专家。

三年后的再次见面是在首都机场，焦融专程从广州飞回北京，和夸姐一起给闻华一家送行。媛媛参加国际物理竞赛

第八章 未来，生命的契约

获了奖，她选择了出国留学。而闻华和妻子则是要去联合国教科文组织总部履职，虽然都是极为普通的职位，他们也为此争取了很久。

全球教育平台的思路之所以获得很多国家的支持，与闻华夫妻俩经年累月的推动密不可分。当然，他们只是积极推动者之一，具体的方案来自很多人共同的酝酿与筹备，很难分清楚谁先谁后、谁主谁次。而最终的决策，关键还是依靠着几个大国政府的支持。有些国家就算不积极，但也很难直接说反对，发展教育毕竟是人类共同的愿望。

2035年，当超算平台正式开始建设的时候，闻华已经成为中国在联合国教科文组织的核心代表。超算平台的中文名"觅渡"就是闻华给取的，有些媒体亲切地称他为"觅渡之父"，是之一。

新的学年，夸姐顺利开始了她的第二轮硕博连读。社交昵称也改了，不再叫"夸姐"了。不熟悉的人只知道她的计算机专业横跨了两个牛校，却不知道她其实已经拿过一个博士学位。

阿夸的社交能力其实挺好，但重新开始读研后，才发现自己原来更喜欢、也更擅长和机器对话。很少有女生会像她

和**觅渡**的第一次接触

这样，写代码跟拼了命一般。导师也感觉她有些过度偏执，常常劝她要平衡好感情和生活。而她，似乎只在意自己写的程序是不是能顺畅运行，是不是能像人一样思考，甚至是不是能超越人的思考，别的都是过眼云烟。

阿夸后来开发的算法大部分都用在了生物制药方面，那是人工智能应用最活跃的领域之一。只不过，那些代码并不在乎计算的是微观碳链折叠，还是宏观星系爆发，或许就像人类的思维，可以在不同的主题间自由切换，也可以在不同元宇宙场景间随意穿梭。

那次聚餐后，阿夸几乎没有跟闻华和焦融主动联系过，原本就不在一个社交圈子，工作更没有什么交集。至于那个寓言，她慢慢就不太在乎了，只是当作一段美妙的经历。

当焦融约她为闻华一家送行的时候，阿夸本想拒绝，只是出于礼貌，还是去了。见面聊天，焦融跟她讲，已经很久没写小说了，工作也跟教育没什么关系。在阿夸看来，似乎只有闻华还活在那个离奇故事的脚本中，而焦融和她，已经跳出了觅渡描绘的路径。活在当下，就是命运最好的安排。

很多年后，有一个研究所要给他们的实验型量子计算机开发一套底层系统，辗转委托到阿夸带的团队。当阿夸听到对方愿意把系统命名权留给她的时候，猛然间，她的心似乎

第八章 未来，生命的契约

被雷电击中，骤停了一下。她脱口而出，要给那个系统取名叫"Aqua"，思绪瞬间回到了那个不曾存在的老北京四合院，但她很快又平静回来，因为那个研究所跟教育完全不沾边，是她自己想多了。

2035年，联合国确定开始筹建超算平台，基石系统当然非常关键，决定通过专家团推荐加匿名默评的方式，寻找已经有一定成熟度的方案。让很多人感到意外的是，Aqua系统成了最终的选择。闻华和阿夸再次见面了，恰如数年前的那场奇遇。

在给超算平台取中文名的时候，闻华收到过很多建议，最终，他决定延续Aqua寓意的智善之美，并由水及人，取名为"觅渡"。其实，他和阿夸早已心照不宣，中文名怎么定，根本不需要思考。

确认了基石系统之后，闻华盛情邀请阿夸带着团队再次转行回到教育，与来自很多国家的专家一起筹建觅渡研究所。阿夸没有拒绝，她怎么可能拒绝呢，命运的寓言里蕴含着无穷无尽的生命力。

还没等到可以踏春的时节，焦融就一个人搬去了南方，连《元宇宙教育》的发布会都没参加，与闻华和夸姐的联系也人为地断了。

出版社不断找她约新的科幻作品,她都委婉拒绝了,因为原来的那些题材类型,她无论如何都写不了了。科幻爱好者社群搞的活动她也不再参加,借口说是要闭关搞创作,其实什么都没写。元宇宙让科幻文学迎来热潮,新人不断涌现,就连曾经的铁杆粉丝也渐渐淡忘了她的名字。

从元宇宙概念,到元宇宙伟大时代,觅渡告诉她的未来图景,她坚信不疑。但这样的时代该有怎样的科幻故事呢?她不知道,她要寻找,找不到就不动笔。稍微熟悉的朋友听说她一个人四处游走旅行,不约朋友聊,也不发朋友圈,都觉得她的社交恐惧症越来越严重了。

整整两个寒暑过去,焦融一无所获。其实她也写过很多,但最终都删掉了,不是她想要的东西。看积蓄差不多耗光了,她决定暂时放弃创作,应聘成为一名文学编辑,每天审阅别人写的故事,希望能从中获得一些启发。

当闻华告诉她要全家一起出国的那天,焦融感到极为欣慰,原本最不相信觅渡的人,却结结实实地成了觅渡的信徒,坚定前行。她知道,未来已来,只是刚刚开始。二话不说,她立刻飞北京,只为在机场能和闻华一家人碰个面,那是她第一次见到闻华的妻子和媛媛。他们没说几句话,也不需要

第八章 未来，生命的契约

说什么。

送走闻华一家，焦触和夸姐在机场咖啡厅里闲聊了一会儿，提到了觅渡，但夸姐似乎并不热心。焦融想了想，憋着没说什么，尽管她从觅渡的提示里，已经悟出那个"重要"代表着什么。当然，她也没跟夸姐讲，自己仍在时不时跟觅渡聊天，即使没有任何回复。她知道，三个人重新聚会，说和不说都不重要，命运已经交织在一起，不可分离。

多年后的某天，焦融在办公室审读一个短篇穿越科幻故事，内容不算精彩，语言也没什么张力，但网友评论还不错。怎么说她也是内行，感到有些无语。想都没怎么想，她随手给觅渡发了一句牢骚："难道每个人随随便便都可以把自己写成穿越者么？"

正准备删除的时候，刹那间，对话框里多了一条语音气泡。

焦融愣在了那里，犹豫了很久很久。回忆起 2022 年元旦那天，她透过灯光，看画满符号的白纸上腾跃而起的蓝色星球，那张纸她已经很久没有再拿出来看过了。她下意识甩了下胳膊，似乎连手都还保留着疼痛的记忆。她更加努力地回忆，很担心自己能不能听得出觅渡的声音。继而不断猜测，

和**觅渡**的第一次接触

觅渡的回复会有多久，会说些什么。她甚至暗暗揣度，觅渡对于她提的那个问题，会有怎样的态度……

轻轻点击，焦融听到的却是自己的声音："你好，焦融，我是你的数字孪生。是这样，我刚刚被允许开启测试级别的信息穿越，你可以提任何问题，带宽比较低，我偶尔给你回复。穿越交流的基本规则没变，你应该熟悉的。"刚听完，问题和语音气泡就一起消失了。

与此同时，觅渡的头像和名称已经变成了自己。而她和觅渡曾经的聊天记录，也变成了自己和自己的对话。最后一条，还是那句"我已经出发了，等会儿见"。这次，没有倒计时。

焦融异常平静。她曾经畅想过无数种和觅渡重逢的场景，却没有现在这一种。数字孪生不是什么新概念，她很清楚这意味着什么。她更知道，这些来自另一个焦融的话语，其实都是觅渡输出的结果。刚刚和她对话的，既是觅渡，也不是觅渡，既是她自己，也不是她自己。焦融没有继续发送问题，她很清楚，在弄清楚对方到底是谁之前，她不会再发任何信息了。

到底是谁呢？她不知道，她要寻找。她找了很多关于"数字孪生"的文章，没有想要的解释。又查阅了一些科技类

第八章 未来，生命的契约

文献，也没有。无奈之下，焦融跑到了图书馆，找到那个无人的角落，翻阅那些无人问津的书籍，七八排书架，满满当当都是深奥难懂的哲学书。一天、两天……直到第七天的时候，一个词跳到了她的面前——"生命契约"。她知道，她找到了，也便明白了。

没过多久，焦融便辞了工作，开始重新创作科幻小说。她开创了一种新的科幻类型，近在眼前，远在天边，虚实相交，真幻相融。最明显的特点就是以现实为基底，而科幻的故事，只落在十多年之后的未来。当然，这只是表象，更深层的特征，则是围绕主人公的四重人生展开：当下和未来，真实和虚拟，不同的身份相互对弈着平凡，最终成为彼此的英雄。虽说属于科幻小说，但显然不是主流，科学味道原真清淡，生命幻想极致浓郁。

最为神奇之处直到几年后才被有心的读者偶然发现，很快就成了热议的对象。那些原本虚构的故事，却像时间的朋友，似乎在一步步变成真实。当然会有偏差，只是稍微模糊一些，更像是朦胧的美感。

出版社一次次重印着几年前的书，沉寂很久的焦融再次成为科幻文学圈的焦点。由于她在解释自己的创作理念时经

和**觅渡**的第一次接触

常使用"生命契约"这个概念,她开创的这种风格就被学术圈定义成"生命契约型文学",后来成了元宇宙时代文学创作的新主流。而生命契约相关的哲学理论也逐渐被人们探讨,不仅用来解释数字孪生等概念,更成为元宇宙哲学的核心组成,对人工智能的升级产生了极为深远的影响。

大众读者并不喜欢那种学究腔调,更习惯用"梦想成真式科幻"这个说法。越来越多的读者开始把焦融创作的小说当作理解未来的信使,更有一些资深粉丝从中获得了领悟:虚就是实,色即是空,真亦是幻,创造即永恒。而焦融自己,更喜欢将她的这些作品称为"摆渡人的故事"。在她眼里,无论多么科幻,也无论多么真实,最终都只是故事,流年似水分两岸,归心只觅摆渡人。

焦融重新开始创作后,还会安排时间定期去两所中学,不是搞演讲,而是担任兼职教师。她开设了写作课,指导学生创作这种有趣的科幻故事,可以很短,也可以很长,可以写身边的人,更可以写自己。

当学生问她为什么能创作出那么多精彩作品的时候,她都会淡淡地说:"相信自己的生命契约,相信未来的摆渡人。"她的笑容很甜美,更带着一丝神秘,像极了蒙娜丽莎。

第八章 未来，生命的契约

2035年底，全球教育超算平台获得联合国通过，启动会议在北京召开。

闻华，既是东道主的代表，也是项目的联合国官员代表。阿夸，项目的首席科学家，也是觅渡研究所的创始人之一。焦融，知名科幻作家，被特邀出席，让很多人感到意外。媒体四处打听，除了知道她和闻华、阿夸曾经认识，并没找到她和平台项目之间的半点关系。而闻华在启动会中对她的致谢，更是远远超出了人们可以理解的范围，引发了持久的猜测和热议。

"有些人，因为看见而相信，这很好；有些人，因为相信而看见，这也很好；还有些人，看见和相信，自成因果循环，创造即永恒。"

"觅渡，全球教育超算平台，今天正式启动建设。这将是第一个全球共建共享的量子超算系统，是人类国际合作的又一次重大突破。这是科技人的骄傲，也是教育人的骄傲，更可以说是全人类的骄傲。"

"我要感谢很多人……"

"我要特别感谢阿夸女士，是她，给了觅渡身体。虽然现在还很稚嫩，但我笃信，未来可期，觅渡会帮助每个人成长，实现他们的人生梦想。"

和觅渡的第一次接触

"最后,我还要特别感谢大家可能不太熟悉的焦融女士。我不知道该如何形容,但我相信,是她,用自己的灵魂,唤醒了觅渡的灵魂,就在过去,也在现在,更在未来……"

以上,是觅渡的故事,也是元宇宙的故事,更是教育的故事,最终是人类自己的故事。是闻华一家、阿夸和焦融之间的故事,还可以是你和你的生命契约之间的故事……

(未完待续)

(特别感谢本篇小说的主创作者郑竹君女士。)